潘光旦

（1899—1967）

著名社会学家、优生学家、民族学家和教育学家

1941年加入中国民主同盟

历任民盟第一、二届中央常委，第三届中央委员

自由之路

THE ROAD TO FREEDOM

潘光旦 著

群言出版社
Qunyan Press
· 北京 ·

图书在版编目（CIP）数据

自由之路 / 潘光旦著 .— 北京：群言出版社，2014.3
（民盟历史文献）
ISBN 978-7-80256-539-5

Ⅰ. ①自… Ⅱ. ①潘… Ⅲ. ①政论—中国—1939～1945—文集 Ⅳ. ① D693.09-53

中国版本图书馆 CIP 数据核字（2013）第 049910 号

责任编辑　张津津
助理编辑　李　群
封面设计　群言艺术设计中心·齐立娟

出版发行　群言出版社（Qunyan Press）
地　　址　北京市东城区东厂胡同北巷 1 号（100006）
网　　站　www.qypublish.com
电子信箱　qunyancbs@126.com
总 编 办　010-65265404　65138815
发 行 部　010-65263345　65220236
经　　销　全国新华书店
读者服务　010-65262436　65276609
法律顾问　北京市君泰律师事务所

印　　刷　北京画中画印刷有限公司
版　　次　2014 年 4 月第 1 版　2014 年 4 月第 1 次印刷
开　　本　880 × 1230　　1/32
印　　张　12.75
字　　数　264 千字
书　　号　ISBN 978-7-80256-539-5
定　　价　48.00 元

前　言

中国民主同盟成立于1941年3月,正值抗日民族统一战线遭到国民党独裁统治破坏的危难之际。民盟以贯彻抗日主张、实践民主精神、尊重思想自由、提倡依法治国为政治纲领。民盟凝聚了当时绝大多数进步知识分子和社会精英,可谓群贤毕集。在不同的历史时期,黄炎培、张澜、沈钧儒、杨明轩、闻一多、李公朴、梁漱溟、史良、胡愈之、楚图南、吴晗、费孝通……这些民盟前辈精英们纵横捭阖、开阔放达,本着知识分子的人文良知和社会责任“奔走国是”,在政治、经济、军事、外交、教育、社会等领域都提出了明确的纲领和主张,将平等、民主、自由的思想播撒在中国的土地上。

在那苍黄翻覆、陵谷变迁的大时代,在那风云变幻、波澜壮阔的动荡岁月里,历史的浪潮将中国民主同盟,将有志于民族振兴的贤良才俊推上了风口浪尖,他们在改变中国命运的同时,也改变了自己的人生轨迹。他们为历史的进程,为国家富强、民族振兴和民主政治的进步做出了卓越的贡献；他们将自己的荣辱与民族存亡紧紧地联系在一起，为中国的民主、繁荣奋斗了一生，为后人留下了许多宝贵的精神财富；他们关于新民主主义社会的探索，至今仍具有巨大的影响和现实意义。

在和平盛世的今天，为了保存这珍贵的历史财富，为了让后人记住先辈们的独立之精神、自由之思想以及他们为国为民、励精图治的奋斗事迹，我们通过多年的精心准备和积累，出版了《民盟历史文献》丛书，这不仅仅是追忆往昔、缅怀先贤，也不仅仅是为了从学术研究的角度去厘清历史、臧否人物，更重要的是：通过回顾那段曲折的历史，传承民盟与中国共产党肝胆相照、荣辱与共的真挚感情；纪念民盟先贤为新中国做出的巨大贡献；呈现近现代中国社会的嬗变和进步知识分子的爱国情怀；同时也是为了民盟薪火相传、与时俱进的需要；为了让那些隽永传奇的人物和可歌可泣的历史再现后人的眼前。

路漫漫其修远兮，吾将上下而求索。《民盟历史文献》丛书的出版，是对先贤们多党合作历史的尊崇和传承。

《民盟历史文献》编委会

目 录

题　记

本书于1946年9月第一次出版。后收入《潘光旦文集》第5卷。原注以1、2等序号表示,编者注系潘乃穆、潘乃和所加,以星号*表示。

弁　言

这是抗战八年中我所写零星文字的一部分。另一部分，属于人文生物学范围的，已先此辑成一本集子：《优生与抗战》，于三十二年秋印行。如今这一部分是涉及思想、文化、青年、教育、政治各个题目的，凡四十三稿，就其性质部署为五篇：一、《自由导论》，二、《思想各论》，三、《告语青年》，四、《教育刍议》，五、《民主理论的导演》；又比较次要的四稿，列作《附录》。抗战期间，印刷困难，各稿初次发表的时候，一切注释、西文名词、以至一部分的标点，皆从简省，如今全部补入，并随文添附注七十余条。

这四十几篇文稿，不用说，都是一度在刊物上登载过的，计定期刊物有《今日评论》、《自由论坛》、《民主周刊》、《生活导报》、《评论报》、《大国民周报》、《国风》、《当代评论》、和《清华校友通讯》，日报有重庆《大公报》、昆明《益世报》、《扫荡报》、《云南日报》、《中央日报》、和《民国日报》。这些刊物,有的已成过去,有的已经换了主人,并且换了不止一次;不过我们不能不在这里记一笔,以志因缘。

民国三十五年(一九四六)元旦,潘光旦

第一篇
自由导论

一　类型与自由

（一九四四）

中国人一向看重人的地位，西洋人在古希腊时代，在文艺复兴以后，也一再有过同样的趋势。所谓看重，又有两个不同而相关的看法：一是把人当做一切事物与价值的衡量或尺度；一是把人当做一切学问的主要对象。人之所以为人，如果不先考查清楚，则其所以为其它事物的尺度者，在效用上势必有限，所以说两个不同的看法是相关的。

无论中外，二三千年来，这两个看法的分量大有不齐，尺度的看法至少要占到十分之九，而学问对象的看法至多不到十分之一。在中国，一切客观的学问比较的不发达，这看法的分量事实上怕比十分之一还要低微，而尺度的看法也就远不止十分之九了。“神而明之，存乎其人”，“道不远人，人为道而远人，不可以为道”一类的话全都是尺度的说法；不过因为不知道这尺度本身究属是个什么，所能“神明”到的程度就大有疑问。在西洋，情形稍有不同，一面有尺度之论，一面也未尝没有一些学问对象之论，例如英国诗人波伯（Pope）就说过“人的正当的研究是人”。到科学发达的最近一二百年里，关于人的研究也就不算太少，但是我们也得承认两点，一是人的研究在质量上远不及物的研究；二是人的研究事实上就是物的研究的一部分，是把人当做物的一种来研究的，是把人拆成若干物质的片段来研究的。因此，人究竟是什么，我们到现在还是很不了解，科学家至今还不得不承认“人是一个未知数”，好比代数里的 X 或 Y 一样。①

不过这并不是说，以前便完全不曾有过对于人的观察。即在中国，这种观察也是有的，并且这种观察还至少可以归纳成两路：一是等级的一路，例如上智、下愚、与中才之分；二是类型的一路，例如狂狷与中行之分。这两路孔子都曾经提到过，等级的一路我们目前搁过不说，只说类型的一路，因为它和我们题目的关系比较密切。

人的类型不一，也可以有不止一种的分法。但狂狷一类的分法似乎是最基本的一个，从孔子的时代到今日，我们对它并未能有多大的损益。类型的名称可能有些变动，但观察到的类型的实质始终是一回事，即在近代心理学与社会学比较发达以后，情形也还如此。例如意国社会学家柏瑞笃(Pareto)喜欢把人分做进取与保守两类，进取一类叫做 speculatori，保守一类叫做 rentieri。前者不就近乎狂，而后者近乎狷么？又如奥国心理学家容格(Jung)把人分做内转、外转、与内外转不分明等三类。三类的西文名称是 introverts，extroverts 与 ambiverts。内转近乎狷，外转近乎狂，而内外转不分明近乎中行。

---

① 见美国法籍生理学家 Alexis Carrel 所著 Man，the Unknown 一书，1939。参看下文《一个思想习惯的改正》。

这里有一小点不同，孔子认为中行的人最难得，而容格认为内外转不分明的人最多。这可能的是因为时地既大有不同，类型之分布也就很有差别；也可能容格的看法是一个客观事实的看法，根据频数的分布而言，中行是必然的数量最大的，而孔子的却是一个比较道德的看法，他把中行的人看作天生就能实行中庸之道的人，那自然是不可多得了。事隔二千五百年的两个看法，表面上虽有不同，事理上却并不冲突。狷者一味内转，狂者一味外转，是很单纯清楚的。中行者内外转不分明，即时而内转，时而外转，不拘一格，不求一致，便比较复杂，其间可能再别为两种：一是无所谓行为准则的，那就是容格所见；一是有比较严格的行为准则的，即每一次作内转或外转的反应时，必有其道德的理由，那就是孔子所见。

类型是天生的。类型是本性的一部分。“江山易改，本性难移”，是一句老话，近代研究遗传的人也认为类型不容易因后天环境而改变，从比较自然主义的立场看，类型的存在有它的演化的价值，正复无须改变。生物界有所谓多形现象（polymorphism）的说法，类型的存在就是此种现象的一个表示，而人类在一切生物之中便是最多形的，唯其多形，人类才最要讲求分工合作，才会有复杂的社会，才会有繁变的文明。①

我们不妨就狂狷两个单纯的类型举个实例。近代的英国政

---

① 详英国前辈遗传学家 William Bateson 在不列颠科学促进会澳洲支会一九一二年年会中的演讲辞《生物事实与社会结构》（The Biological Fact and Social Structure）。

府便可以说是建筑在这两个类型之上的。保守党人近乎狷的一类,自由党人近乎狂的一类。近年以来,自由党的地位被工党取代,表面上好像是换了一个党,换了一批人,实际上可以说并没有换,这两个类型的人更迭掌握政权,时而保守,时而进取,时而有所不为,时而大有作为;结果是近代英国政治,在一切文明国家之中,是最稳健的,稳时不失诸静止,不妨碍进步,健而不失诸过激,不妨碍和谐。英国政治,洵如拉斯基(Laski)教授在最近的一本著作《当代革命观感集》[1]里所论,尚大有改良的余地,但这是一个大体比较的说法,自从第一次世界大战以后,二十余年间,英国政治的保守性大有变本加厉的趋势,而自由党的力量不足以抵制这种趋势,于是工党便日渐抬头,加以取代;这次大战一旦结束,混合内阁的局面再转而为政党内阁的局面时,如果英国民族的活力无碍,我们逆料工党是可以获胜的。总之,人的类型自有它的社会与文化的极大的效用,英国的政党政治便是最彰明较著的一例。

上文云云,只是一个比较自然主义的说法。自然主义的立场固然有它的重要性,但还不够。我们必须添上一个人文的立场,那议论才比较圆满,才比较健全。类型之分并不是绝对的,而类型的发展却很容易趋于过度,所谓畸形发展的便是。任何畸形的发展是不利的,对个人不利,对社会不利,对民族的长久维持滋长也不利。再就狂狷两个类型做例子说。如果畸形发展的是狂的一流,则第一步是个人生活趋于肆放,以至于一味的肆

---

① *Reflections upon the Revolutions of the Time*, 1943.

放，狂与狷之间既不易了解，狂与狂之间也难期合作；于是第二步便是社会生活的趋于动乱，以至于长久不得安定；第三步可能的是经由选择的途径，狂的一流的人口，在质与量上逐渐的递增，而狷的一流人口，便逐渐的递减，更使社会的动乱，由一时的现象成为累世积叶的痼疾。狷的一流如果畸形发展，结果当然相反，而其为不利亦相反。少数极端狂狷的例子可能的是两种不同的疯子，不容易结婚生子，所以就他们说，第三步的不利可以无庸过虑，不过他们本人的影响，以至于大多数不十分狂狷的分子的本人以及后辈的影响，综合起来，已足够教一个民族社会，不是过分长期的死沉沉的保守，便是过分长期的热灶上蚂蚁似的动乱。

此外又有第三个可能，就是不狂即狷的人越来越少，而既不能狂又不能狷的人越来越多，即容格所了解的中行或内外转不分明的分子，或略有几分可狂可狷的趋向，而狂狷得不中绳墨、狂狷得不发生社会与道德的意义的分子，成为畸形发展，那结果也是极不相宜。这样一个民族社会是平凡的，庸碌的，是善于作浮面的模仿、敷衍、应付，而不能切实的有所创造与建树的。再就上文三步的弊害说，到此第一第二两步倒比较的不成问题，甚至于表面上还有几分好处，即个人之间不容易发生强烈的磨擦，而社会生活容易维持一种粗浅的和谐；最成问题的是第三步，就是人口中间敷衍将就的分子日趋于滋蔓难图。

讲品性分布的人喜欢用曲线来表示。这曲线总是两端平衍而中间坟起的。如果狂与狷或外转与内转的人，各占一端，而中行或内外转不分明的居中，我们所希望的曲线是坟起处不太高而平衍处不太短的那么一条，即两端要相对的与相当的比较多，相对是指中心说的（比中心绝对的多是不可能的），相当是指两端彼此之间说的。我们所不欢迎的曲线可以有两条，一是中间过于坟起，二是坟起处不居正中，而偏向右方，或偏向左方，越是坟起得过度，越是偏向两端之一，便越是要不得。这说法并不适用于其他品性的曲线，例如智力，但对于狂狷一类的品性是适用的。

所以狂狷一类型的过度发展是要防止的。防止的方法不出两途：一是选择，二是教育。选择属于优生学的范围，我们姑且搁过不提。就教育一途说，我们的目的是，使狂狷两流人物的态度与行为要有适度的发展，即无论狂狷，在性格的修养与表现上，要有些分寸，有些伸缩，总以不妨碍和不同类型的分子相安与合作为原则。最低限度，也要使不同类型的人能彼此了解，能设身处地，而与以同情的容忍。保守的人与进步的人，政治的主张虽有不同，虽不属于同一党派，在朝的甲至少可以容许在野的乙一个合法的地位与活动的自由，便是最低限度的一个实例了。这是一方面。在另一方面，对于大多数可狂可狷与不狂不狷的人，教育第一步应当让他们知道“进取”与“有所不为”的道德的价值，第二步应当教不狂不狷的人勉力于能操能守，教可狂可狷的人勉力于以时操，以时守，而不至于完全从俗浮沉，与时俯仰。

教育要做到这一点，必须有一个原则。这原则就是自由。因遗传的关系，能狂而不能狷的人，或能狷而不能狂的人，或两者都不能的人，或两者都能而自己不能作主宰、定抉择的人——都是不自由的人。但凭“天命的性”来行事的人没有一个是自由的。人类以下的一切动物之所以不自由，也就在此。教育的责任，一面固然是在发见与启发每一个人的遗传，一面却也未始不在挽回每一个人的造化，尤其是如果这个人的造化有欠缺而容易走偏锋的话。顺适自然易，挽回造化难。就目前教育的效能论，容易的一部分既还没有满意的做到，这困难的部分是更无从说起了。

不过教育的努力是迟早要积极应付这困难的题目的。事实上以前东西的哲人，都曾不断的努力过，可惜继起无人，到如今题目的认识还有问题，遑论一般的差强人意的解决。希腊哲人的努力是昙花一现似的过去了。中国先秦时代的一番努力，二千多年来，虽不能说已经成为明日黄花，却已经走了样，变了质，降至今日，趋向于把它当做明日黄花看的，正复大有人在。例如孔子一派所论的中庸、博约、经权……等等，事实上就是这原则的另一些陈述；经与权之分虽至汉代方才流行，立与权或中与权的区别却是孔孟亲口提出的。狷者能约而不能博，能经而不能权，狂者适与此相反，真正能中庸与中行的人是极端难得的，孔子所称可与立而未可与权的人，孟子所称执中无权的人，表面上好像是中行，实际上还是狷的一流，但知守而不知操，但知有所不为而不知进取。再如孔子自称年至七十，始能从心所欲而不逾矩，从心所欲近乎狂，不逾矩近乎狷，狂而能不逾矩，能有所不为，狷而依然能从心所欲，依然能有理想，能图进取，斯其所以为中行了，这才真正进入了自由的境界。在本质上孔子可能是一个天赋特别优越，生而宜乎实践中行与自由的人，但一直到七十岁方敢自信已经踏进这个境界，可见挽回造化真是天下第一难事。能立志担当起这一件难事，才是第一流的教育家。即使有一天我们对于人的研究有了充分的收获，我们相信这种困难还是存在的。

上文云云，始终是一番原则上的话，就中国中古以降的情形说，我们的说法还须有些变通。大体言之，二千年来，因为误解了中庸与中行的原则，就一般士大夫言，狷的一流是远超过了狂的一流，就一般民众言，不狂不狷与可狂可狷的分子自然是占绝大的多数，而因为士大夫始终执社会与文化生活的牛耳，在可狂可狷的大众不能不惟他们的马首是瞻，换言之，也就不得不趋向于狷的一途；于是，就少数领袖说，洁身自好，有所不为，成为行为的最高准则；就民众说，多一事不如少一事，一动不如一静，息事宁人，惜财忍气……等等，成为普遍而不自觉的信仰。其总结果便是二千多年的静止与平凡的社会与文化生活；驯至惰性久已养成，痼疾深入腠理，即在刺激特别多而有力的今日，也大有动弹不得之势。然则为今日的教育设想，我们于讲求中行与自由的一般原则之外，更应侧重于进取、冒险，以至于多管"闲"事的精神的鼓励，因为唯有把狂的分量相对的增加，才可以教狷的分量相对的减少，因为，既枉曲于前，自非过正不足以矫之于后。这无疑的也是当代教育家的一笔责任了。林同济先生提倡狂欢[1]。闻一多先生论到冷静的可怕[2]，而呼吁着热闹。要提倡与呼吁发生效力，我们必须把不能狂欢与只会冷静的原因分析一番如上。

---

① 林同济，《大公报·战国副刊》。

② 闻一多：《可怕的冷静》，《自由论坛》月刊。

二　散漫、放纵、与“自由”

（一九四三）

人是一种会设词的动物。他会自圆其说，会“从而为之辞”；每逢有一种行动的时候，他总要有个说法。说他为什么有此行动的必要，不过所说的十有九个是好的理由，而不是真的理由，这就叫做设词。

任何社会里，总有一部分的人在行为上很放纵，很私心自用；但这种人决不自承为放纵，为私心自用；他们一定有许多掩饰自己的设词或饰词，其中很普通的一个，特别是晚近二三百年来最流行的一个，就是“自由”。

中国民族的习性里有许多人都承认的几个缺点，无组织，不守法，既不能令，又不受命，这些缺点，就其在团体方面的表现说，大概不会有人加以辩护；不过一到个人自己，说不定就会自觉的，或不自觉的，说出不少文饰的话来，而这种话里最现成的一个名词恐怕也就是“自由”。这“自由”事实上就等于上文所说的放纵与私心自用。

散漫与放纵都不是自由，而都极容易被假借为自由。然则我们是不是就因此准备废弃自由的名词与概念呢？近年以来，很有人表示过意见，认为应当废弃。我却以为不然。我们不能因噎废食。我们也不能因为世上有假仁假义的乡愿、政客、伪君子而弃绝仁义。贪官污吏，假民生之名，行自肥之实，我们就得闭口不讲民生主义么？这一类伪善的行为越多，我们对于真善究竟是什么，便越应当多说，越应当说一个清楚，到一般人都能够明了，而一部分人势不能再事假托为止。

然则自由究竟是什么？我们姑且不说自由是什么，替任何比较抽象的东西下界说是不容易的。我们先说自由的两种先决条件，一个人能先具备这两个条件，则不求自由而自由自至，别人在外表上不容许他自由，在实际上自由还是他的，剥夺不了；否则一切都是空谈。

第一个条件是自我认识。一个人如果对世间事物真有一种智识上的义务而不得不尽的话，第一个应当效忠的对象就是他自己，他自己是怎样来的，一般的强弱如何，智愚如何，有些什么特别的长处，可以发展，特别的缺陷，须加补救，如果不能补救，又如何才可以知止，可以自克，可以相安，可以不希图非分？能切实解答这些问题，一个人就可以有自知之明，古书上一个德字，一个诚字，其实就是自我，就是我之所以为我，而明德、明诚、度德量力一类的话，指的就是这自我认识的功夫。

第二个条件是自我的控制，在科学与技术发达的今日，人人都喜欢谈控制，社会的控制，环境的控制，自然的控制，甚至于自然的征服。在科学技术很不发展的中国古代，我们却早就在讲求自我的控制与自我的征服。自我应该是第一个受控制与征服的对象。我认为中国人生哲学的一大精华，就是这个。中外历史上的一切扰攘，特别是西洋近代式的大战争，可以说是控制了环境，控制了自然，而没有能控制自我的必然的结果。以前所称格物的一部分，诚意、正心、修身的大部分，所谓自胜者强，所谓无欲则刚，指的就是这一些功夫。

自我认识是第一步，自我控制是第二步。控制的过程中虽也可以增加认识，但两者大体上有个先后；知行难易，虽可容辩论，知行先后，却不容怀疑。所以一个人完成他的人格的过程中，学问的努力比较在前，而涵养与历练的功夫比较在后。教育的根本，教育的核心，应该就是这些；他如一般知识的灌输、技能的训练、职业的准备、专家的造就，有如近代学校教育所能供给的种切，都是末节，都是边际，有时候还不大着边际。

从这种学校教育出身的人，既没有认识自己，更不能控制自己，自由两字，当然是无从谈起。因为不认识自己，不能度德量力，不知诚中形外之理，便不免妄自尊大，希图非分；因为不能控制自己，便不免情欲横流，肆无忌惮。他们根本不配讲自由，不配讲而偏要讲，则末流之弊，以个人言之，势必至于放纵不羁，流连忘反，以团体言之，势必至于散漫凌乱，争攘不休。自由本不易言，在比较良好的教育之下，已自不易，何况在目前支离灭裂的学校教育之下呢？孔子自己说他“七十而从心所欲不逾矩”，“从心所欲不逾矩”就是自由，就是自由最好的注脚，最好的界说。孔子到七十岁才做到自由的境界，也可见自由之难了。白刃可蹈，而中庸不可能，我对于自由，也几乎用同样的话来说，我甚至可以说，中庸的难能，实就是自由的难能，可立可权的道理，事实上就等于从心所欲而不逾矩的道理，这在对儒家思想有心得的人自知之,在此无庸多说。

唯难能者弥可贵。中庸虽不可能,而在三千多年的中国文化里,特别是儒家所代表的那一股主流里,不特从未放弃过,并且是一贯的被认为至精至当。在西洋文化史里,特别是最近三四百年来,自由也占一个相似的地位。我们知道我们中间事实上没有几个真正做到过中庸。我们见到的只是许多骑墙的人,模棱两可的人,与更多的平凡庸碌的大众,即,全都是假冒中庸的人,西洋史上又有过几个真正自由的人呢?也没有几个。我们见到的是许多各走极端的思想家与行动家,与更多的放纵、流浪、侵夺、争斗的大众,即,全都是假冒自由的人。中庸与自由,一个健全理想的两个方面,都做过不健全的人的护身符。在这种理想的双重掩护之下,正也不知发生过多少龌龊卑鄙与放僻邪侈的行为,但我们能因此而绝圣弃知似的把这理想放逐到文化以外么?我们断乎不能。

上文所说的也许陈义过高,不切实际。自由如此其难,岂不是谈了也等于不谈?那又不然。天下事是比较的。谈总比不谈好。按照上文的说法而加以谈论的结果,纵不能教人从心所欲不逾矩,至少可以教人对自己多认识几分,多控制几分,而其必然的趋势是,在个人可以取得比较有分寸有裁节的生活,在团体可以取得比较有组织而更协调的秩序。我们厌恶放纵,欢迎节制,应知只有讲求自由后的节制才是真节制,是内发的节制,而不是外缘的遏止。我们厌恶散漫,欢迎组织,也应知只有讲求自由后的组织才是真组织,真秩序,是自动发生而有机的秩序,而不是外铄与强制的机械的秩序。我们为促进个人生活的节制与团体生活的整饬计，近年来也下过不少的功夫，只可惜这种功夫全都是外铄的而不是内发的，强制的而不是自动的，所以各式各样的规条、法制、运动、集训，尽管一天多似一天，究有几分成效，即身历其境的人也还不能断定。

最近我们都读到当轴颁布下来的一本极端重要的新书：《中国之命运》。这本书也讨论到本文所讨论的问题，就是自由的问题。似乎书中先讨论到的那一种自由，就是我们所说的假自由[1]，就是散漫与放纵，而后来讨论到的那一种是真自由[2]。我对于这两节讨论都极赞同。不过有不关文字的一点我们竭诚希望当轴能于再版时加以更正，就是后一节讨论里的自由两字上所用的引号（“？”）应当移到前一节讨论里的自由两字之上。我认为真的自由无须引号，而假的自由非纳入引号之中不可。这样，真假可以划分得更清楚，黑白可以表见得更分明，而读这本书的国民得以更进一步的知所适从了。

---

① 蒋中正：《中国之命运》，页七二、页一二四。

② 同上，页一八二——一八六、页一八九。

三　说“文以载道”

（一九四三）

（一）文与道的广狭义

“文”字的涵义有三个广狭不同的程度。

最广义的文就是近代人类学所称的文化，是对待自然而言的。前人所称文野之文，文质彬彬之文，孟子所辨别的性养之养，荀子所对举的性与伪之伪，以至于一般理学家与医学家所划分的先后天的后天，指的都是这最广义的文。《左传》昭公二十八年引《谥法》说，“经纬天地曰文”，人用他的自然的才力，把天地间所自然具备的种种事物，有的当做横线，有的当做直线，织成的东西，总名为文，这“文”字显然也是无所不包的了。

最广义的文又可以分为若干方面，每方面也同样的叫做文，那涵义就比较狭一些了，例如文字之文，最早的一本叙述文字源流的书，许氏的《说文解字》，即以文与字两字互用；就《说文》的序文言之，文是文字的一种，字是文字的又一种，但习用上文就是字，孟子说，“不以文害辞”，就是不以一字害一句之义的意思。又如一切遗文载记也叫做文，《论语》上所说“行有余力，则以学文”之文，“文献不足故也”之文，都是例子。又如一切文采，一切装饰点缀，一切足以悦目的艺术行为与作品，也叫做文，所以《礼记·乐记》说，“五色成文而不乱”。古称越人被发文身，《论语》上说，“文之以礼乐”，用的都是这样一个文字。宋金两代，宫中设文思院，专制御用工巧之物，表面上好像教人联想到“钦明文思安安”一类帝典皇谟的大气象，实际上还是文采之文，这其间不无几分取巧，是显然的。不仅悦目的文采叫做文，悦耳的音乐，也未尝不可以叫做文，所以《乐记》上又说，“文采节奏，声之饰也”。

文字艺术而外，其它文化的方面也都可用“文”字来称呼或形容。例如一般的礼法，《乐记》说，“礼自外作，故文”。《礼记·大传》说“考文章”，注说，文章就是礼法。更有趣的是比较狭义的法律，也可以叫做文，所以汉代以来就有“文罔”或“文网”之说。《史记·游侠传》称侠客“虽时扞当世之文罔，然其私义、廉洁、退让，有足称者”。道德与知识也可以总称为文，所以古代谥法关于“文”字的另一界说是“道德博闻曰文”。关于宗教，以前也有过“文”的说法。《荀子·天论篇》说到雩祭卜筮一类的行为时，说“君子以为文，百姓以为神，以为文则吉，以为神则凶”。王充在《论衡》的《明雩篇》里，所发挥的也是这层意思。儒家看宗教，始终认为是生活工具的一种，是生活的一种点缀品，既然是点缀品之一，所以也不妨叫做文了。总合上文各方面而言，一切礼乐、法度、教化之迹，也都可以并称为文，所以孔子在《论语》上说，“文王既没，文不在兹乎？”而后世因而就有“斯文在兹”之说，俨然有以文王、孔子一类圣哲作为文化的总代表的意思。这样一个文字的涵义，便和最广义的文没有多大分别了。

至于狭义的文，指的是文辞，特别是艺术化的文辞，以前所称狭义的文章，今人所称的文学，都是，那就无须多加解释了。

本文所说的文，对于三种广狭的程度，都有关涉，涵义的广狭虽有不同，适用的程度并无二致。

文以载道之道也可以有广义狭义之分，最广义之道可能超越人生以外，也许有少数人可以心领神会，而没有人能够言传。神秘主义者的道属于此类。《道德经》开头两句“道可道，非常道”之道也应当属于此类。我说这种道不能超越人生以外，因为在事实上它也未始不是人生的一部分。神秘的感觉，或所谓妙的境界，虽未必人人能领会，古往今来，确似乎有不少人领会到过。只要有人领会到过，他就成为人生的一个片段。较广义之道应当是“人生之路”。孟子说，“夫道若大路然”。推广言之，道也就是人生所遭遇的一切境界，例如时空两间的境界、情理事物的境界、精神与物质的境界、个人与社会的境界、经验与理性的境界、浪漫与古典的境界、结构与功能或所谓体用的境界等等——人生是建筑在一切这些境界之上的；也可以说，这些境界之总和造成了人生。道就是这个总和。至于狭义之道则所指便是这总和的一部分，这总和的一偏，例如说时空两间中的一间，或时间中的未来的一个段落，又如情理的境界中的情，或只是情的某一个方面等等。文可以载道之总和,也可以载道之片段,如果过于片段,一味片段,甚至于在从事于为文的人认为片段就等于总和,成为中国人所称的由偏而蔽,或西方的逻辑所称的 pars pro toto,那就不免和人生渐渐离开,甚至于可以到一个南辕北辙彼此乖违的程度,那就不成其为道了。所以《中庸》说,“道不远人,人之为道而远人,不可以为道”。但如果在为文之人能客观的承认他所载之道只是一个片段,而他所见到的片段,前途可以和别人所见到的凑和起来,可以一步一步的和道的总和逐渐接近,那就不成问题。也就合着《中庸》上另外一句话,就是“道并行而不悖”了。这道字是小大由之的,广狭兼赅的,说“并行”,指道可以有不止一种,是狭义的;说“不悖”,指道虽不一而可以相通,虽万殊而可以同归,虽不同而无害于和,这就无异说到广义以至于最广义的道了。

文有广狭之分,道也有大小之别,有如上述。不过文无是非,而道有是非,或似是而实非,有不容不辩者在。这一层留待下文第三节里详细讨论。

(二)文以载道说的由来

“文以载道”的说法,就字面讲,来历并不太远,不过这说法所代表的看法是很古老的。春秋以前,我们不具论,大凡把中、正、时、礼一类的字眼用作形容词的许多说法里多少包含一个文以载道的看法,是很容易推想得到的。孔子自己就是如此。《论语》上说:“诗三百,一言以蔽之,曰,思无邪”。无邪就是正。后来汉人毛苌的《诗序》多少是根据这无邪的原则写的。《论语》又说，“恶紫之夺朱也，恶郑声之乱雅乐也，恶利口之覆邦家者。”雅乐就是正乐，朱也是正色，利口者是佞人，不是信人，不是正人。这两段话的文以载道的意味是很浓厚的。一部《春秋》，无论究竟是不是孔子作的（近人有怀疑及此者），据传他的人看来，是完完全全的一部载道之文。

到了孟、荀，看法大体上和孔子的相同，说话中所含的感情的成分却要浓厚得多了。孔子的感情成分只限于厌恶，一到孟、荀，就不得不辩，不得不辟，而且不厌大费唇舌。这和时代的不同，学派的纷起，当然大有关系，但圣贤气度的大小，器识的广狭，我们于此可以窥见一斑。孟子对杨、墨之徒，对为神农之言的一班人，对其他论人性的本质的人，不肯稍留余地，是谁都熟悉的。孟子对他自己这种态度有过一个总的结论说，“我亦欲正人心，息邪说，距诐行，放淫辞。”又自称知言，说，“诐辞知其所蔽，淫辞知其所陷，邪辞知其所离，遁辞知其所穷。”荀子在《非相》与《非十二子》两篇里抱的也是这种态度，不过措辞比较心平气和一些；原因所在，似乎是荀子对于实际社会改革的情趣没有孟子那般热烈。荀子说，“君子辩言，仁也；言而非仁之中也，则其言不若其默也，其辩不若其呐也。”他又分辩有三类，小人的辩，君子的辩，与圣人的辩。对于士君子的辩，于“仁之中”的一般标准而外，又提出两个标准，“文而致实，博而党正”。又说，“少言而法，君子也，多言无法而流湎然，虽辩，小人也。”对于小人之辩，荀子又有单独的几句话，“辩说譬喻，齐给便利，而不顺礼义，谓之奸说。”这些话都是从《非相》与《非十二子》两篇里出来的。孟、荀而外，先秦诸子中这一类的看法当然还有，例如《吕氏春秋》上说，“至治之世，其民不好空言虚辞，不好淫学流说。”其他不具引了。

在汉人中间，我们举一个人的议论做例，就是王充的议论。《论衡·书解篇》里说到文儒与世儒的分别。“著作者为文儒，说经者为世儒。……或曰，文儒不如世儒：世儒说圣人之经，解贤者之传，义理广博，无不实见……文儒为华淫之说，于世无补。”王充对于这分法，自己并不赞成，但我们可以从此看到当时很流行的一种看法。世儒之文是载道之文，而文儒的不是。王仲任不赞成这个分法，大概是认为二者不应当划分，即不应当有两种人，也不应当有两种文。他大概主张为文应当文情并茂，华实双收，方为最有价值；如果二者不可得兼，则与其文胜，不如情胜（情指情实，而不指后世所称的情感情绪，可不待解释），与其华多，不如实多。这从好几段话里可以看出来。他在《对作篇》里说到所以作《论衡》之故，颇自比于孟子，并且学孟子的口吻说，不是他喜欢辩论，而是不得不辩论。在《量知篇》里又评论到别的文人说，“无经艺之本，有笔墨之末；大道未足，而小伎过多。”《论衡》脱稿以后，他在《自纪篇》里又说，“夫养实者不育华，调行者不饰辞，丰草多华英，茂林多枯枝。”他用这几句话来文饰他的文章的不能纯美。《论衡》的文章不能算美，是一个事实，王充也自知之，既自知之，就不能没有一种自圆的说法，这说法就是与其文胜不如情胜之说了。不过从他不赞成强分文儒世儒的话看来，我们又不得不承认他是一个文情并茂论者。无论如何，文以载道的看法，在王充的议论里是很明显的，而因为他的文才不大高明，于是他的文以载道的说法作法便更属显然。

不仅不以文重的作者如王充如此，就是以文名世、以文传后的文士也不能不偶尔发些文以载道的议论。这里我们引一个三国时代的代表，作《文赋》的陆机。《文赋》里说，“虽区分之在兹（指文章各体），亦禁邪而制放，要辞达而理举，故无取乎冗长。”又说，“苟伤廉而愆义，亦虽爱而必捐。”又说，“或寄辞于瘁音，徒靡言而弗华；……或遗理以存异，徒寻虚而逐微，言寡情而鲜爱，辞浮漂而不归。”又说，“或奔放以谐合，务嘈而妖冶，徒悦目而偶俗，固声高而曲下。”每一句都是富于载道的意味的话。前两段是积极的说文应载道，中一段是兼正负两面而言之的，末一段则专说不载道之文。至于说“立片言而居要，乃一篇之警策”，更无异说文以情胜，不尚虚辞浮说了。沈约在《宋书·谢灵运传》后论到建安诸子，也终于说到“以情纬文，以文被质”的原则。总之，不用情实来缀合的文字，不与情实相为表里的文字，终究不是好文字，而一言情实，则其间必有所载，而所载之物举可以用道的名称相加，至少在主观方面是不成问题的。

有几个与文以载道的看法有密切关系的名词，是值得在这个段落再加说明的。孟子提到邪说、邪辞、淫辞、诐辞、遁辞。荀子提到奸说。《吕氏春秋》提到空言虚辞，淫学流说。这些名词当然不是随便创构与运用的，它们都有供参较的标准。邪说、邪辞、奸说所参较的是一个正常或适中的原则，说话的人心目中存着一条经常而人人应当走的大路，所以孟子说，邪辞知其所离。淫辞、淫学、流说所参较的是一个度量或分寸的原则，凡属超越了相当限度而流连忘返的事物，都适用“淫”与“流”一类的形容词，包括言论在内。淫纵与流放的结果等于陷溺，其实，在淫纵与流放的过程中,其人已经陷溺了,所以孟子说,淫辞知其所陷。荀子也说,小人"多言,无法而流湎然"。诐词所参较的标准是一个完整通达与平衡的原则。只知其一不知其二的言论是畸零的、闭塞的、偏畸的,所以孟子说,诐辞知其所蔽。一派信仰,一种思想,一门学术,想以管窥蠡测之所得,来解释一切,来准绳一切,在孟子一概认为是诐辞;其窥测得对的已然是诐辞,不对的自然更是诐辞了。这几种不健全的辞,不健全到相当程度以后,也就彼此不容易分别,例如畸零的诐辞指局部的过于发展,以致掩盖到全部,而发言的人不知,以为局部就是全部,陷溺其间,无由摆脱,此种诐词岂不是就近乎淫词?又如偏畸的诐词偏到一个程度,以至于无法恢复平衡,岂不是近乎邪词?邪词与淫词之间,也有同样可以互通的情形。至于遁词、空言、虚说所参较的标准是一个实际与经验的原则;遁词即孔子所说的从而为之词的词,是心口不相应的词,是和个人的心理与经验相抵触的词,明知其抵触而犹不能不用,其目的显然是在虚晃一刀,借此为下场地步。所以孟子说,遁词知其所穷。虚词的不顾事实,不问经验,或与事实经验相乖,更是显而易见,无庸再加说明。

上文指出自春秋前后以至六朝,我们所征引的不少议论,都有文以载道的意味,但所载的道究属是什么东西,我们始终没有说明。而说到此处,又似乎不必再多说明。所谓道,至少在这时代里一般贤者所认识与称道的道,归纳起来,也不外是上文所提出的几个原则:即中庸而不固执一端,正常而不邪慝,有分寸而不过度,完整而不畸零,通达而不偏蔽,切实而不夸诞。中庸而不固执一端的一个原则包罗最广,可以说是一个领袖的原则,一个总原则。凡是有合于这些原则的文，就是载道之文。

我们再回来就文以载道的看法的来历续加叙述。唐以前既有淫词、奸说、淫学、流说的名词，唐宋以还更有文穷、文妖、文淫一类的称谓。韩愈在《送穷文》里说："不专一能，怪怪奇奇，不可时施，只以自嬉：其名文穷。"李肇《国史补》里有一段很有趣的文字，评论唐代晚年的文风。"近代有造谤而著书《鸡眼》《苗登》二文；有传蚁穴而称李公佐南柯太守（按即唐人小说李公佐《南柯记》）；有乐伎而工篇什者成都薛涛；有家童而善章句者郭氏奴——皆文之妖也。"唐代文学最称发达。唐文的变化最多。唐人的小说，在中国文学史上有一个特殊的地位；唐人的文章可以说是最不受文以载道的看法的限制的，但依然免不掉这一类富有文以载道的意味的议论。《送穷文》是一篇游戏的文字，游戏的文字至少有"自嬉"与嬉人的价值，而在作者已不能不有一种设词，来替自己解脱，认为文字的功用如果只限于自娱娱人，乃是文字的一条末路，一种穷极无聊的表示。李肇的看法似乎更狭窄。造谤著书，固然可议；妓女于做人之道，大有亏缺，做人不成，做诗却成，这其间也不无非议的余地，但何以蚁穴的寓言，家童的章句，也要蒙文妖之名，怕是后世一般的读者所不容易索解的。

到了宋代，文以载道的看法与说法似乎有变本加厉的趋势。这可能与北宋道家的发达，以及南宋理学家的兴起有些密切的关系。张君房在《云笈七签》里说，"人能学道，是谓真学，诸外事皆是淫学。"此文以载道之道显然只是后世道家之道。周敦颐在《通书》里说，"文所以载道也；轮辕饰，而人弗庸徒饰也，况虚车乎?”朱熹最推重《通书》,至于比之于《语》《孟》,又替它作注,说,“文所以载道,犹车所以载物,故为车者必饰其轮辕,为文者必善其词说,皆欲人之爱而用之。”文以载道的看法虽极古老,文以载道的说法我们到此才第一次遇见。这种说法,单单就周、朱两氏的话来说,似乎并不发生很大的问题,因为二氏对于所谓道,并没有下什么界说。不过当时一般的道家或理学家对于文以载道的看法是相当的狭隘的。程颐认为《资治通鉴》一类的书不应该读,读则不免“玩物丧志”,所以禁人勿读。又有一个理学家讲学,不设图书库藏,为的是同样的原因,即深怕学者只知读书,不知做人,只知学文,不知学道。我记得这位理学家似乎也就是小程夫子。朱熹致汪尚书书里论到二苏氏之学(苏洵、苏轼),认为“害天理,乱人心,妨道术,败风教”,不在王氏(王安石)之下;其徒若秦观李廌皆浮诞轻佻,士类不齿。张栻论诗,把诗分为诗人之诗与学者之诗两类,说“诗人之诗,可惜不禁咀嚼;学者之诗,读着似质,却有无限滋味,涵泳愈久,愈感深长”。所谓学者之诗大概就是载道之诗了。又说,“古诗皆是道当时实事;今人做诗,多爱装造言语,只知斗好;却不思一语不实,便是欺,这上面欺,将何往不欺?”真德秀编《文章正宗》一书,把所选的文字分做词令、议论、叙事、诗歌四类。他所谓正宗,指的是内容道理上的正宗,而不是文章风格上的正宗;他对于诗歌所用的标准也是一样,结果是一部中选的诗读去全无情趣,也许有如张南轩所说,未尝不禁咀嚼,不过嚼来不免有蜡味罢了!听说刘克庄,他的弟子,在《后村诗话》里,对他就有过一些不大客气的话。清初顾炎武对他评论得更是厉害,可惜手头无书可查,不能具引。这一类道学家的诗，后世评论家似乎一概称为“击壤派”的诗。

元明之交我们也发见一位主张文以载道的人，王彝。彝字宗常，史传上说他“有操行，为文本经术”。他与杨维桢同时，当时维桢以文章主盟天下，王彝独独瞧他不起，写了一篇以《文妖》为题目的短文章，专门骂他，大致说：“文不明道，而徒以色态惑人媚人，所谓淫于文者也。”说亦见明人笔记朱国桢的《涌幢小品》。不过据清代诗人王士祯在《池北偶谈》里说，王彝自己做诗，在歌行一体上摸拟唐人李贺与温庭筠，也正复不免堕入恶道，以文淫文妖责备别人的，自己也不免被人讥弹，可见此种责备，表面上虽用到文以明道的极冠冕的设词，底子里可能是别有动机。

清初顾炎武曾经评论过真德秀《文章正宗》里选诗的不当，可见他对于文以载道的看法，是与宋元以后的理学家不同的。这看法究竟如何，我们一时不能征引。不过清人笔记叶廷琯的《鸥波渔话》里引他的几句话，很足以从旁说明他的看法是比较宽大的一种。亭林先生的三位宅相，特别是最大的那一位徐乾学，都是做大官而以提倡风雅自居的。不过亭林先生时常很不客气的训诫他们，有一次说，“有体国经野之心，而后可以登山临水；有济世安民之志，而后可以考古论今。”这事实上还是文以载道的话，不过涵义却很广，决不是宋元理学家的一流。亭林而外，我们在清初还可以举一个例子，就是《广阳杂记》的作者刘献廷。他有一两段话说到戏文小说的本质与功用，值得从详征引。“余观世之小人，未有不好唱歌看戏者，此性天中之《诗》与《乐》

也；未有不看小说听说书者，此性天中之《书》与《春秋》也；未有不信占卜祀鬼神者，此性天中之《易》与《礼》也。圣人六经之教，原本人情，而后之儒者，乃不能因其势而利导之，百计禁止遏抑，务以成周之刍狗，茅塞人心；是何异壅川使之不流，无怪其决裂溃败也。夫今之儒者之心，为刍狗之所塞也久矣，而以天下大器，使之为之，爰以图治，不亦难乎？”这真是一段得未曾有的大议论。继庄先生并没有离开文以载道的立场，但他与宋元以来一班主张文以载道的人不同，认为戏文小说，卜筮星相，也未尝不可以载道，这便是他的卓见了。清初而后，汉学代兴，风气为之一变，亭林、继庄这一班大师都是对于这种风气的转变极有贡献的人。从此以后，除了少数乡愿式的道学家，以及专门印发文昌帝君《功过格》与《戒淫文》的一类大善士而外，宋元以来的文以载道的看法，总算是得了一些解放。

上文一番历史的叙述是很片段的，不过个人的记忆有限，手头可能查考到的文献也少得可怜，要在个人书簏以外，再广事搜罗，时间上也实在不容许，只得姑且作一段落。我只希望从这番片段的叙述里，读者可能的得到对于文以载道说之由来的一个鸟瞰。

（三）几个可能的立场

本节全属议论，无须征引许多过去的文献。

无论狭义与广义之文，必有所载，即必有其内容，必有其用途，没有内容与没有用途的文，是不可思议的。其装载的事物可能的有四种，而事实上真有的只得三种，而三种中比较健全足以维持久远的，又只有一种，如下：

文 { (所以自载)？
所以载广义之道或人生的全部
所以载狭义之道或人生的一隅
所以载其他之文 }

第一种是所以自载之文。这在想象上似乎可能有，但事理上不会有，经验上也从不曾有过；如果一个人没有方法把他自己抱起来举起来，世间也就不会有文以自载的道理与事实。在近代的西洋，这一路的议论诚然是甚嚣尘上，许多人喊着“为知识而讲求知识”，“为科学而发展科学”，“为艺术而创造艺术”；喊尽管喊，结果是不会有的，有了也是似是而非的。除了人生的本身可能自成目的而外，其余的一切大概全是工具，全是手段，文化与文学很难成为例外。为知识而求知识，我们所获得的不止是知识的累积，同时也是一种兴趣或欲望的满足；为艺术而创造艺术，所获得的也不止是若干美妙的作品，同时也是另一种兴趣或欲望的满足；而兴趣或欲望已经是人生的一部分，是道的一部分了。又有人说，我们求知，并不为知识的累积，我们创作并不为作品的增加，我们只问耕耘，不问收获；我们有内在的表白的要求，我们只是率直的表白而已，其结果如何，我们是不问的，至少我们并不注重。这好像是西洋人文以自载的另一种说法，是近乎浪漫主义的一个说法。我们对这个说法有两个答复：一、如果他们所重的确乎是只在表白自己，只求表白的自由，而不在表白的好坏，不求表白的结果，而同时表白的过程却又不能不假道于文，不能不聊以文为工具，则他们的立场实在是一个文以载道的立场，而不是文以自载的立场，我们姑且搁下不提。二、如果他们对于表白的过程与表白的结果事实上是十分的重视，即所争的，名为表白的自由，实则想借此摆脱在过程上与结局上种种规矩格律的束缚，那上文一番评论文以自载的话便一样适用，因为表白自己的要求，以至于不受拘束的要求，依然是人生的一部分，是道的一部分。总之，无论文以自载的说法作何解释，是不可通的，而文以载道的立场却是无可避免。

我们以为道就是人生，这在本文开始的时候已经略加说明，认为不妨这样看，并且也不无所本。如今可以再作进一步的解释，《中庸》开头的几句说，“天命之谓性，率性之谓道，修道之谓教”。性是人生的根源，道是人生的表见，教就是文化，所以帮表见的忙的；换言之，性是人生的体，道是人生的用，教是此种用的剪裁润色。人生是一种功能，这功能原是自然的，但如完全任其自然，便不免始终在一个朴野的状态之中，而与其它的动物没有多大分别，所以要剪裁润色。事实上剪裁润色的动因与力量，也就是道的一部分，所以有到人生，这种剪裁润色的努力也就自然会发生。不过剪裁润色的动力虽由自然供给，而剪裁润色的限度，除了死亡的最后一道界线而外，自然似乎并没有供给，至少并没有直接的供给，而是间接的假道于人的情理的能力来供给的。因此，就全部人类文明史看来，这剪裁与润色的权能好像是完全在人的手里，与自然很不相干；人类自己不察，也以为这权能真是他自出心裁的东西，往往不免滥用，结果，不是剪裁过度，便是润色过度，渐渐的从修道的局面，形成一个害道的局面，形成一个尾大不掉,危及人生的局面,其最终的结局是死亡,那就到达上文所说的自然所供给的最后的限度了。人类的文明史事实上只是若干民族的文化史,民族文化盛衰兴亡的数见不鲜,我认为要从这一方面来观察,来解释,方为最近情实。

中国民族,特别是先秦时代的中国民族,不能不说是一个比较聪明的民族。(这聪明究属从何而来,是从直觉来的呢,是从经验来的呢,我们姑且不问。)一部分创造民族文化的人很早就看到自然的重要,看到自然的人生是比较健全的人生,只有合乎自然的人生,才可以与天地同其长久。另一部分人又看到人生于时间的绵长而外,也宜乎有空间的发展,于自然的生长而外,也宜乎有人为的修饰,于是分而言之,主张礼教,主张文学,合而言之,主张本末并重,博约兼赅,主张文质彬彬,而彼此不相偏胜。这两种人,谁都认识前者是道家,后者是儒家,大抵道儒两家没有不赞成文以载道的看法的。老子是极端的重道而不重文的,但亦不能没有五千言的《道德经》来载他的道;儒家自不消说,至“余岂好辩”的孟子,更不消说。即如初创“文以载道”之说的周濂溪,他的看法,就字面与朱子的注解而言,也还是大致不错的。文所以载道,好比车所以载物,文是工具,道是目的,文能载道,即是教人生得所安放,得以行远。

这就已经说到所以载广义之道的文了。上文说过,我们根据秦汉前后诸家对于文以载道的看法,得到了几个原则:一是中庸而不固执一端,一是正常而不邪忒,一是有分寸而不是过或不及,一是完整而不畸零,一是通达而不偏蔽,一是切实而不夸诞;而中庸或执两用中的原则更是一个总原则,可以概括一切。道或人生，诚能把握住这些原则，便是健全的道，健全的人生，在空间上可以扩展，在时间上可以绵长，可以高明配天，博厚配地，而悠久无疆。所以《中庸》在介绍性、道、教三大本体之后，不久便说到，中为天下之大本，和为天下之达道，而实践中和的结果，便是天地位而万物育，便是一切能安所而遂生。而诚能把握住同样的原则的文，便是足以助长、推进、而发扬光大人生的文，也就是健全的文。文以载道之说，应作如是解释，秦汉以前，也确乎如是解释过。至于何以知广义的道包括这些原则，又何以知这些原则确乎对人生有利，则近代学术的进展已经逐渐加以坐实；全部生物演化的历史，全部演化论的学说，生物统计学里常变的两大概念，近代生活过于专门化与技术化已经给我们的教训，全部优生淑种的理论，不都可以供我们的参考么？

如果在民族文化发展的过程中，至少主持文化的人都能有上文所述的看法，从而不断的向当代与后世的人提撕警觉，岂不甚好，可惜不能。（这所以不能的缘故，可能是智力降低了，直觉的能力减少了，或利用经验阅历的本领削弱了，目前也姑不论。）此种不能的表示又可能的有两个方向，而事实上都有过。一是遗漏（omission），二是错误（commission）。遗忘了中和完整与通达的原则，而只看见道的一部分，或人生的一部分，且从而主观的认为这一部分就等于全部，这就是遗漏，也叫做偏蔽。此种人而有文化或文字的活动，其活动未尝不载道，不过这道是片段的、零星的。如果活动的人自知其片段零星，又能自己明白承认，则于事无妨。先举一个最单纯的例子。昌黎作《送穷文》，自认为“不可时施，只以自嬉”，游戏虽不是人生的要求的全部，却不失为人生要求的一种，也未尝没有它的地位，即《送穷文》未尝不可做，做了本人既可以自娱，后世穷而有志之士也可以借此解嘲；一样一个穷人的生活，能寻“穷开心”的总要比不能的好些。不过如果专以游戏为事，幽默为事，讽刺为事，以小品文为文学的准则，以公安、竟陵一派为文章的正宗，那问题就多了。

再就狭义的文学方面举一个比较复杂的例子。今人论文学，说人生不脱情理事物几个境界：情理发乎内，是人性的自然，事物铄于外，是外缘的自然。事物的刺激唤起情理的反应，这反应又假托了声音、姿态、符号而表达出来，就是文。所以文有言情的，有说理的，有叙事的，有状物的。不过绝对客观的叙事文与状物文不可能，其背景中必有若干情理的成分；绝对主观的言情文与说理文也不可能，其外缘必有一些事物的烘托。情理因事物而反应，因语言、姿态、声音、符号而表白，表白而有效，即我人对于外铄的事物得以了解，得以体验，而内在的情绪得以抒展，理义得以传达，其总结果为生活得到进一步的安放，进一步的发育，这就呼应到我们在上文所提的位育之论了①。一篇好文章就是有位育价值的文章，作者本人既因写作而增进了位育的程度，有同一情理之感的读者也因阅读而获取了同样

---

① 《中庸》“天地位，万物育”的一段议论和西洋生物演化论中 adaptation 或 adjustment 的概念最为接近。位，注称“安其所”；育，注称“遂其生”。前者是静态的位置，后者是动态的发育，岂不是恰好相当于 adaptation 的概念。因此，十余年来，作者就用位育一词作为 adaptation 的译名，以替代“顺应”“适应”一类过于消极与被动的译名，并曾草一短文[《“位育”?》，见《潘光旦文集》第 8 卷。——编者注]加以介绍(《华年》周刊，第一卷，第二期)。

的效果。好文章的所以百读不厌，所以能流传久远，就因为这层道理；就因为他能做人生的良好工具，能载比较中和完整与通达的道。

第二三流的文章以及各式程度的坏文章就不然。即就人生情理事物的四种境界而言，或抒情而不托于物，或说理而不切于事，或叙事而不绳以理，或状物而不寄以情；绝对的专门抒情、说理、叙事、状物的文章虽不可能，而情理与事物不相配称不大呼应的文章却所在多有。感伤主义（sentimentalism）与浪漫主义的成分太浓的文章，即无病呻吟的文章，属第一类。诡辩的文章，故弄玄虚的文章，一部分形而上学的文字，属第二类。捏造事实的文字，攻讦诽谤的文字，小题大做而无意义的寄寓的文字，可以说属于第三类。近代报纸上此类文字独多，例如大部分的所谓社会新闻或黄色新闻。专门描摹光景的文字，堆砌着许多古典与成语的诗文，小品的所谓科学文字，小题的研究文字，可以说都属于第四类。小题的科学研究文字，虽有用途，究非文学，除了后来做同样研究的人加以参考而外，十之八九没有第二个人阅读，也没有人阅读第二遍，图书馆里汗牛充栋的旧的期刊里便满载着这种文字，极难得有人翻动。这四类的文字，即使论动机无可非议，于事理微有发明，于人生亦不至全无裨益，但就上文的标准看来，其所载之道终究只是一些可观而致远恐泥的小道。陷于小道的学问为害尚小，甚至于对于整个的人生还不无点缀；最可怕的是专主情的文学家，专言心或专尚理的玄学家，或专主物的哲学家、以至于历史家与社会科学家，以道之一偏为道之全部，从而著书立说，劝世垂后，认为他所见的才是大道，妄以为道之所萃，尽在一身，圣人复起，这些才是他不得不辞而辟之的对象。情理事物而外，人生当然还有许多别的境界，例如天地人三才的境界，群与己的两个人伦的境界，过去、现在、未来三个时间上的境界等等，这些都是道的部分，任何部分都可以成为“学者”的阿私，主观的成为道的全部，而构成一种偏蔽与武断的学说以至于信仰。

二是错误，即所载的东西不属于道，不是道的部分，而误以为道，亦即误以人生的其它工具为目的。上文提到只有人生自身可以成为目的，一切广义之文都只好算作工具，与狭义之文一样。如今以狭义之文装载广义之文的一种，名义上是文以载道，实际上是文以载其它之文，即成为工具之工具，那是一种错误。宋高宗尝论米芾的字为“重台”，意思说，前人论羊欣的字为“婢学夫人”，而芾又学羊欣，成为婢的婢，婢的婢叫“重台”①，如今人生是夫人，一切广狭义的文都是婢，都所以侍候夫人的。如果狭义之文所载的既不是人生，而是人生的另一工具，其地位原与狭义之文相等，那岂不也成为一种“重台”，成为一个康成诗婢之婢，一种扫地的“斯文”了么？

查考以前的文学，属于这错误一方面也正复不少，而最多的是在宗教与道德的领域以内。宗教与道德未始不是文的一两种，未始不是人生的工具，我们在篇首已经说明过了。在西洋，道德可说是宗教的一部分，包括在宗教之内，所以宗教的载道之

---

① 《春秋左氏传》昭公七年：“人有十等，下所以事上……也；故王臣公，公臣大夫，大夫臣士，士臣皂，皂臣舆，舆臣隶，隶臣僚，僚臣仆，仆臣台。”

文独多，一直要到十六世纪，文艺复兴以后，才逐渐减少；而真正的衰歇则要降至十七世纪以后，因为“唯道德论”（moralism）的打破是这世纪以内的事。这是不得不归功于当时一批所谓社会物理学家的。其在中国则因为儒家的人生哲学始终是文化的主流，而民间宗教有如释道二氏的布道的（evangelical 或 proselytizing）推动力不强，所以宗教与道德很分划得开，而唯道德论的载道之文就比较的多，特别是在宋元以后。这并不是说宗教与道德两者混合的载道之文完全没有；有的，例如民间盛行的文昌帝君《功过格》与《戒淫文》之类，不过数量总是有限罢了。宋元以后，理学大行，这当然和道德的载道之文的发达有密切关系，理学家所最看重的是理，特别是从伊川以后，所重既然是理，而载道之文所载的又不过是以理为最大的对象，则最初看去，宜若其弊之所在，为偏蔽而不为错误。上文不承认过理是人生境界的一部分，而道之一偏么？这看法是不错的。我们对情理二大境界原不容有所轩轾，而理学则显然的对情的境界大加歧视。不过这看法还不够。理学家何以歧视情的境界呢？原来他们把情与理看成两个自然有优劣高下的东西：理是义理之性，是善的，须发挥的，情是气质之性，是恶的，必须加以变换、感化、以至于遏抑的；甚至于认为理是天理，情是人欲，天理必须战胜人欲，否则不能为人。如此把善恶的观念引进以后，所谓理，表面上是道或人生的一部分，是一个目的，实际上却成为文的一种，工具的一种，就是我们普通所说的道德。[①]

说到道德一个名词，我又忍不住在这里补充一句话。道与德原是两个为铺叙之用的名谓字，而不是两个为称誉之用的形容字。道与德分指人生的内外两方面，德指内，等于说人是什么，道指外，等于说人做什么。道字宜乎作如此解，上文已经说过。德字的原意后世并没有完全消灭；《道德经》的作者用道德作为书名，多少还保存这两字的意思。又如前人的话说，“地丑德齐”，说“度德量力”，那德字的意义还是原来的，德字原作悳，从直从心，直心为德，至于说“内得于己，外得于人”谓之德，那“内得于己”的一半是原来的，“外得于人”的一半我相信是后来演出的。这么讲德，德就近于性，所以说“率性之谓道”，一个人是什么，才做什么。德也就等于诚，所以说“诚于中，形于外”，一个人里面是什么，外面也就表现为什么。我对于道德二字的原意，看法是这样的。这样的道与德，分言之，是人生的表里两面，从里面看，人生是德，从外面看，人生是道，合言之就是人生的全部。如此，则文以载道，或文以载道德之说的适当的解释是，用文的工具，一面从内启发，一面从外修齐润色，使人生日臻于至善之境。这就呼应到上文所说“文以载广义之道”的一段讨论了。不过我们对于道德两字的看法与用法并没有始终停留在这

① 按这种把情性强分优劣的看法，严格说来，并不始于宋元理学家，专论性恶的荀子就有过性善情恶的矛盾论！他在《儒效篇》里，不说过“人无师法则隆情矣，有师法则隆性矣”么？唐李翱在《复性论》中似乎也有同样的看法。不过这一部分唯道德论的得以普遍流行，而使天理人欲成为两个相对而相反的事物，宋元以还的理学家当然要负不少的责任，是不成问题的。

个段落，它们终于和社会价值的观念发生了联系。终于成为两个字缀合而成的一个形容词，或一个抽象的名词，其用途不复在陈述铺叙人生的情实，而在准绳评估人生的情实，其代表的事物不复是人生本身，而是人生的工具的一种。这变迁究属从何而来，我们姑不深究，否则不免离题太远，目前所可说的是，这种唯道德的倾向大抵是滥觞于孟子的性善论，自然之性既可断定为善，则与性在实际上是一物的德，以及率性而来的道，自无往而不是善的了。后来宋元理学家的种种议论，便是这倾向的末流，这倾向的变本加厉。

从上文看，可知唯道德论的文学，所犯的毛病在错误而不在偏蔽，即载道之际不是把道看小了，看偏了，而是看错了。不过看小看偏的说法也不是全无理由，全无根据。理学家所见之理，或道学家所见之道，同时也未始不是理的一部分，或道的一部分，亦即未始不是人生境界的一种。上文结论先秦至六朝许多作家对于文以载道的看法时，说到他们所见到的道是从人生的经验里归纳出来的若干原则，其中尤以中庸一条为有兼容并包的地位。这些原则，或这些原则所构成的人生哲学虽也未尝不是道的工具，足以促进人生，增加位育，但因为它们来历悠远，基础深厚，包罗广大，在这一班作家看来，直不妨认为道的一个境界，理的一个境界，甚至于认为它们就是道的中坚，理的中坚。换言之，要维持人生，要提高人生的意义，非把这一类的条理弄清楚不可，非走这些从经验里归纳出来的大路不可。所谓“经，常道也”，要不外这层意思。不幸的是，道学家或理学家把道理看窄了，看板了。例如小程夫子把“中庸”二字释做“不偏之谓中，不易之谓庸”。说不偏之中，是在空间上把中字看窄了，说不易之庸，是在时间上把庸字看板了。在解释的人，一位第一流的理学家，已不免在字面上把中庸说得如此其板仄，其他自郐以下以至于不入流品的作家更不必说了。“中”并不是等于不偏，我们从《舜典》执两用中的原则里，从经权并称的说法里，从孟子对于子莫的评论里，早就可以充分的看出来。“庸”也并不是等于不易，庸字从庚从用，庚通更，更通经，所以庸就是经用，庸德庸言，就是颠扑不破而历久可用的德与言，经用的东西无疑的可以久用，但久用并不等于永远不易，这我们从《易经》上久穷变通的议论里，从鼎革的两个卦里，也都可以看出来。后世把经字看作天经地义，看作神圣不可侵犯，把权字看作虚伪奸诈，看作玩弄手段，又把中庸看作不偏不易，于是才把一切进步的动力与机缘都给抹杀了，而文以载道之道虽不失为道，终不免日即于支离破碎，偏蔽锢塞，这种责任，还得由宋元以来的理学家负之。

文必有所载，所载的事物可能的不出四种，实际的不出三种——这部分的讨论，到此可以告一结束。这四种之中，我们认为第二种，即所载为道或人生的全部，亦即比较的不离乎中庸的原则的那一种，是最配叫做载道之文；亦惟有这种文，才最能帮人生的忙，能教最大多数的人领会欣赏，最能流传久远。第三种是偏蔽的，失诸挂一漏万，它对于人生可能有几分用处，但这种用处是狭窄的，所能影响到的人也只是一小部分，并且往往是不太健全的一部分，如果偏蔽的程度极深，而成一个以偏概全之局，则对人生可以发生弊病，成为位育与进步的一大障碍。第四种是错误的，失诸张冠李戴，为了强勉的要造成一种风气，煽动一部分人的情感，掀起一种大规模的运动，它有它的效力，但这种效力总是一时的，甚至于昙花一现的。在表面上它好像教文化的生活突然整饬起来，突然迈进了一步，事实上这种整饬与迈进是不自然的、不健全的、是弯曲了人生为之的，如果延期较久，甚至于可以经由选择的途径，教人性根本上发生畸形的变化。大体说来，第三种的载道之文是紧缩的、收敛的，在历史上造成了各种的保守主义，而第四种是放纵的、泛滥无归的，在历史上造成了各式的激进主义。第一种所谓文以自载之文，我们认为字面上说得出，实际上做不到，不过它有一种很明显的功绩，就是和第三种第四种所谓载道之文抗衡。事实上，它是第三第四种的文所激发出来的反动，所以是比较的后起。不过矫枉者不免过正，文以自载之文虽不可能，在议论上终究属于另一极端，而在尝试的人也往往不免迷而忘返。

（四）文以载道的新趋势与文教的危机

上文说到，在以前中外的历史里，无论广狭义的文都曾经屈居“重台”的地位，就是“丫头的丫头”的地位。它所侍候的主人是谁呢？不是人生，而是宗教，而是道德；两个原先也就是丫头，不过后来喧宾夺主，或豪奴欺主似的变成了主人模样的东西罢了。文以自载的运动原想把它自己从重台的下贱地位解放出来，不过嚷了许久，没有成功，理论上本来也是不会成功的，上文也已经讨论到过。

有人说这解放工作是成功了的，它原先是一个重台，如今只是一个台；原先必须侍候貌似主人的其他的台，如今可以直接侍候主人，岂不是一种成功？如果这话与事实相符，则所谓成功是“文以载道”的成功，而不是“文以自载”的成功，这两种成功不容相混。不过我认为这不是事实，事实是它到如今依然是一个重台，所不同的是貌似主人已经换了一个罢了，我甚至于可以说连这个主人都没有换，所换的只是一套衣服，一副面具！宗教的作威作福是过去了，旧道德的颐指气使也已经成为明日黄花；旧主人的墓木并没有拱，这大概是永远不会的，不过他们要比从前安分了许多。至于这种安分是不是自动的，是不是自动到一个程度，肯把我们的重台都给解放了，那却是另一问题。依我看来，这安分是被动的。宗教道德之所以安分，我以为是由于别的貌似主人的兴起，而且这种主人不止一个，有的叫科学，有的叫技术，有的叫商业，有的叫经济，有的叫政治，其中以政治为最有力量；而我们的重台，表面上好像从宗教道德的手里解放了出来，实际上，像奴隶买卖似的，却转移到了这些新主人的掌握里，而政治的掌握力尤为强大，因为它不但可以使唤我们的“重台”，并且可以左右其他貌似主人的几个“台”，如科学、技术、经济之类。这是换了主人的说法。近代的政治，特别是所谓集体的政治以至于极权的政治，面目上是政治，实际上却是政治、宗教、与道德之和。它是建筑在一大套社会教条(social dogmas)之上的，根据了这些教条，它不但规定政策，发施政令，并且对于民众的思想、信仰、言语、行动，可以发生很大的颐指气使，与生杀予夺之威力。近代的这种政治表面上是政治，底子里是宗教道德。它是“政教合一”的一个崭新的方式，无怪其掌握力的强大了，而不幸的，我们的重台恰好就在它的掌握之中！这是主人并没有换，只换得一套衣服面具的说法。我们的重台虽然跳出了樊笼，终于陷入了火坑。一切所谓解放的运动，结果往往如此，又何独载“道”之文为然呢？

文学或其他文化的表现成为政治的工具，自古已然，于今为烈，于一切之政治为然，于近代的集体政治为尤甚。我举苏俄做例子，在苏俄，二十多年来，一切广义与狭义的文化工作，全都成为推广与宣传社会教条的工具。一九三一年上半年以前，一切小说戏曲影片必须歌颂社会主义中的平等主义，迨后情形一变，不平等的社会状态，一天比一天显著，使主持教条的人不得不放弃平等主义，于是，从一九三一年上半年起，一切文艺作品，如果再歌颂平等主义，便是“反动”。平等主义，在主持教条的人看来，到此成为“布尔乔亚的一种冥顽不灵的事物”（bourgeois stupidity），说详美国合众社记者莱盎斯所著《出勤在乌托邦中》一书（Eugene Lyons，*Assignment in Utopia*，pp. 419—412）。同书又有专论文化发展的一章，标题为《禁锢中的学术文化》（Culture in a Straitjacket），我如今摘录其中的一节如下：

> 我在出勤的几年里，也曾不断的注意到一部分更重要的戏曲、影片、书籍、杂志，但没有敢希望碰到什么比较自出心裁的东西。文笔的力量是有的，美也是有的，但思想的内容总是那千篇一律、教人发腻、过于单纯的一套。在科学的园地里，例如地质学的研究，北极的探险工作等，诛索异端的人比较不容易进去，所以还可以找到一点自由研究与放胆探讨的精神。但一到近乎纯粹思想的领域里，遇到凡是

足以启发科学的怀疑态度的东西，或鼓励“危险的”好奇心的东西，我们便进了一个理智的富有恐怖性的专制时代了。

在苏联，所谓历史实在是一堆任情拼凑与任情修正的事实，目的在使它和克兰姆林宫所发出的政令不相抵触。所以人类学一定得和一部分的政策相呼应，就是关于苏俄对于各弱小民族的关系的政策。所以心理学一定要和斯太林思想中的种种假定相符合（举一个例吧，全部福洛伊德派的心理学是一个禁忌，倒并不是因为苏俄的心理学家曾经加以驳斥，而是因为它根本和“党的阵线”冲突）。至于哲学，如果有人对于斯太林的辩证法唯物论有什么疑问，他所遭遇的危险，比中古黑暗时代提出地球究属平不平的问题的人所遭遇的还要承受不起。就在自然科学里，我们也遇见许多奇形怪状的东西，什么“列宁主义的外科医学”呀，“斯太林主义的数学”呀，在生物学方面，也有不少所谓意识形态上的修正（例如关于后天习得性一层）。

要有真正的文化，要有真正的理智的自由，必须科学家能大无畏的作些富有创造性的研究，必须文艺家能大无畏的产生些富有创造性的作品。但在目前的苏俄，这些东西是想不得的，不可能的，除非一个人愿意自召杀身之祸。就在法国，在一七八九年的革命以后，我们多少还有得一点相对的自由，但在今日的苏俄，谁可以想象发见第二个福禄特尔，第二个迪特罗，来对苏俄的制度、标准、习惯，下一番不客气的攻击？就在帝俄的时代，我们也多少有一点同样的自由，但现在又那里去找一个托尔斯泰，或一个涂琴尼夫，或一个萨尔蒂柯夫(Saltykov)来指摘当前的种种措施？不要说指摘，就是胆敢作一忠实与正确的叙述的人，我敢说还找不到。在帝俄，只要一个科学家或艺术家取一个中立的态度，而不谈政治，检查机关便可以不问，但是对于苏俄的检查员，中立是最罪大恶极的一种行为，每一个科学家或艺术家总得拿出凭据来证明他是积极的在拥护那一套社会的教条……(详见页四六七—四六九)。

以文学艺术来拥护一套社会的教条，而且非拥护不可，那便是文以载“道”的最簇新的趋势了。在纳粹的德国，在不久以前泛系的意国，也有同样的情形，在其他当代的国家，也多少都有一些。不过这种趋势越强，则真正良好的文学，真正优越的文化，便根本无法产生，更不论他们的自由发展了。所以我们说这是文教的一个危机，一个厄运。

文教的所以成为一个“重台”，这其间有外铄的机缘，也有内在的原因。外铄的机缘，上文已经说过。至于内在的原因则显然是文教自身的不知振作，任人摆布。谈文说教的人怕十有八九不了解人生是什么，道是什么。或眼光狭小，坐井观天，或观察不清，指鹿为马，才造成上文所讨论到的种种结果。其他役使这重台的各个伪主人所犯的是同样的毛病，就是不了解人生，不识道为何物。然则要把文教从重台的地位解放出来，除了促进对于人生的适当认识而外，再也没有更重要的途径，文学自身要如此努力，其他文化的部分也需要在这题目上多下功夫。

四　自由、民主、与教育[①]

（一九四四）

人世间三角的局面很多，自由、民主、与教育所构成的也是一个，并且是很重要的一个。除了天地人的三角，除了遗传、环境、文化的三角，大约没有比它更大更重要的了。这三角之中，自由很显然的是生命的目的，教育是达成目的的手段，民主可以说是运用这手段的环境。没有民主的政治与社会环境，自由的教育是做不到的。这至少是从事于教育而对于政治没有直接的兴趣的人不得不有的一种看法。若在一个政治家或政治学者看来，教育也未始不是造成民主环境的一个手段。综合两方面的立场看，我们不妨说，教育需要民主的环境，而这种需要的满足，一部分，以至于大部分，也得靠教育的努力；期待着民主环境的来临，再实行以自由为目的的教育手段是不可能的，是不通的。

我们先讨论三角的两边，自由与教育，然后配上第三边，

① 此文是用两次演讲的内容缀合而成的：第一次，“自由与教育”，是应自由论坛社之约为了纪念“五四”讲的；第二次，“民主与教育”是应云南大学政治学会之约讲的，是“民主政治系统演讲”的一讲。

民主。

一年以前，我对自由的看法，曾经有所论列[①]。消极方面，我认为我们决不能把自由与散漫混为一谈，因为散漫的人不自由，他不能随时集结；也不能与放纵混为一谈，因为放纵的人也不自由，他不能随时收敛。只会打游击战的人，只会打阵地战的人，是同样的不自由。一个拘泥的道学家，一个沉湎于声色、货利、权位的人，也是同样的不自由。积极方面，我又提出自由就是中庸，就是通达，如果我们把不偏不易的旧解释撇开，而把中庸的概念和经权的概念联系了看，甚至于当做一回事看（实际上是一回事，“中庸不可能”之理就是“可与立未可与权”之理），我们就很容易得到这样一个结论。我提出这一点来，目的端在指出自由一词所代表的看法并不是一个标新立异的看法，更不是相当于洪水猛兽的看法，我们大可不必因谈虎而色变。下文还是一贯的用自由二字，而不用中庸二字。

自由是生命的最大目的，个人要自由，社会也要自由；西方自希腊时代起，中国自先秦时代起，都有此看法。唯有自由的生命才能比较长久的保持它的活力，个人如此，社会也是如此。生命脱离了人力的控制，不再能自由收放，自由分合，自由的斟酌损益，补短截长，是迟早要陷于死亡的绝境的，个人的不能尽其天年，民族社会的昙花一现，大抵可以追溯到这一层基本的原因，特别是在民族社会一方面，因为它不比个人，以常理推之，是没有什么天年的限制的。

---

① 指本书《第一篇》中《散漫、放纵、与“自由”》一文。

不过社会的自由终究建筑在个人的自由之上。一个建筑在奴隶经济上的社会，一个百分之一是独裁者，而百分之九十九是顺民所组成的国家，要维持长治久安，是不可能的，历史上既无其例，当代一二尝试的例子也正在很快的摧杀败坏之中。

个人的自由不是天赋的，是人为的，不是现成的，是争取的。以前西方的政论家认为自由是天赋人权之一；究竟有没有所谓人权，此种人权是不是由于天赋，我们姑存而不论，我们只承认人既不同于普通的飞走之伦，便不会没有自由的企求。飞走之伦，内则受制于本能，外则受制于环境，是说不上此种企求的。人也未尝没有本能，但本能可容制裁疏导；人又未尝不仰仗环境，但环境可容选择、修润、以至于开辟创制。能抑制疏导我们的本能，能选择、修润、开辟、创制我们的环境，就是自由，就是我们所以异于寻常飞走之伦的那一点“几希”，去此几希，名称是人，实际是禽兽。

不过这种应付本能与应付环境的力量，在人类也不过是一种“潜能”，而不是一种“动能”。要化潜能为动能，端赖教育。潜能之说，可能就近乎以前政论家的“天赋人权”之说，但要潜能变成动能，而发生实际的效用，却终须人工的培养，人工的培养就是教育。

教育不是我们一向有的么？既有教育，自由岂不是就接踵而来？这却又不尽然。教育是一个很中听的名词，因此它可以成为许多东西的代用的名称。宗教信条的责成是“教育”，《圣谕广训》的宣读是“教育”，社会教条的宣传是“教育”，一切公式的灌输都是“教育”。如果这一类的措施是教育，北平便宜坊中填鸭子的勾当也就不失其为教育了。因为凡属经过“填”的鸭子，确乎在短期之内会有长足的发展，而可以派一种特殊的用处，就是任人宰割，快人朵颐。这些当然不是教育。近代所谓教育，正坐“填鸭子”的大病。吃是一些本能，鸭子有食必吃，不懂得适可而止的道理，于是就走上一条畸形发展的路。我们目前号称的教育又教了我们几许自动控制我们本能的理论与方法？我们名为受过教育，又有得几个能在声色、货利、权势的场合之中，周旋中节，游刃有余？

控制环境，未尝不是近代教育的一大口号。但环境不止一端，就物质环境说，这口号是多少兑了现的；但若就所谓意识环境说，教育所给予我们的，不是一种自动控制的力量，而是往往把另一些人所已控制住的环境，强制的加在我们身上，我们连评论的机会都没有，遑论抉择、修正、开辟、创造？物质环境的多少还容许我们控制，不用说，也是三百年来科学昌明的一种效用，是科学传统的一部分。至于意识环境的不容许我们控制，而只容我们接受别人所已控制住的某一种环境，接受别人的摆布，接受希特勒一类的人的摆布，那显然是西方中古时代宗教传统的一部分。别人把规定好了的意识环境交给我们接受，教我们相安，也就等于被“填”的鸭子必须被圈在一定的范围以内，不能有回旋的余地一样。在圈定的极小的范围以内，接纳与吸收一种指定的事物，而且非接纳吸收不可。在接纳与吸收的一方面，一半因天性，一半因积习，终亦安于享用现成，不识挣扎为何物——这便是被“填”的鸭子与当代“受”教育的人所有的一种共通而惨痛的经验。

自由的教育是与“填鸭子”的过程恰好相反的一种过程。自由的教育不是“受”的，也不应当有人“施”。自由的教育是“自求”的，从事于教育工作的人只应当有一个责任，就是在青年自求的过程中加以辅助，使自求于前，而自得于后。大抵真能自求者必能自得，而不能自求者终于不得。“自求多福”的话见于《诗》、《传》、《孟子》。孟子又一再说到“自得”的重要，政治之于民众如此。教育之于青年更复如此。孟子“勿揠苗助长”的政教学说也由此而来。先秦学人论教育，只言学，不大言教，更绝口不言训，也是这层道理。[1]

自由的教育，既着重在自求自得，必然的以自我为教育的对象。自由的教育是“为己”而不是“为人”的教育，即每一个人为了完成自我而教育自我。所谓完成自我，即用教育的方法，把自我推进到一个“至善”的境界；能否到达这个境界，到达到一个何种程度，一个人不能不因才性而有所限制，但鹄的只是一个。自由教育下的自我只是自我，自我是自我的，不是家族的、阶级的、国家的、种族的、宗教的、党派的、职业的……这并不是说一个人不要这许多方面的关系，不要多方面生活所由寄寓的事物，乃是说教育的主要目的是在完成一个人，而不在造成家族的一员，如前代的中国；不在造成阶级的战士，如今日的俄国；不在造成一个宗教的信徒，或社会教条的拥护者，如中古的欧洲或当代的建筑在各种成套的意识形态的政治组织；也不在造成一个但知爱国不知其它的公民，如当代极权主义的国家以至于国家主义过

① 详下《第四篇》中《说训教合一》一文。

分发展的国家；也不在造成专才与技术家，如近代一部分的教育政策。主要的目的有了着落，受了尊重，任何次要的目的我们可以不问，无论此种目的有多少，或因时地不同而有些斟酌损益，我们也可以不怕——不怕任何一个次要目的的畸形发展。

自由教育既以自我为主要的对象，在方法也就不出两句先秦时代的老话所指示的途径，一是自知者明，二是自胜者强。先秦思想的家数虽多而且杂，在这一方面是一致的。明强的教育是道家、儒家、法家一致的主张。更有趣的是，西洋在希腊时代所到达的教育理想也不外这两点。太阳神阿普罗的神龛上所勒的铭，一则曰“认识你自己”，那就是明，再则曰“任何事物不要太多”，如用之于一己情欲的制裁，那就是强。就今日的心理常识言之，自明是理智教育的第一步，自强是意志与情绪教育的第一步，惟有能自明与自强的人方才配得上说自由。认识了整个的世界，全部的历史，而不认识自己，一个人终究是一个愚人；征服了全世界，控制了全人群，而不能约束一己的喜怒爱憎，私情物欲，一个人终究是一个弱者：弱者与愚人怎配得上谈自由？这种愚与弱便是他们的束缚，束缚是自由的反面。话说到这里，我们口口声声说自由，实际上就讲到了中庸。说到了自知自胜，也就是等于说自由教育的结果，不但使人不受制于本能，更进而控制一己的本能，以自别于禽兽。总之，这些都是可以和上文呼应的话。至于自明自强之后，再进而了解事物，控制环境，整饬社会，创导文化，所谓明明德之后，再进而新民或亲民，那都是余事，无烦细说了。自求自得的教育，亦即以自由为目的的教育，大意不外如此。至于从事于教育的人，对青年所适用的努力，只能有侧面启迪的一法，而不容许任何正面灌输的方法，亦自显然，勿庸再赘。[1]

说了自由教育的对象与方法之后，再说几句关于实际设施的话。人生的大目的，上文说过，是自由，是通达，是中庸。三事虽不失为一事，却多少也可以分开了说。生活是人与环境缀合而成的。如果我们的论议着重在人，或人在环境中的所以自处，我们不妨说生活的目的是求自由或求中庸。如果我们比较的着重环境，或人与环境的关系，那我们就不妨说，生活的目的在求通达。一个对外比较能通达的人，必然是对于一己的生活比较真能讲求自由与中庸的人。如今说到实际而有组织的教育设施，我们的注意点当然是侧重在生活比较外缘的一方面，我们就不妨更率直的说我们的目的在求通达。目前小学、中学、大学各级的学校教育，特别是大学教育，目的应该在求各种程度的通达。但理论上的应然是一事，实际的已然又是一事。我们今日所有一切学校教育不是不通达，便是似通达其实不通达，严格言之，似乎根本不以通达为职志，一切技术与职业教育无论已，就是大学教育也无非是造就一些专才，一些高级的匠人，西洋有此情形，效颦的中国自更不免有此情形。目前实际教育的危机，最迫切需要改革的一事，我以为莫大于此。西洋把近代连一接二的大战争归咎到这种教育上的大有人在，我最近所选译的赫胥黎《自由教育论》一稿，便是一例。举世全是匠人，而没有几个通人，平时则为生计而锱铢必较，有事则操斧斤作同室之争，自然

---

① 详下《第四篇》中论《宣传不是教育》二文。

是不可避免的一个下场了。

最后我们约略提到教育应有的民主的政治与社会环境。人民两字并称互用,民即是人,也是西洋与中国的民主思想里共通的一点。无论我们对于民主一词作何解释,它的最基本的假定是:每一个社会的分子,每一个人,必须有自主与自治的能力,如果还没有,至少要从事于此种能力的培养。所谓自主与自治的能力,岂不是等于上文所说自明与自强的能力,而所谓培养,岂不是就等于教育?所以上文早就暗示过,从教育的立场看,惟有一个真正民主的政治环境,始能孕育真正自由或通达的教育,而从政治的立场看,惟有真正的自由或通达的教育才可以造成一个真正的民主国家,二者实在是互为因果的。目前此种政治与教育,即在比较先进的英美,也尚待努力;至于中国,实际的努力怕一时还谈不到,不过根据上文的议论,我们所祈求的是朝野人士有一番新的认识,知道自由教育与民主政治不但是不可分离的两个东西,而是一个健全而成国体的社会所必具的两个方面。

不过我们一面作原则上的认识,一面也正不妨着手做几件实际的措施。第一,国家的统制应尽量的轻减,特别是在大学教育一方面,政府和其它有组织的社会势力应自处于一个辅翼的地位,特别是在经济一方面,而于意识一方面应力求开放,避免干涉。第二,应辨别教育与宣传是相反的两回事,宣传工作的扩大就等于教育工作的缩小,要真心辅翼教育,就得尽量的限制宣传,小学教科书应该大大的修正,就是一例。商业的广告与宣传是一丘之貉,也应接受同样的待遇。同时,各级学校应当把所谓解析意念(dissociation of ideas)的技术教给青年与儿童,使不受宣传与广告的蒙蔽[①]。第三,大学教育应增加共同必修的科目,即不能增加,也应鼓励学生尽量的学习,此种科目应为一些自然科学、社会科学、与人文科学的基本学程,尤其重要的是人文科学。第四,技术教育也应该修正,我们必须把技术所引起的人事与社会影响一并讲授给青年学子。前两点与自由教育的方法有关,后两点与此种教育力求通达的目的相涉。诚能做到这几点,我们对于自由、民主、与教育的三角联系,就尽了一些初步的促进的力量了。

---

① 参作者所译赫胥黎《自由教育论》中《暗示的抵抗力及其它》[原载《自由论坛》第2卷第5期,1944年5月1日;见《潘光旦文集》第13卷《赫胥黎自由教育论》十五至十七。——编者注]一节。

五　政治与教育（书评）

（一九四四）

美国哲学家与教育家密克尔约翰（Alexander Meiklejohn）最近的一本著作是《青黄不接期间的教育》（一九四二）。这书名是我另外加以酌定的，原名是《两个世界之间的教育》（*Education between Two Worlds*）。所谓世界指的实在是时代，一是宗教管理教育的时代，一是政治管理教育的时代。第一个时代，在宗教改革以后，便成过去；第二个时代却至今还没有截止，原因是我们对于民主政治，以及此种政治对于教育的应有的关系，见解上还不很清楚，甚至于很有几分错误，结果造成了三百年来的一个青黄不接的时代。从理论说，教育总得有一个衬托的背景和管理的主脑，这主脑不是神，便是人；不是宗教，便是社会。说到社会就等于说到政治了。西方的教育既和宗教脱离关系，便应和政治发生关系，而事实上没有，三百年来，始终在彷徨犹豫的状态之中，始终没有纳入正轨，法西斯政治的兴起，大战不断的发生，据密氏看来，都不得不归咎到这一点之上。

全书分四篇，合计二十一章。第一篇论新教与资本制度下的教育。宗教改革以后，在一部分的欧洲，新教替代了旧教，教育的责任渐渐的从社会的手里转入国家的手里。一转之间，势必发生许多新的问题，这些问题到今还没有解决。历来企图解决的人倒并不是没有。属于当代以前的，密氏提出了四个代表，一是捷克宗教家苛美纽斯(Comenius)，二是英国哲学家洛克(Locke)，三是英国文学家与批评家安诺德(Matthew Arnold)，四是卢梭。属于当代的是美国哲学家杜威。

这五个人中间，前三个属于第一篇的讨论范围。三个人对于改革的问题都未能有切实的贡献。苛美纽斯是一个宗教家，他对于教育本身的节目，有极清楚的认识和极正当的主张，即在今日，也还有很大的价值；独惜遭时不遇，未能见诸实行。苛氏始终把教育的动机安放在"神道父母与民胞物与"的基本信仰之上；他一面主张神本，一面也主张民治，人类的兄弟关系就从上帝的父亲关系产生出来，兄弟之间最适宜的一种政治方式自然是民治了。洛氏则不然。洛氏也信奉基督教，但不纯笃，当时社会与经济的变迁已经侵蚀到了他的信仰。他是一个原子论者。他的道德观和政治观都受原子论的支配，认为分散是一个自然的状态，聚合是一个强勉的状态。他的教育主张，又是贵族的而不是平民的，认为教育的效用是在文饰人生，点缀人生，而不在充实人生。他主张另设工人子弟学校。总之，他的教育论不是民治主义的，而他的原子论又不容许国家与政治干涉到教育，结果是洛氏对于改革问题，不但未能指出解决的途径，反而增加了它的严重性。至于安诺德，他根本是一位诗人，一个批评家，他的著作里，消极的评论多于积极的建议，因此，见理虽明，终于实际无甚补益。

杜威多少是步了洛克的后尘。他的思想，特别是教育的理论，支配了当代的美国，垂五十年，他是不成问题的一个人本论与民治论者，不过因为他的实验主义的哲学根本不健全，他的民治论以至于教育论，照密氏的看法，也就发生了问题。他和他的学派中人根本把知识与智慧混为一谈。知识、科学、智慧对于他们是一而二、二而一的东西，因此，做教师的人，似乎只要能搬弄灌输科学的知识，便已尽了教育的能事。这是杜氏社会教育论成问题的所在。至于政治，杜威的见解也近乎原子论或机械论一流，他认为政治社会是由若干“有压力的个人与群体”聚集而成的，是一种彼此牵制的凑合，而不是彼此协调的融合；部分的分是常，合是变，分是本，合是末，分是主，合是宾；因此，政治的作用只是消极的防杜纷歧，而不是积极的推进融洽。这又是民治论成问题的地方。这样一种政治势不会把教育的责任担当起来，即使想担当，在这种政治哲学下长大的人民也自不肯容许。不过问题是，目前英美国家的政府，一则因洛克的哲学，一则因杜威的学说，虽在理论上不应管教育，在能力上管不了教育，而实际上却又不得不管，也正在积极的管理之中，其积极的程度和极权而不民主的德意等国只有一个五十步与百步的差别；结果终于造成了一个口不应心、名不副实的局面，一个既不能令、又不能受命的局面，这是书中第三篇的主要的议论。

我们要健全的政治，也要健全的教育，健全的教育应从健全的政治发动，应由健全的政治担当。我们要做到这一点，密氏认为我们应当回到卢梭，从卢梭的学说里得到一个明确的指引。宗教改革以后，神道退居背景，西洋的人生从此就缺少一个主要以至于唯一的寄托,唯一的综合的参考点。从此我们不得不从一个神本的人生观进入一个人本的人生观。人本的人生观建筑在两个基本事实之上:一是人类都是弟兄,这在神本论之下如此,在演化论的推理之下也是如此;二是人有智慧,一切为此弟兄关系而表现的种种活动,也是智慧的活动。这两个基本事实就足够教我们产生一派比较健全的教育理论。唯其是弟兄,人们彼此便有教育的权责;唯其有智慧,也就有教育的要求与能力。到此,我们就不能不想到卢梭了。卢梭认为社会是一个有机的集体,集体当然有它的分子,但各个分子是息息相关的,并且相关到一个程度,使各个分子所企求的,不再是一些个别意志的表现,而是一个集体意志的表现。一个真能表示共同意志的社会就进而成为一个国家。在这样一个社会里,每一个人把自己的权力、身家、产业和盘托出,交给共同意志,作为一个总汇,每人再从这总汇里取回一份;如此,国家既有了权威,个人也就有了自由。这和洛克与杜威的见解便根本不同。卢梭的教育论,一面主张个性的自由发展,一面也主张此种发展要有绳墨,要有归宿,而此种绳墨与归宿也就是社会或国家的共同意志,舍此便不是自由,而是自肆。如果卢梭这一番见解是对的,密氏当然认为是对的,那末教育应自政治发动、应归政治执掌的结论,也就无可避免了。事实上,卢梭当时已经有此结论的提示,教育应当是一个社会有机体的共同意志的最大表示,所以教这有机体保护其健康,充实其生活,而绵长其寿命的,密氏在第二与第四两篇里,一面介绍卢梭的学说(政治论见于《社会契约论》或称《民约论》,教育论见于《爱弥尔》,都是读者所相当熟悉的),一面把这结论更充分的发挥出来。

密氏的见地大体上我认为是不错的。一群人既可以集合成一个国家，组织成一个政府，把一切对内对外的大权都交付给它，何以对于教育的大权，独独要保留起来，不肯交出，确乎是不容易索解。此其一。如果一个国家的成立，一个政府的组织，真以民意为依归，政府的人确乎是一时之选，在纵的一方面足以代表民族文化的精华，在横的一方面足以传达民族人口的意向，这一个大权的靳而不与，更可以教人认为出尔反尔，莫名其妙。此其二。这问题的关键自然是在民意两个字。卢梭的共同意志，究竟有没有，怕始终是一个理论的问题。大多数的民意的存在，却是一个事实，前代如此，教育比较普遍后的今日更其如此。前代有人说，“以力服人者霸，以德服人者王”；因暴力而生的服从显然的不是民意，因德意而引起的服从则显然是一种民意，至少是一种消极而不出声的民意。德既可以服人，也就可以教人，德既可以取得政治权，也就可以取得教育权。所以从逻辑方面来说，我认为密氏的结论是对的。

不过我觉得密氏此书过于就逻辑方面说话，过于就理论以至于政治理论一方面说话，而没有能充分过问到教育与政治的实际。我们可能的提出如下的一个问题来。这问题可以分为两层。第一层，国家与政府不是一事。国家的成立可能是一种共同意志的表示，而政府的组织可能的不是，事实上往往不是，甚至于绝对不能代表大多数的民意。第二层，近代英美一类国家，政治在理论上不能管理教育，作为治权之一，倒不是人民根本不许它们管理，而可能是人民觉得它们不够管理的资格，缺乏管理的能力。就是,纵面言之,加入政府的人,事实上不能充分代表民族文化所累积的精神。横面言之,他们不能充分传达民族人口所发挥的意向。由前言之,他们所病的是掌握治权的人自身的教育不够通达[①],由后言之,则病在这一班人的民意的烘托不够周遍;再约言之,他们的代表性还大有亏缺,亏缺到一个程度,教他们做官则可,做公仆则可,做师表则不可。如此则问题所在,不复是密氏所提出的政治与教育应有何种关系,而是教育自身应如何改进,与民主政治自身应如何改进了。教育果能通达到一个程度,使社会各方面的领袖人物,包括政治的领袖在内,都富有民族文化的代表性;民主政治果能恪守自由、公道、博爱一类的原则到一个程度,不受特权的限制与威胁到一个程度,使人才的选举登进,能更进若干步的代表民意,从而教凡属中选而登进的人举足以兼筹并顾到政治与教育的大权,则密氏所提出的问题岂不是就可以迎刃而解? 总之,当前的问题是:一则教育不够通达,甚至于与通达背道而驰;再则政治也不够民主,甚至于与民主南辕北辙,英美犹且如此,其它的国家可以不论。教育不够通达,政治不够民主,而强调政治与教育的联系,是最危险的一种理论。殷鉴不远,在希特勒、墨索里尼分别统治下的德意两国。

---

① 通达教育即自由教育,即英文所称的 liberal education,详拙译赫胥黎《自由教育论》[见《潘光旦文集》第 13 卷。——编者注]。

六　外人评论与我之自省

（一九四四）

一年以来，同盟国的朋友时常发表批评中国的文稿，特别是美国的记者或作家。我们见闻所及的便有鲍尔汶（Baldwin）、毕森（Bisson）、赛珍珠（Pearl Buck）、葛瑞西（Cressey）、怀特（White）等好几位，都是一些比较长的文章，其它短篇与零星的评论大概也不在少数，我们间或看到听到，但在中国的流传极有限，因此也就不大相干。

这一类的评论的文字很有几点是共同的：一、它们都是综合性的，就是批评的方面尽管有所侧重，例如军事、政治、或教育，但总是从中国的全局着眼着手，或以中国的全局做背景。二、它们都是不大客气，都想讲一些关于中国的老实话。在此一年以前，特别是在珍珠港事件以后，美国对中国的舆论，无论是口头的或纸上的，是一致恭维的，恭维得教我们出一身冷汗。中国为四强之一，就是这时期里喊出来的。但到此形势突然转变，倒不是从此便没有人恭维，而是恭维有了限度，一面有人恭维，一面也有人讥议，或同一个人的一套议论里，说好说坏的话都有。即如最近从太平洋彼岸来华的朋友说起，最近美国舆论依然很恭维中国,但恭维的对象,不是全中国,而是中国的农民。认为对于这次抗战,农民的贡献最大,牺牲最多,而最不居功。三、各篇评论中所叙的事实,十之八九是准确的,间或有形容过火的地方,那在不以文害辞、以辞害意的读者自能辨别,认为不关宏旨。四、各篇评论的动机,无疑的都希望中国走上更健全的路,换言之,都是善意的。中国是同盟国之一,同盟的休戚与中国的休戚是一而二、二而一的事;中国之于同盟,好比铁环之于铁链,在一种紧张的局面之下,一环的松弛,就等于全链的解体;所以自因推果言之,这种善意的动机是无法避免的,而各篇的措词遣意也确乎能证明这一层。再就中国的友谊或中国自身的立场言之,如果美国大量兵员武器的参加中国战场是“爱之能弗劳”的一个表示,那末这一类形诸笔墨的舆论,便是“忠焉能弗诲”的一个表示了。

我们愿意从这样一个“忠焉能弗诲”的立场与态度来接纳盟国朋友的批评,并且希望国人也能采取同样的一个立场与态度。这并不是一件容易的事。这在平时需要涵养,临事更需要运用比较强有力的意志,给别人教训一顿,而肯虚心听受,更从而在行为上作进一步的努力的人,是不可多得的。拜昌言的禹,闻过则喜的子路,历史上又有得几个?这其间的困难不止一重,必须把这几重困难打破之后,我们才能收“有则改之,无则加勉”的实效。

第一重困难是中国人最爱面子,爱到一个像基督教徒爱他的灵魂的程度;对于一个普通的中国人,什么都可以放弃,只是面子不能放弃。明恩溥牧师(Arthur Smith)论述中国人的特性,

第一章就专讲“爱面子”。面子本身并不是一件坏东西，好比名望与荣誉不是坏东西一样。三代以下无有不好名，名也就是一种面子。不过面子有大小，有大我的面子，也有小我的面子，有名实相副的面子，也有名实不相副的面子。面子的哲学深入人心的结果，或专讲面子到一个爱不忍释的程度以后，特别是在一个经济困难教育落后的环境里，势必至于人人只讲小面子，小我的面子，名不副实的面子。我们中间一般人讲的就是这种面子。这种面子最经不起别人的批评，批评了可以引起骂街，可以构成堂斗，可以激动地方的公愤；如果范围更大，牵涉的人更多，在今日的情形之下，更可以酝酿为国际的交涉，至少被批评的一方面会要求批评的一方面把新闻记者撤回。读者注意，我们说范围大，人数多，并不是说面子大；所牵涉到的面子可能的还是很小的一种面子，所批评的话可能的不过是几句不大中听而离真相不太远的老实话。这是第一重困难。[①]

这样一个爱面子的国家又偏偏碰上了一个专门拍破面子的时代。一百年来，自鸦片战争以后，东败于齐，西丧于秦，南辱于楚的一大串国际关系把我们的面子破坏得一干二净。对于我们，一部近代史简直就是一部面子毁灭史。这一种面子倒并不是小面子，而是一种再大没有的面子，因为几番挫败的结果，根本暴露了我们内在的弱点，我们政治的痼疾、文化的症结、以至于民族的种种恶劣根性，从此和盘托出，再也掩饰不来。不用

① 参看拙著《人文生物学论丛》第三辑，《民族特性与民族卫生·第三篇》[见《潘光旦文集》第 3 卷。——编者注]。

说,这是谁都可以见而伤心的,百年来为此而痛哭流涕长太息的,也正复大有人在。不过如果我们肯不讳疾忌医,我们应有的看法是,面子虽亡,生命还在,只要一息尚存,此心不死,造成面子的种种条件不难恢复,面子本身也就不难恢复。不幸的是,我们并没有很切实的踏上这一条恢复的路。就绝大多数的人说,我们没有积极图谋恢复,而只是消极的想象恢复。我们迷恋过去,因为过去是比较完正的。我们希冀未来,因为未来是可能十分完正的,至于目前不完正的状态,我们但愿听而不闻,见而不睹,最好是把它按下潜意识的境界里去,如果有人提醒,那是天下第一个不识相的人。一个身体上有残缺的人,也就是面子上有缺欠的人。这样一个人的人格发展也不外这两条路:一是用努力来战胜或补偿,那是正常的;一是用想象或言词来掩饰,那是病态的,是于体格的缺陷之上又添上了精神的缺陷,那人格就越发不完全了。这种精神病态,心理学家叫做"自卑的症结",一经养成,是不容易消除的。我们以为个人如此,国家也会如此。百年间大面子的拍破,很早就造成了一种集体的自卑的症结:我们讳疾忌医,我们深怕有人提到我们的弱点,一经提到,弱者不免面红耳赤,强者至于擦掌磨拳。我们认为一部分的症结所在,就是这个自卑的症结,这症结存在一天,识相的外国人最好避免一天雌黄中国的事。这是第二重困难。

第三重困难一半也是盟邦的舆论帮同我们造成的。上文不说一年多以前,美国的舆论一致不断的恭维我们么?这一番恭维就出了毛病。比起别的民族来,美国人似乎特别容易和别人发生感情,唯其容易,有时候就不免流为一种感情主义。从这第三重困难的立场说，我们多少是吃了这感情主义的亏的。上文说到自卑的心理，有自卑心理的人经不起旁人的冷讥热嘲，是显而易见的。但是我们似乎不大知道，这种人还有更经不起的一种刺激在，就是，旁人的喝采与鼓掌。一向自以为不行的人，一向没有听过旁人为他而发的采声与掌声的人，一旦突然听到突然发见旁人在对他表示欣赏，是难免不受宠若惊的。如果采声掌声特别的响亮，超出了一种表演者分所应得的程度，在一向有自卑心理的表演者，不但不容易作一种客观的自我批判，认为奖饰逾分，愧不敢当，并且会转进另一种心理的状态，就是妄自尊大，趾高气扬的状态。从受宠若惊进一步到志满意得，进两步到妄自尊大，是心理上最容易的一个过程。不幸的是，从抗战第四年起，因缘时会我们就进入了这样的一个心理过程。抗战的第四年，民主与轴心的阵线完全明朗化了，二十六国的联系成立了，二十六国之中，A、B、C、D，以至于中、苏、英、美一类的核心关系强化了。从此，我们的地位一天比一天重要，我们为民主国家挡头阵的功绩一天比一天显著；此种地位与功绩，别人既很客气的歌颂，我们也就不客气的自居，别人越是歌颂，我们越是自居；如今采声掌声最热闹的场面虽已过去，但逢到一年一度的“七七”，这场面多少还须重演一回。三年以来，尤其是从开罗与德黑兰会议以后，“四强”的联系越发见得密切，在中国报纸上，最可以引人入胜令人陶醉的字样，无疑的是“四强”。我们既愈战愈强，成为“四强”之一，当然不会有什么弱点，强国而有弱点是不能想象的事。别人妄加指摘，显而易见不是吹毛求疵，便是责备求全，甚至于捉影捕风，任情诬蔑！在这样一个心理状态之下，试问盟邦观察家的评论，无论如何客观，如何善意，会得到我们的欢迎么？水泼在石块上，不是不但吸收不了，并且还要弹出去么？这便是第三重困难。

不过话得说回来。我们应当虚心接受盟邦友人的忠言。要真能虚心接纳，我们必须要排除上文所述的三种困难，冲破这三重心理上的障碍。障碍既除，事实上我们的收获还远不止接受旁人的忠言而已；我们从此也就能反躬自问，能作自我的观察，自我的检讨，到那时候，也就无待于旁人的越俎代谋，而旁人也就不免自以置喙为多事了。自由主义的真谛可以有许多不同的说法，其中最直截了当而发人深省的一个是：在人格或国格的发展中，我们一面要尊信自我，一面更要批评自我。就目前的国是言之，自我的尊信容或有余，自我的批评则几于无有。言论的至今不能开放，便是最显著一个证明。我们应知没有批评做配合的自我尊信是虚妄的，是不足为凭的，其最后必须付出的代价是夸大狂，是人格或国格的破裂，疯人院中，国族兴衰的历史里，尽有其例，当代的昭鉴也就不一而足。当前国是的危机虽多，无疑的这是最严重的一个。

七　沉着与自由

——英美人性格的一斑(一九四五)

《自由论坛》周刊第十七期(三十四年一月二十八日),是关于英国人的一个特辑。执笔的有英国的朋友,也有到过英国的中国人,也有没有到过英国而对于英国的国情民性有相当了解而能欣赏的中国人。

中国国家虽老,文化虽古,民族却还幼稚,至少还没有到达成年。这至少是二三十年来一部分人类学家与民族学家所得到的结论。先秦时代而后,二千多年来,民族的生命似乎是一向停滞着,形成生物学家所称中止发育的状态。至晚近百年,西洋文化的输入,与输入后所引起的种种矛盾冲突,突然给了我们一些强烈的刺激,于是停滞着的发育机能又复苏醒而活动起来。

这苏醒而活动的过程,一半虽靠境遇中的刺戟,一半也靠民族自身的努力反应,这反应的一大部分就是对于其他民族的经验的学习。只有适当而认真的学习,才足以教我们推进到成年的境界。英国人的经验我们要学,美国人的我们也要学,苏联人的我们也准备着学,甚至于我们敌人的经验,日本人与德国人的,也有不少值得我们效法。我们这次来一次关于英国人的特辑,最大的用意就在于此。将来我们至少还要分别来一两次关于美国人的或苏联人的。我们正在物色着适当的执笔的人。

关于英国人的性格风趣,这期《自由论坛》的各论文字里已经叙述得很多,不过有一点我们还要特别的申说一下,就是英国人的沉着。鉴于抗战以来我们自己的一部分痛楚的经验,这一点尤其是有申说的必要。

沉着的性格平时看不大出来。到危难的时候才可以看一个清楚。英国人真沉着。小而言之,我们见诸于一九一二年大西洋中巨轮铁塔尼(Titanic)的触冰山而沉没。铁塔尼越是往下沉着,船上的人沉着的精神越是表见得清楚,冰山可移可倒,艨胧巨舰可以洞穿,可以沦陷,此心只是一个屹然不动,这是何等的一种精神。泰山崩于前而色不变的人们中间,可能也有几个慷慨赴死的人,我们中间也还不乏其例,但一种集团式的临难不苟,从容赴死,有如铁塔尼船上全部男子之例,是不大容易想象的。

大而言之,英国战事初期中三十万大军的从邓克尔克(Dunkirk)渡过海峡,撤回英伦,便是最好的一例。这是近事,是谁都知道的。关于此事,英国人还写过专书,记载得非常翔实,读者之中也总有不少的人见过。三十万大军是全师而退的,是在极端危急的状态之中极有秩序撤退的。退不难,有秩序为难;局部作有秩序的撤退不难,全部作有秩序的撤退颇难,非三十万士兵尽人而有极沉着的功夫不办。

我们说沉着的功夫不易,个人不易,团体尤难;太平时节的团体不易,危险期间的群众尤难。而英国人竟能之,不但能,并且擅长，并且习惯成自然的已经变为民族性格的一部分，英国人的所以伟大，其民族生活的所以始终能化险为夷，转危为安，因素虽多，最基本的就是这个。而我们亟切应该学习的，也就是这个。如果有人认为无须学习，我们只要请他回想一下，抗战开始以来他所亲身遭遇或耳闻目睹的一些疏散、撤退、以至于逃难惨痛的光景，他就可以恍然了。苏州南京的撤退是怎样的？汉口的是怎样的？两年半以前缅北的是怎样的？最近湘桂弃守前后的光景，又是怎样的？不是漆黑一团的混乱、纷扰、拥挤、践踏，又是什么？

沉着绝对不是消极，沉着是不露声色的积极；沉着不只是忍耐，而是活泼的力量的累积，与力量的培养。孟子所称“所以动心忍性，增益其所不能”，和沉着的真义最为相近。谓予不信，只须看自从邓克尔克以来，英国人在战事上所已发生的威力与所已获得的成就。

平时只会忍耐，临时但知手忙脚乱，各自逃生的中国人，第一应该学学英国人。

《自由论坛》周刊第二十六期（三十四年五月十二日）又是关于美国人的一个特辑。美国民族的兴起是近代史以至全部历史上的一件大事，一桩奇迹。第二次世界大战开始以来，在一般人的心目中，这大事不免见得更大，奇迹见得更奇，在近年来得到他的人力与物力的援助的其它民族看来，在应有感激的心理的支配之下，更不免竟把这桩奇迹抬高到一个神通的地位。穷乡僻壤的中国孩子，见到一个“吉普”车，初不论车中有没有美国人，一定要喊几声“顶好”，便是此种推崇心理的上好表示。“顶好”二字岂是随便用的？近代的中国人恐怕大部分做不到像《秦誓》上所说的“其心休休，其如有容，人之有技，若己有之，人之彦圣，其心好之”，而居然肯称誉别人到此地步，大概是，在他们看来，那被称誉的对象，总带有几分神通的意味。

不过美国人还是人，美国民族也只是一个民族，我们在他们身上找不出三头六臂来。美国，在一切民族或国家里，讲起最初的来历来，实在和神通最没有关系，血缘的神通关系更谈不上。华盛顿的母亲没有吞过燕子蛋，没有践踏过上帝的脚迹印，美国历史里最没有神话。不错，美国民族的起源，是有不少的宗教的因缘的。当十六世纪末年与十七世纪初年宗教门户纷争的时代，欧西一部分的少数宗派（少数二字，与少数民族的少数二字同义）特别是英国的，不胜多数宗派的压迫，于是一面唱出“信仰自由”的口号，一面开始向新大陆迁徙，终于造成了今日美国民族的核心。说到信仰自由，当然和神通不能完全没有关系。在迁徙之际，可能一部分的清净宗的信徒也做过白日梦，认为得到了神灵的启示，教他们向大西洋彼岸寻求乐园：这和神通的关系就更进了一层，但此外便没有了。

美国民族原是一批笃守信仰自由的移民所造成的，至少它的起源是如此。有人说美国民族的伟大就得力于信仰自由，这话不能算错。一般的自由，包括很基本的信仰自由在内，确乎是文明进步的一大动力。但我以为这话只说得一半，并且还是比较浮面的一半，其余更切实的一半是：美国民族的伟大，是由于他们是移民。大凡移民如果是自动移徙的，又如果所移入的环境比所移出的环境来得不现成，甚至于是一种洪荒与草昧未开的环境,而移动的过程中,又必须历经许多的苦难,以至于一部分人还须付出生命的代价,——必然是一些最有活力的人,而其所构成的民族也必然是最强毅活泼的民族。这样的一个民族也必然的渴爱自由,他们对于自由的爱好,可以说是身心天性中的不可须臾离的要求。“不自由,无宁死”是端为这一类的人说的。所谓信仰自由或思想自由原只是一般自由的一部分罢了。我认为这是一个最切实的看法。一般的看法是有些倒果为因的,而这个看法却并不颠倒。活力的充盈是因,自由的信仰是果,此种信仰就是活力充盈的一个表示;固然,到了后来,自由的信仰也未尝不是活力的表现可以表现得更充分的一个缘由,但只是一个缘由,而不是真正的因,真正的因还是活力的原先存在。

美国的移民,大体上可以分做三四个时期,第一个时期里的移民,其所以移徙的主要原因是宗教的。到了后来的几期,主要的原因却是经济的了。第一个时期里的品质最好,原因上文已经说过。第二期次之,信仰自由虽不再成为主要的动机,那时候的交通却还困难,非富有前进与冒险精神的分子,还不敢轻于尝试。

十九世纪中叶以还的第三期又次之,中间很有一些不成材的胚子,但大部分决不是故步自封、墨守成规的人,也是可想而知的。第四期在二十年前开始,当时美国政府通过了新移民律,目的很不客气的在限制卑劣分子的入境,效果如何,目前尚不可知。综合四期言之,美国所吸收的移民,有一个特点是共同的,就是一般的活力与好动善移的性格,要在其它国家人口以上;至于才能则无疑的第一期最高,第二期也在中上,此后入境便有许多中下以至于卑劣的分子了。第四期的新移民律便是为防止此辈的滋蔓难图而发的。就国际的情谊说,移民律是颇有问题的,但从一个国家应有它的人口政策的立场看,美国人也正复有他们的不得已的理由。

上文说信仰的自由与自由的信仰是美国民族所由强大的一个缘由,而不是原因。但缘由并非不重要。有了信仰的自由与自由的信仰便会有自由的种种制度。根据民族健康学的原理,制度是有选择的力量的。爱好自由的人既发挥了自由的信仰与创立了自由的制度,这种信仰与制度也势必经由选择的途径,转而维持与培植爱好自由的人。此种信仰与制度的总和是一个自由的人文环境,其程度远在其它民族的人文环境之上,又益之以地广人稀天惠特厚的自然环境,又益之以三百年来科学的昌明,使此种天惠得以充分发挥其利用厚生的效果;是则好缘由之上,又添上两个好缘由;民族活力的优点如彼,环境的富厚又如此。人地两宜,人文相长,几于史无先例,这样一个国家而不能自强康乐,真是没有天理了。换言之,美国的强大可以说是由于“四美”具备,四美之中,一是因,三是缘。因是民族经过提炼拣选后的品质。三个缘是:一、自由民主的典章制度;二、辽阔富裕的地理环境;三、理工极盛的时代风会。美国人的强大,自有其自然与人为的种种因素,约而言之,总不外这四个,都是可以明白的推寻而清楚的讲说的;其间并没有什么神通,什么命运,是无待烦言的了。如何能取得这四美,是别的民族国家的问题;如何能使四美维持于不败,则是美国人自己的问题了。

上文是两次写成而分别发表的,如今我并作一篇。当初写的时候,我有两个用意:一是把我所认为英美两国民族的最值得注意与欣赏之所在指明出来;二是我们要学习英美,便应学习这些地方。这两个用意是都已经交代过的。现在要补充的一层意思是,英国人的沉着原从自由中来。英国人讲自由,是多少已经到了家的,已经有些炉火纯青的,就其民族分子中少数最能代表的例子说,仿佛已经接近那种"从心所欲而不逾矩"的境界。这种成熟的自由,表面看来就是沉着。时然后言,言必有中,时然后动,动必中矩,表面上看得见是真沉着,底子里看不见的是真自由。美国人立国的年岁尚少,可以说目下正走着英国人大部分已经走过的过程,所以美国人的自由,是比较看得见的。美国人活泼有余,而沉着尚嫌不足,但我们相信,他们迟早也会到达英国人所已到达的境界,并且,根据上文"四美"的说法,他们前途所表示的成熟的自由可能别具一种新的风格,新的情趣。此种新的风格情趣究属为何,我们目前无从悬测,不过有一点是可以肯定的说的,就是:它中间一定包括相当分量的沉着。(一九四五年十二月,订正时补写——光旦。)

第二篇

思想各论

八　论青年与社会思想

（一九三九）

十多年来与青年接触，所得的一个最大的而也是最可以引为深忧的认识，是他们的社会思想的不健全。这不健全又不出两种方式：一是混乱，二是偏激；大抵混乱者不偏激，偏激者不混乱，但都是不利于社会生活的正常发展的。

三四十年前，我们很早就有人介绍英美式的议会政治，跟着这种政治形式而来的是一派讲自由与讲特立独行的个人主义的社会思想。二十年前，大约在苏俄革命成功之后，又有人介绍一派和个人主义恰好相对立的社会思想。这派思想的对象是严格的集体的福利，所谓严格，指的是，除了个人没有地位而外，不能有第二个集体。不到十年以前，在意大利的泛系政治与德意志的纳粹政治成功之后，我们也有人一度热心过，想把这种政治，和它的思想背景介绍进来；在目前的中国社会思想界里，这一派的思想不如前两派的大，但成分也还不少。这第二第三两派都是以集体的福利为对象的，所不同的是，前者着眼在以经济做中心的阶级集体，后者着眼在以政治做中心的民族集体罢了。

这三派社会思想，顺着上文叙述的次序，可以简括的叫做个人主义、阶级集体主义、和民族集体主义。三四十年来，我们所接受外来的社会思想的流派，当然不止这三个，不过主要的、有力的、尤其是有政治力量做后盾的，实际上也不出这三个。但为我们中国的青年着想，三个已经是够多了，太多了，三个之多已经引起不少的纷扰状态，不少的党派关系，试问还多得么？大抵对于这三派社会思想都有几分认识，而又认识得不清楚，不透辟，引用起来，时而这派，时而那派，虽若没有成见，几于毫无主张的青年属于上文所谓混乱的一种。另一种，对于这三派的一派，尤其是第二派第三派，有先入的了解，有独特的认识，甚或始终在宣传中讨生活，起初是宣传的被动者，后来是宣传的主动者，浸淫日久，一部本派的宣传作品，尤其要是一个名手做的，真会有字字珠玑、言言科律、章章经义的绝对价值。这一种青年就是上文所说的偏激的一种。

针对上文所提的弊病，我们目前需要的是一派无法混淆与偏激不来的社会思想。我说一派，也许言重了，因为这样一种思想不会成为一个派。要是思想有灵的话，它也不愿意接受什么派别的徽号。这样的一种思想可能有么？我们真能够把现有的成套的各种思想系统撇过一边而重新立说么？我们的答复是在唯否之间。说唯，因为至少我们可以有一个比较综合的新的说法。说否，因为内容大部分实在是旧的，并不新鲜。

第一，一种比较健全的社会思想，总不能不承认两个对象的存在，一是个人，二是社会。第二，它得承认，这两个对象，要是发展得正当，是不冲突的，并不是不两立的；西洋社会思想界所有的群己权界的争论，以至于个人主义和社会主义的森严壁垒，都不妨说是庸人自扰的表现。为什么？个人生活与社会生活是相须相成的；社会生活需要个人生活的充实，个人生活需要社会生活的涵养。何以知其如此？个人生活或个人人格有三个方面，而社会生活也有三个方面，而彼此的关系又是若合符节。试先就下列的图示加以申说：

个人人格	通性……社会秩序	社会生活
	个性……文化进步	
	性别……民族延展	

通性是尽人具备之性，是人与人之间相同之处，共通之点；社会的齐整，文教的划一，无疑的是建筑在它的上面。假若有人抹杀或漠视这一方面，迟早会引起大乱子。把贫穷阶级当做牛马，不当做人，已经引起过大规模的社会革命。它的旗号就是名副其实的《人权宣言》。把女子一回儿看做神仙，一回儿看做魔鬼，永久的看做生儿育女的机器，只不看做人，也已经引起了一个妇女运动，对社会不免又是一番很大的震撼。个性是因人而异之性，是张三所以别于李四之性；个性可以有高下优劣的判断，下劣者不论，而卓越优异的个性，如果保护得周到，培植得适宜，往往是文化生活踏进一大步的因缘。单单的抹杀个性，单单的淘汰一些比较特出的人才，大概还不至于引起什么革命，激发什么运动，因为这种分子根本不很多，多而有所举动，也是近乎秀才造反；不过抹杀淘汰到相当程度以后，历史上便不免多一个黑暗时代，例如中世纪的欧洲，或多一个强国降做一蹶不振的弱国，例如宗教法庭以还的西班牙，或多一个不冷不热、半生半死、

有气无力、寿命虽长、而变化则少的文化像我们中国。性别是男女之分,虽只有两个,却十分基本,婚姻的制度、家庭的组织、至于民族的寿命,直接间接都依赖着它。这方面的疏虞对社会生活有万劫不复的危险,历史上的鉴戒孔多,事理亦极明显,可以无烦多说。

明白了上文的两点,即个人与社会两个对象的并存与二者的相互关系,我们所求的答案就已经得了一个暗示。我们要一种社会思想,一壁对人格的三方面都要有保障,一壁对社会生活的三方面,都要能维护。在温暖的情绪与清明的理智之下,试问那一壁的那一方面我们愿意捐弃的呢?我们谁不知道,缺一壁或缺一壁的任何一方面,多少总是不健全的表示呢?

现在我们又可以回头一看当代流行的三派社会思想了。说也奇怪,这三派大致相当于我们上文所说的三方面;不过我们一转念间,想起割裂分化是近代思想与学术界的一大通病之后,也就不以为怪了。个人主义在人格一壁只着眼在个性一方面,在社会一壁当然只着眼在竞争,在进步,在效率,在速度,在变动不居,日新月异。以此为基础的英美社会生活虽占过许多的便宜,但也吃过不少的亏。集体主义对它的许多抨击是有理由的,我们不加复述。

阶级集体主义多少是相当于我们的第一方面,在个人方面注重通性,在社会方面注重秩序、划一、与通盘的计划;它自然也未尝不求进步,但这进步它以为应该是整个的,须通体推动,才算真的进步。苏俄是当代实行这种社会思想的唯一的国家。二十年来,它已经收了不少的效果,但同时也已经发见不少的弊病和限制，而这种弊病与限制的一大根源，便是个性的抹杀。讲通盘计划，事实上那通盘之盘的面积并不太大，那通盘之通的境界也并不太远，因为根据主义，凡是社会思想不同的人就不算在盘内，不但不相通，并且要摈在盘外，或摈落盘底，这样，被牺牲的特出的个性就不知有多少了。[①] 此是一例。不论个性而求进步，结果只是一些盲目的竞争，大批不合标准与不能利用的货品，与随修随毁终于废弃的机器（见斯密士夫妇所著《我曾经是苏维埃的工作者》，Smith, *I Was A Soviet Worker*）。此又是一例。有此二例，已足够使五年计划成为“不成计划的计划”了（见莱益斯所著《出勤在乌托邦中》，Eugene Lyons, *Assignment in Utopia*）。[②]

至于德意两国所行的民族集体主义大致可以相当于我们的第三方面。在希特勒、墨索里尼两人的眼光里，宇宙间最大的东

---

① 此文成于一九三九年，六七年来，苏俄的政治哲学当然不会有改变，关于人才与教育的基本政策也似乎没有什么重要更动。服膺苏俄的政制的朋友们总喜欢就苏俄近年来自然科学的进步一点来证明与辩护苏俄在事实上并不抹杀个性。一九四五年的春天，苏俄曾经举行过一次科学院的二百周年纪念大会，据各国赴会的代表离会后的报告，这种进步是一大事实，但同时，有一位欧西的代表就说到过和思想自由与个性发展有关的两三点：一、基本的政治哲学，包括马克斯[即马克思。——编者注]、列宁的社会主义在内，是绝对不准批评的。二、革命以还，自然科学的发展虽多虽快，社会科学的发展则不易确指；一、二两点，不用说，是有连带关系的。三、最教人惊奇的一点是，自然科学家，如果在政治思想上有问题，或被特务人员告发为有问题，今天虽在实验室里工作，明天也许会不知下落。根据这一类的报告，我认为我在六七年前的议论还没有改写的必要。

② 详拙著《人文生物学论丛》第七辑，《优生与抗战》[见《潘光旦文集》第5卷。——编者注]中《苏俄政治与人才淘汰》一文。

西，莫过于德国或意国民族，他们最大的志愿与努力，无过于求各自民族的扩大与延展；于是对内竭力提倡妇女的三K运动，鼓励人口增殖政策，对外实行侵略，掀起战争，排斥犹太民族等等。在这种社会思想笼罩之下[①]，德、意民族，只要大战不发生，大约还可以猖狂一时；但无论大战发生不发生，前途因为社会分子通性与个性受排斥箝制之故，社会生活于秩序与进步两端，尤其是进步一端上，势必受相当亏损，而德国民族在科学上的地位，不免跌落，几乎是可以预断的。[②]

我们一面说我们应有的健全的社会思想应当怎么样，一面发见我们所说的成分，实际上并不新奇，并且目前正活泼的流行着。不过我们也明白了弊病的症结所在。弊病的症结端在割裂分化了流行，而非融会贯通了流行，唯其如此，所以得其方面之一的人，即所得为割裂的纵面的，不免流入偏激一途。所得不止一方面，而得之之法则为东拼西凑，即所得为割裂的一种横断

---

① 按希特勒攫取政权不久，此种社会思想已成一种系统，且已有专书阐述，其御用作家之一为一名傅兰雅(Fryer)之人，傅氏书，商务印书馆有译本，在今日当已早成明日黄花。至希特勒执政以前，此种思想，在日耳曼民族中，本已有相当深固的根柢，可参看拙著《人文生物学论丛》第一辑中《近代种族主义史略》[见《潘光旦文集》第1卷。——编者注]及本书同篇中《苏德妥协的思想与其它背景》二文。

② 此点近顷第二次大战结束以后，美国的科学界，在推寻德国科学界所以未能及时发明原子弹的种种原因时，已屡屡加以论及。原子弹的原理与相对论有密切的关系，而相对论的大师，爱恩斯坦，因为是犹太人的缘故，在战前即因不胜纳粹的压迫而改入美籍；原子弹的发明虽与爱氏并无直接关系，但科学发明与人才进退的相为表里，即此一端，可以概见。

面，则结果是思想混乱。

对社会思想感觉兴趣，而能使社会思想发生功能的，只有一种人，就是上文再三提到过的青年。为了思想中一条原则，几个字眼，不惜面红耳赤，擦掌摩拳，来争辩的，也唯有青年人。这种精神与能力是最可以宝贵的，是无论如何应该尽量发挥的。不过，根据上文所说的立场，至少有一个先决条件不能忘记，社会思想所由产生与所为产生的对象，个人与社会，好比一对暹罗式的孪生子，合之则两生，割之则俱死；而个人与社会的三个方面，也好比行为与人格的智、情、意三方面，也同样的不容分割，不容举其一而遗其二三。能如此，思想混乱所引起的纷扰局面，与思想偏激所酿成的党同伐异的恶风戾气，庶几有消释的希望。

九　再论青年与社会思想

（一九三九）

上篇《论青年与社会思想》，目的在想纠正现代青年生活在这一方面的混乱与偏蔽的通病，特别是偏蔽。二千多年前，《礼经》上早就有去“辟”之论；荀子且进而作《解蔽》之篇。就近代社会学界而言，严译斯宾塞尔的《群学肄言》便全部为补偏救蔽而作，所以叫做肄言者，正所以示假使一个人不能放弃成见，先养成一些荀子所说的虚一以静的工夫，便大可不必做学问，更不必从事于群学或社会之学。可惜人是一种健忘的动物，也是未必真能利用经验的动物，这一类补偏救蔽的议论似乎始终有它的地位，尤其是在一部分人正以偏蔽为能事的今日。

不过在上篇里，我只把想说的话说得一半。所谓社会思想范围原是很广，至少可以分为两大部分：一部分以过去及当前的社会做对象，目的在明了与解释一切社会现象，它想知道社会究竟是一个什么东西，是怎样演变下来的。又一部分则多少以未来的社会做对象，目的在修正与改进各方面的社会生活。它未必想知道社会是一个什么东西，却主张社会应该成一个什么东西，并且不断的希望，企求，与努力招致这理想社会的来临。因社会思想可以有这两个分得开的领域,我们就可以有两类或三类的社会思想家。一是以了解已往与当前的社会为已足的,在这一类里可以包括许多谨严的历史家、考古学家、人类学家、与民族学家、社会学家、与其它社会科学家。二是根本对已往与当前的社会不求甚解,而一心指望着理想社会的实现的,在这一类里可以包括乌托邦思想家、各式的社会主义者与社会改造家、以及一切以社会理想来号召的人。三是一些执两用中的社会学者,他们先求认识社会,然后再求改造。他们一面看重事实经验,一面却也并不鄙夷理想,不过始终认为健全与确乎有改造能力的理想应当建筑在充分的事实经验之上。这种社会思想者,在三类中间,为数最少,公认为社会学祖师的法人孔德倒是这样的一个;他早年有他的"实证哲学",晚年有他的"人文教",不管这两部分努力的本身价值如何,至少在近代社会思想界里,他是第一个想执两用中的人;他的所以不愧为社会学的祖师,至少在我的眼光里,实在是因为他具备这一项最重要的资格。

在上篇里,我所讨论到的只是社会思想的第二种与社会思想者的第二类。二三十年来中国青年所不断的想望与力求实现的,无疑的是中国社会的进步。青年时期是一个富有理想的时期,中国社会又是一个亟需改进的社会,因缘凑合,一种偏蔽局面的造成,不但情理上未可厚非,并且事实上亦难于避免。不过偏蔽的局面总是不健全的,社会为自身的发展计,容忍一时则可,始终放任却不可;换言之,一种补偏救蔽的必要,迟早总得有人指点出来。

目前青年社会思想的偏蔽是多方面的。上文说社会思想可以有两种,但知其一,不知其二,但求改造社会,而不知先了解社会,或但知研究,而于社会生活的痛痒休戚,完全不闻不问,是第一种偏蔽;目前青年的通病又端在前者,这和医师治病,不先了解病情,而亟于处方配药,没有分别。在亟求改造的信仰与努力之中,或过于重视个人的自由,或过于袒护集体的利益,或切心于一时代文化的发展,而忽略了民族前途比较永久的安康。这些我们一并归作第二种的偏蔽。这就是我在上一篇文字里的题材了。间有就已往与当前的社会先求认识与解释的少数青年,其所注意的事实与经验又往往限于全部社会现象的一小部分,或唯心,或唯物,或主意识命定,或主经济命定……各是其是,各非其非。这又是第三种的偏蔽了。这三种不同的偏蔽都是值得从长讨论的,第二种前既有过论列的机会,下文就只准备讨论第一与第三种的偏蔽。

两种社会思想,一求了解社会,一求改革社会,固然最好是能联贯起来,有如上文所说。近代自然科学的成就就是这样的,自然科学有其纯粹理论的部分,也有其应用技术的部分,前者总称曰理,后者总称曰工,理因工的需要而益进,工因理的研求而愈精,但若一时不能收相须相成、此推彼挽之效,而不能不有所偏注,则我以为与其偏注在改革一方面,毋宁偏注在了解一方面,因为了解到相当地步以后,改革的原则以至于方案不难应手而得,而切心于改革的人,热情胜过理智,却十九不能兼顾到事实的了解。实际上,这种精神上的偏注,也不能算真正的偏;体用之间,本来有个先后,了解与改革的两种努力之间,本来也应当有一个次序。我们先从事于了解社会,尽管暂时不问改革,实在没有什么不正当。自然科学的经验不就是如此么？近代自然科学的发展里，纯理的兴趣比实用的兴趣要大得多，早得多，后来的实用方面的种种成就，也当然没有一桩不建筑在已经确立的理论之上。

这一类自然科学的经验在目前的社会科学里还找不大到。在自然科学的领域里，因为体用先后的关系，我们找不到不拿从观察实验得来的理论做依据的新发明新器械，但是在社会科学的领域里，我们随时随地可以碰到不以事实与经验做依据的改革原则与改革方案。这其间的弊病显而易见在一大部分从事于社会学术的人昧于体用本末的道理，没有了解社会是什么，却要胡乱主张社会应该成什么，并且一相情愿的希望社会发生渐变或剧变，为的是好成全他的理想。

在社会科学发达以前，这种现象是不足为怪的。尽管有宗教家幻想着他们的仙境、极乐世界、幸福的猎场，梦想家有他的乌托邦，我们可以不问。我们不但不问，并且还可以贡献一部分的同情，因为在混乱悲苦的社会生活之中，这种人确乎曾经在他们的象牙宝塔里找到过和平与慰藉。不过在社会科学比较发达的今日，这种现象就见得奇特了。我们如今尽有了解社会的方法，正在努力于了解的工夫的人也复不少，但是很大的一部分人还是守着这一派或那一派乌托邦主义的变相的社会哲学不变，并且这种人往往是正在求学时代的青年，而其所攻习的往往就是讲求科学精神与方法的社会科学！生平最教作者吃一大惊的一件事是，有一次有一位中国社会学家对许多同行说：社会学与社会主义根本上没有分别。这句话虽不能证明他完全不懂社会主义，至少可以证明他实在不懂社会与社会学。

不懂社会，而侈言改革，其弊害是不可胜言的，这种弊害，我们目前不预备多说，也无须多说，近代许多国家的社会设施，包括政治经济的设施在内，其得失成败之迹，谁都可以看到，或迟早会暴露出来教我们看。大抵越是否认社会经验的，其失败之迹便越显著，其人民所受的痛苦也越大。在社会学识充分发展以前，社会设施最大的依靠不免还是人类或是一个民族的社会经验，这是无须解释的。

总之，我们一面不能没有社会理想，我们一面更不能不对前所经历的社会生活，先有一番明白的认识。目前极言改革的重要的人往往是不认识已往的，他甚至于根本否认历史，他最听得进曾文正在日记里用来勉励自己的两句话：以前种种，譬如昨日死，以后种种，譬如今日生。但历史的罪恶也许不如是其甚，一笔抹杀的判决也许罚过其实。从事于社会思想的人能顾虑到这一点，第一种的偏蔽便可以不药而愈了。

要认识社会，要了解种种社会的由来衍变，并不是容易的事。从孔德创为科学级层说以来，社会学者公认宇宙间的一切现象，并合起来，可以看做一座有级层的塔，每一级层代表一个所谓演程，先出的演程在下，后出的演程在上，社会文化的演程出世最后，可以看做塔尖；其余自下至上，是理化、生物、心理等演程。如今我们要解释社会，要解释得相当的圆满，就得随时随地参考到这一座塔，社会现象的由来变化，自有其理化的因素、生物的因素、心理的因素、以及社会现象与文化现象中自有的因素，而不同的社会现象与文化现象之间亦自有其相互的影响，所谓解释，也无非是把这种种因素或相互的影响，分别指点出来。指点而有欠缺，那解释便失诸不圆满；指点而专注于一种因素，而忽略或否认其它因素，那解释便失诸偏蔽。近代社会思想史里便充满着这种偏蔽的学说，并且每一学说往往自成门户，自名派别，对异派的人不惜竭力的争辩排斥，甚至于同一派别之中，还分出许多支流，而支流之际也同样的可以发生倾轧排挤。

上文说过，近代青年也有对于社会现象的解释，不乏兴趣的。不过这种兴趣所犯的毛病，又是不出偏蔽两个字。例如许多青年相信唯物史观或经济命定论，以为社会的一切，历史的一切，完全可以用经济生产的方式来解释。绳以上文的见解，这一类的解释，并不是错，而是偏；并不是不能解释一部分的社会现象，而是不足以解释全部的社会现象。他们犯的是逻辑上所谓“以偏盖全”的弊病。他们实在把社会现象看得过于简单了。当代偏蔽的解释，当然不止这唯物史观的一种，就纳粹主义下的德国青年而论，他们的社会思想里的最基本的一部分，可以追溯到戈必拿（Gobineau）臧伯令（H. S. Chamberlain）的种族武断主义上去，他们笃信的是唯种史观与种族命定论。

用比较不偏蔽的立场来看，任何唯字打头的哲学、主义、史观、学说恐怕是站不稳的。一个做学问的人，一个思想家，不唯则已，唯便坐了偏蔽的过失。要纠正这第三种的偏蔽也不是容易的事，根本的办法还在教育。假定每一个有志力的青年，在专攻社会科学以前，对于自然科学与人文科学两种学问的领域，能够先有一个广博的认识，越广博越好，这种偏蔽就自然而然会减少，对少数识别力特大的青年，这种偏蔽并且根本不容易发生。

我认为目前中国社会科学界当务之急,实无过于这种补偏救蔽的努力。这种努力一旦收效,不但社会学识会大量的增加,社会理论会迅速的发展;就是社会生活,包括政治、经济、民族、文化各方面在内,也自然会踏上健全与繁荣的大路。

一〇　一个思想习惯的改正

（一九四三）

我们在第二次大战以后，要再造人类的文明，必须先再造人，就是再造我们自己；要再造人，尤须首先改正我们对于人的看法。对于人的研究方法，五六年来，西方学者在此方面的议论很多，下文是此种议论的一脔。原著者是美籍法人卡瑞尔(Alexis Carrel)，是一位生物化学家和生理学家，是近年来接受诺贝尔奖金的一人。这一脔是他所著书《未知之数的人》的末章的一节。光旦识。

我们想再造自己，想再造环境，第一要改变我们思想的习惯，否则便无从下手。近代的社会打头就犯了一个很大的理智上的错误，而自文艺复兴的时代以至今日始终在这错误里讨生活。技术文明算是模铸了我们，但在模铸的时候，它并没有依据真正的科学的精神，而是依据了若干谬误的形而上学的观念。现在我以为放弃这种观念的时间已经来到。现象之中，我们所日常接触的，不外人与物两界。物界中的事物自有其种种特质，而人界的生活亦有其多方面的表现。上文所说的那些错误的观念，数百年来，就在这两界之间打一道篱笆，使彼此不相来往。我们如今要撤去这道篱笆，这些错误又是从那里来的呢？由于我们误会了物理学大师伽立里略（Galileo）的一个重大的概念。读者大概记得伽氏把事物的性质分做两类：一是初元而可以计量的，例如大小轻重；一是后起而不可计量的，例如形、色、香味。前者是数量的物性，后者是品质的物性。用了数量的方法，凭借了数学的文字，例如符号公式之类，数量的物性的研究终于为人类产生了科学。不过品质的物性研究却荒落了，没有人过问。把事物的初元性质抽绎拢来，成为科学，原是应该的。把后起的属于品质一方面的物性搁过一边，任其荒落，却是不应该的。这样一个错误终于造成了极大的恶果。人也是天地间事物的一种，在他的身上，数量的物性也有，品质的物性也有，而这个错误的结果是，教我们认为凡属可以计量的一般事物、以及人身上的事物是重要的，而其不能计量的事物便不关宏旨。其实二者之间何尝真有轻重之分呢？人有思想，思想是不可以计量的，人有血液，血液中有血清，血清又有其理化的平衡，都是可以计量的，难道思想就不关宏旨么？不是人生的一个基本事物么？后来哲学家笛卡尔（Descartes）又创为心物二元或灵体二元之论，于是品性事物与数量事物的鸿沟便越划越大，再也无法跨越。于是心理的表现成为无法解释的东西。于是物质的东西和精神的东西根本分了家，人体上的东西也分了家，分了轩轾。于是器官的构造、生理的功能、与此种功能所循的机构越来越见得真实，而思想、愉快、忧愁、美感一类的行为或反应越成为一些向壁的虚构。这些错误，总而言之，终于把我们引入了歧途，结果是：科学是胜利了,人是堕落了。[①]

我们如今要从歧途退归正路。我们必须恢复文艺复兴时代里一班先知先觉所有的思想,吸取他们的治学的精神,效法他们本乎经验主义的观察方法,模仿他们对于趋向于成套头的哲学

---

① 这两句话,真是慨乎言之。数十年以来许多对于文化健全的发展表示关怀的人都发生过相似的感想,也发表过相似的议论,尤其是在第一次世界大战以后,尤其是在最近第二次世界大战发生以后,但任何议论都没有这两句的干脆。科学和科学所产生的种种东西,原是人类有史以来最大的一种利器,但运用得的当不的当,运用的结果,是不是真正能利用厚生,那权柄却在人的手里。如果人不健全,而胡乱加以运用,结果就等于"童子操刀",目前的世界大战就是最好的例子,特别是从发动战事的侵略者一方面说。任何文化因素的发展,如果不受道德与理智的控制,都会造成一种"尾大不掉"的局面,以至于"吃人"的局面,固不仅科学为然。中国南宋以后的"礼教",西洋中古时代的宗教,都"吃过人"。现代的物质主义,无论是俄国的唯物主义,或美国的享乐主义,也都正在"吃人"。老子说"天地不仁,以万物为刍狗",宇宙间不仁的事物又何止天地,连人的努力所产生出来的东西,如果驾驭不得其道,或因人才退化,人谋不臧,以致无法驾驭,结果都可以像狗一般的咬主人,把主人当做刍狗!中国文化在科学与技术一方面,向不发达,今后应当亟起直追,固然不成问题,但我们一面用力提倡,一面也应当注意到,提倡科学终究是一个手段,而大目的还在民族中个人健康与集体健康的促进,使一种文化因素的发展提高一度,我们控制它的能力也提高一段,使它永久成为一种人生的工具,而不至于喧宾夺主。"科学是胜利了,人是堕落了。"——这两句话真值得我们细细的咀嚼。

系统的鄙视①。我们学他们，也要把初元物性和后起物性分开，但有一点我们不苟同，我们不再蹈他们的覆辙，我们要认为两种物性是一样的重要，丝毫不能有所轩轾。我们也要否认笛卡尔的二元论。我们要把心放还到物里去，我们不再把体与灵看作截然两事。从此心理的表现和生理的过程，都要成为我们观察所达到的事物。平心而论，研究数量的事物易，而研究品质的事物难，呆板的事物实际上并不满足我们心理的兴趣。我们喜欢从呆板的事实里抽绎出一些道理来，这抽绎出来的道理才真正有趣。不过我们研究科学，却又不应该单单因为它有趣，因为它方法的新奇，结果的美妙，和它所能给我们的理智上的光明。科学的最终目的是人在物质与精神两方面的利用厚生。热力学固然要紧，人的热而有力的情感也未尝不要紧。宇宙间万殊的真实，我们都要引为思考与研究的对象，一样都不能遗漏。科学研究了一部分的真实，抽绎了一部分的道理出来，把其余的抛弃了，认为是渣滓，我们就要利用这渣滓，充分的利用，好比我们充分利用科学家已经抽绎出来的道理一样。数量的研究尽管有它的价值，但它要在学术界独霸，我们可不答应。物理学、化学、力

---

① 中国人目前也正犯着这个通病。一般人是懒惰的，在理智方面，思想方面，尤其是不思振奋，专享现成。成套的哲学系统是最现成的，一个懒惰的人接受以后，可以囫囵吞枣似的下咽，当然无须咀嚼，几于无须消化。它是一服“定心丸”，早经磨细，早经调和，下了肚子，肠胃就可以直接吸收，是何等的方便呢？在药物里，丸药最容易推销，在思想与学问界，成套的臆说最容易找到信徒，特别是在广告与宣传的技术特别高明的今日。这其间的道理是一个的。

学，自有它们的贡献，但若它们定要在科学里占优越的地位，睥睨一切，我们也不答应。总之，文艺复兴时代所流传下来的一部分的理智的态度，对各科学问故分轩轾的成见，对于真理或真实的独断的界说，我们一概否认，一概谢绝。不过自伽立里略以至今日，科学的一切实际收获，我们必须保留。我们必须承认科学的方法与科学的技术是我们文化里最值得宝爱的家珍。

我承认这样一个转变是不容易的。一个观念，能在文明社会的理智生活里作威作福到三百年之久，是根深柢固，牢不可破的。大多数的科学家相信所谓抽象的“通体”（universals，所以别于真实的“个体”concretes）的存在与真实，相信只有数量的事物才有存在与被研讨的权利，相信物质的最高无上，相信身体与心灵是截然二事，而心灵仅处于一个附属的地位。他们不见得肯轻易放弃这些信仰。如果放弃的话，我恐怕教育、医学、卫生、心理、社会一类的学科要根本动摇，无从立脚，每一个学科的专家所宝爱而灌溉唯恐不力的一块小小的园地，怕都要从繁荣变成荒芜，从荒芜而夷为平地，我们要从头做起，也就只好让它如此了。如果科学文明肯放弃从文艺复兴时代以来所走的路，而还归到对于具体事物作单纯的个别的观察的大道，形势就可以大变。物质的优越与称霸的地位就会消失，心理的活动就会和生理的活动见得同样的重要。道德、艺术、与宗教的功能就会见得如数学、物理、化学的功能同样的关系重大，而不可须臾离。目前的教育方法就会见得不通与无理取闹。各级的学校就不得不改变它们的计划。就有人会问从事于医学卫生的人，为什么他们只知道预防各种有机的疾病，而对于心理与神经的疾病，几乎完全不问？为什么他们对于精神的卫生全不理会？为什么他们把传染疾病的人隔离开来？唯恐一两个遗漏，而于散播理智与道德的疾病的人，则完全放任，让他们自由自在。一样是习惯，何以只是那些酿成有机的疾病的是危险的，而那些造成腐败、贪污、罪恶、疯狂的便不是危险的。从此以后，一班专科的医生，只知道身体的某一小部分的，就会没有人请教。专科医生从此就得把普通医学的根柢打好，而且行医的时候，还得归一个精通普通医学的医师指挥，作为一个整个计划中的一些单位，有合作之功，而无独行之道。[①] 病理学家从此不但要洞悉器官的创伤，并且要深明体液的破败，因为器官是要体液来涵濡营卫的。体素是要研究的，但心理作用也要研究，因为两者之间有相互影响的关系。经济学家也从此会悟到人是一种会思想、会发生接触、会感觉痛苦的动物，他所需要的不止是工作、食料、和充分的闲暇，他有生物上的要求，也有精神上的期望。经济学家，从此也会了解，经济与金融的危机后面，说不定也有些理智的和道德的原因。从此我们的生活状态也许也会发生很大的改革，我们无须

---

① 中国以前的学术，从严格的科学的立场说，固然不发达，但作者在这里所指的西洋近代学术的弊病，我们一向倒也没有。即就医学而论，作者所指陈的弊病可以用“欠通”两个字来概括。说体质方面的专科医师之间不相问闻，指的是方面之间的欠通，或物物之间的欠通；说体素需要研究，心理方面也应该研究，因为两者彼此影响，指的是心物之间的欠通。中国旧时的医学，专精的程度尽管太差，至少“欠通”两字的评论是用不上的。《史记·仓公传》，太仓公论脉曰，“与天地相应，参合于人”，是物物之间不欠通的一种论证。又说“医者，意也”，是心物之间不欠通的一种论证。

再接受近代大都市里那种野蛮的环境，工厂和“写字间”的那种暴虐的生活，无须牺牲了我们的道德的尊严来迁就经济的利益，埋没了理智、良心，来换取金钱，至少我们不至于再被逼迫着非接受这些东西不可。他们说，这些是近代文明所赐给我们的种种福利，但我们用不着这一类的福利。机械的种种发明，尽管是陆离光怪，五花八门，但如果足以阻碍人的健全发育，我们也会不客气的拒而不用。经济是人生一大因素，以至于最基本的因素，从此这看法也会来到。我们真能从唯物的信仰里解放出来的话，我们生活的大多数的方面就会改头换面起来。近代的社会对于唯物的种种观念，应当竭全力加以撑拒，不让它们再有进步，也很显然的。

不过我们要小心，唯物主义如果失败，并不一定会引起精神方面的革故鼎新。因为，技术文明和物质崇拜既然失败，一般人也许会另走一个极端，而主张唯心主义与实行心灵的崇拜起来。把心理学抬得太高，是和把生理、物理、化学抬得太高一样的危险。福洛伊德(Freud)一派的人，对于近代社会所贻的祸患，比较最极端的机械主义者，说不定还要大些。把人分解到成为一些生理与理化的机构之和，固然是一个大害，把他分解成只是一道灵光，也是一样的要不得。关于血清的各方面的研究，例如它的物理作用，它的离子的平衡，它的原生质的渗透性，它所包含的抵抗素的化学的成分等，固然少不得，但是梦境、性欲、巫觋的精神状态，祈祷的心理影响等等，又何尝少得呢？拿精神主义来换取物质主义，并不能改正文艺复兴时代所传下来的错误。把物质摈斥在生活的视线以外，说不定比忽略了精神生活更是弊多利少。总之,人类的新的解放,新的拯救,不会来到,除非我们先把一切学派,一切主义,完全放弃,除非我们先降心接受一切由观察得来的结果,除非我们充分的领悟,所谓人,就是这种种观察到的资料的总和,一点也不多,一点也不少。

一一　德苏妥协的思想与其它背景[①]

（一九三九）

苏德两国于本月（一九三九年八月）二十日来了一个商务协定，最近又来了一个互不侵犯协定，于昨日（八月二十四日）签

① 此文作于一九三九年八月二十五日，即苏德互不侵犯协定正式签字的次日。不到两年，德国开始侵犯苏联（一九四一年六月二十二日）；同时，苏联改与英国订立互助协定（同年七月十二日）。从此以后，第二次世界大战中“同盟”与“轴心”的阵线完全分划清楚，二十六国的联合国的关系，包括英、美、苏、中的核心在内，也一天比一天强化，终于把轴心的阵线打破，把意、德、日三国先后击败——文中一片“妥协不足为奇”的论调表面上已成明日黄花，不再有丝毫意义。因此，我这一篇文字，也就没有再事保存的价值。不过，我在这篇文字的末尾里也说到一些预测的话，认为前途国际的阵线终于不免减到个人主义者和集体主义者的两个，而自第二次大战结束以来，英苏的磨擦在欧洲，美苏的磨擦在亚洲，已有逐渐形成此种新阵线的趋势，则思想背景与政治的关系的一般论调还是可以成立。若说敝帚自珍，完全不肯放弃，则我岂敢。

英美与苏联的政治在思想上的冲突，自来讨论的作家很多：在第二次大战期内，一则因为大家忙于战事，无暇及此；再则因为苏联与英美既同属同盟国家，在一条战线上，彼此自以不相批评为宜。但自本年（一九四五）起，这方面的讨论就一天比一天多了。其中最重要的一种是三四（转下页）

字。柏林合众电称:“消息宣布后,各国外交家均目瞪口呆,不知所措。”巴黎哈瓦斯电说:“此间官场方面闻悉之余,极为惊讶。”柏林路透电称:德国自己的“外交部要人,对此消息均表示惊异”。只有日本在表面上故示镇定,东京路透电称“日本消息灵通方面,仍不以为异感”,但一望而知这是装出来的,他们内心上的失望与着急是决不会对新闻社记者和盘托出的。那几天里,外交评论家的惊讶的程度也不下于各国的外交家。他们用的字样里,有“莫测高深”、“晴天霹雳”、“外交革命”、“非理智所能预测,非常识所能判断”等等。

就这件事的比较的突如其来一点说,这种惊讶的态度是很

(接上页)月间在美国出版的哈埃克教授(Friedrich A. Hayek)所著《到奴役的路》(*The Road to Serfdom*)一书。哈氏是一位有国际声誉的经济学家,原是奥国人,因不胜初期泛系主义的压迫,于一九三一年移居英国,旋改入英籍,任伦敦大学经济科学教授。哈氏此书专就自由竞争在经济上的价值立论,对一切计划经济表示反对,殊失之偏激,不过他对于集体主义的评论大体上是很健全的。他在奥国,在泛系主义兴起之前,受过苏俄式的集体主义的压迫;在他离开奥国以前,又吃到过德国式的集体主义的亏,所以对于任何集体主义,不免有一种深恶痛绝的情感。在他讨论的话里,凡属说到德国,一定要在括弧里一并提到俄国,说到俄国时,德国也一定要被带到一笔,以示两国的政制在基本精神——就是集体主义的精神——上实在没有多大的分别。哈氏此书,在一九四五年四月号的美国的《读者文摘》上曾经有过一次很详细的介绍。哈氏认为自由经济与计划经济不能两立,过分的抨击计划经济与一切的集体主义的措施,我是不赞成的,我认为个人主义与社会主义,或集体主义,一成主义,便各有它们的弊病,说见本书《第一篇》中“八”与《第五篇》中“三七”二文。他指出集体主义的方式尽有不同,而基本精神则一,同样的值得批评,那我是赞成的。我评论当年苏德签订互不侵犯协定,认为不足为奇,也就从这一层意思出发。

自然的;但若就这件事的原委稍加分析以后,我们的判断以为是不足为奇。

第一,从现实政治的立场看,这是不足为奇。我们统观近代的国际关系,真正有那一国、有那几桩事,是不受"现实主义"支配的?美国的国际关系,算是比较的讲一些理想主义,一则因为它立国之初,确乎有过一批人才用理想主义来号召,而这一种遗业到如今还没有完全泯灭;再则因为它立国之日浅,好比一个青年,多少总有几分戆直之气。不过这种理想主义是受空间与时间的限制的。美国地理上的位置与其它各大国迥殊,财力又特别雄厚,比较的可以高谈理想而不吃亏,而不受人奚落。这是空间之说。美国民族的阅历还少,一旦饱经世故,这种理想主义也是无法维持的,孤立派的逐年抬头就是一个证据。这是时间之说。至于其它各国和它们的外交家,可以说到现在全还都是麦奇亚弗利(Machiavelli)的信徒,全都是现实主义者,对一个邻国,今天有利可图,可以矢刎颈之交,明天金尽交疏,可以下陷井之石。这种国家真无异一伙狼,今天合伙,明天散伙,是完全以利害为转移的。

第二,从苏德两国的近期历史关系看来,这次的妥协也是不足为奇。一八〇二到一八七九年间两国曾经缔结过同盟,因同盟的日子特别长,双方都得到过不少的政治上互助之益。第一次欧战后,一九二二年拉伯罗条约订立成功,双方又恢复了正常的关系,并且还相当的亲密。一直到希特勒总揽大权,这关系才告一段落。但双方仍能于一九三五年成立一种商务协定,维持相当的经济关系。次年,德国与日本签订防共协定的时候,苏联曾派秘密使节赴德,虽因希氏态度冷淡,而未获什么结果,但多少总代表一重维系。到一九三九年一月,苏方又派经济使节到德,二月中,苏方又允许把大量的汽油卖给德意两国,这些,和最近签订的商务协定都有直接的关系,和昨天签字的不侵犯协定,也有间接的关系。再从政治方面看,数月前,李维诺夫与莫洛托夫的更代也是很有意义的,李氏以亲英著称,而莫氏则素来倾向德国,李去而莫来,足征苏方早就有舍英取德的意向,这意向到最近才算完全现实。

第三,从两国的经济需要看,这一着突然妥协的棋子也是不足为奇。苏德两国都是在第一次欧洲大战中吃过大亏的。它们真是同病相怜,尤其是在经济方面,两国都需要经济的复兴,而复兴的方式却不一样。苏方有的是原料,而缺乏的是技术人才与机器,德方的有无恰好相反。以常情论,这不是一个再好没有的相须相成的局面么?假如苏德两国能蠲弃其它方面的成见,能断然撇开别国的拉拢或离间,而一心以本国的经济需要作为国际关系的参考原则,它们不也很容易看清楚这相须相成的局面么?这次的妥协多少可以证明,也许以前没有十分看清楚的,现在经过许多周折与挫折之后,是看清楚了。俄国需要的技术人才与机器,一向以取给于英美者为多,但假若能取给于德国,岂不是更近便,更精良?希特勒觊觎乌克兰,好比他要求收回殖民地一样,目的无非要取得原料,如今假定可以有和平方法获取原料的供给,他又何乐而不为呢?

上面三个不足为奇的理由是比较近而易见的,在两日来的外交舆论中我们也多少已经看到。不过还有两个比较远而难知的理由不能不一提。它们虽远,虽难知,但对于这番妥协的所以成功,未始不是一些很有力的因缘,其力量之大,比起上文所已缕述的三个来,或许有过之无不及。

第四,从两个民族的种族成分上看来,这次的妥协也是不足为奇。我们并不相信偏狭的种族主义,认为种族可以命定一切,可以解释一切。但种族至少是人群社会生活的因素之一,这是我们不能否认的。苏德两国在种族成分上是很相同的。欧洲的人种,我们统称为高加索种,但细分之,实有三族:一是诺迭克族,相当于近代史上的条顿族;二是阿尔卑奴族,相当于斯拉夫族;三是地中海族,相当于拉丁族。各大国之中,大抵这三族的成分都有,不过多少不同罢了。在苏德两民族中,阿尔卑奴族的分子,都是占绝大多数。这是有一个共同的原因的。种族演变论者告诉我们,三族当初,都是从亚洲西部发展,而共同伸张到欧洲的,不过阿尔卑奴族最较后起,繁殖力也最大,就先进而已深入欧洲西部的其它二族说,它好比一个三角形的楔子或尖劈,很不客气地向西劈进,一面逼迫其它二族集结到大西洋海滨,一面更用强大的生育力把二族逐渐替代。在这逼迫与替代的过程里,最适当其冲的是俄国与德国。这是种族成分相同之说一。阿尔卑奴族在血缘上和蒙古利亚种最近,史期以前不说,就在史期以内,蒙古利亚种人,也曾几度的伸入欧洲,而成为欧洲人口的一部分的基础。体质人类学家告诉我们,蒙古利亚种的特点在德国境内发见得很多,并且一直要西进到佛司脱法仑(Westphalen 即 Westphalia)才看不见。俄国境内蒙古利亚种的成分之大,可以不必说了。这是种族成分相同之说二。种族的成分既相同，根据方以类聚、物以群分的旧说（也是近代生物学的一大原则），他们本就很容易发生声应气求的关系；换一种说法，这样两个民族，即使中途因外力而发生隔阂或敌对的现象，迟早总会拉拢在一起的。所谓声应气求之说，看了下文还要明显。

第五，从两国的政治与社会思想看来，这一次的妥协也是不足为奇。东京路透电称，“观察家顷发表评论，以为无论如何，日本已因此得一沉痛之教训，即反共公约精神上的联系，初不足以影响希特勒之现实政策。”柏林哈瓦斯电却说，“关于反共产国际公约的命运如何一层，主管人士不愿表示意见，仅谓此项公约系以思想为根据，互不侵犯条约则属于政治性质。”中国的外交评论家中，也有人说“理论的冲突在实际政治上是不重要的”。这些，我们认为都是错看了苏德思想的异同与小看了思想的势力的话，我们以为苏德两国的政治与社会思想根本相同，而这次妥协之所以成功与成功得如是其快，局部就因为这思想上之沆瀣一气。苏联讲的是集体主义，德国讲的也是集体主义。苏联讲共产主义，德国讲国家社会主义，名称尽管不同，集体的精神则完全一致。苏联讲无产阶级革命，而所深恨的是帝俄时代的贵族资产阶级，德国讲日耳曼民族最高无上，而所恶绝的是犹太民族；彼此所尊崇的对象与所归罪的对象虽微有不同，而其是丹非索、党同伐异、出主入奴的精神则又完全一样。微有不同的又一点是苏联的民众是无产的，而德国则是中产的，但事实上苏联近年来正越走越上金力政治（bureaucratic）的途径，而德国因恢复军备关系，对民众搜括得十分厉害，所谓无产与中产之分，也是有名无实的。上文说过苏德两国都是第一次欧战后经济上最残败的国家,这一点便足以教它们在思想上归于一途。斯宾塞尔早就说过,军国主义、共产主义、与社会主义是弟兄辈,当代的社会学家又添上一句说,假定战争把国力弄得十分凋敝之后,这种做弟兄的机会就更大。何以故?集体精神的需要更急迫故。

不过苏德两国思想的所以根本相同,其间还有一个种族的解释,阿尔卑奴族或斯拉夫族是以善服从著称的,不但能服从,并且能驯服。斯拉夫一字和西文奴隶一字是同一源头的。只有一个驯服性发达的种族才能形成、接受、与实行一个集体主义的社会哲学。我们还相信这一族在血统上是相当混杂的,其混杂的年限虽已相当悠远,但还没有到达一个十分和谐的程度。至少有一部分的人类学者说,凡是血统上因混血而不甚和谐的分子,在政治上是善服从的,在人生观上是悲观的,弄得不好,并且会走上自杀的途径。这种分子的生命,更得靠集体主义来维持。对于因蒙古利亚种的血统的搀入而发生的身心上不和谐的分子,这一番话自然更其适用。说到这里,第四与第五两个不足为奇的理由就携手了。

根据上文,我们还不妨有两个近乎预测的观察:第一、我们认为苏德可以妥协,而苏或德与英美根本上无法妥协,因为双方的思想与此种思想所由产生的生理因缘太不一样。第二、国际的阵线,连同日本在内,终于会减到两个,即个人主义者与集体主义者,除非真有一个国家,能就二种主义中找出一个新的折中来。

一二　异哉所谓教师的思想问题

（一九四〇）

民国二十九年五月十二日与十三日重庆与昆明《中央日报》的《每周专论》栏里，登载着潘公展先生的一篇《教育上两个迫切问题》，一是教师思想问题，二是青年营养问题。关于前一个问题，公展先生说："须知今日的青年思想的歧误，与其说是青年思想问题，不如说是教师思想问题。我敢说，教师思想如果一致，如果纯正，学生思想是决无驳杂的问题的。"这是一番何等严重的话。作者厕身大学环境且二十年，所见和公展先生的很有不同，又忝为教师的一人，责任有归，未敢缄默。

公展先生所说的教师虽没有指明那一级的教师，作者以为大概是大学的教师，不过依作者的见地，大学教师的思想似乎不成问题，因为大学教育里根本就不多谈思想，多谈思想还是大学范围以外的文化界的人士，包括政治界在内。这并不是说大学的教师根本不谈思想，谈的自然也大有人在，不过他们大都了解这不是他们的主要任务，他们主要的任务是教授自然科学、社会科学、人文科学的种种课程。这也并不是说课程的内容里根本没有思想的成分，课程里讲思想方法的很多，讲思想根据的事实的更多，讲思想的演变、派别、所引起的问题的也不少。约而言之，大学教育里没有专门灌注思想的教师与课程；教师与课程只供给思想的方法、思想的资料、思想的历史与家数，至于学生在学成之后究竟服膺那一派或几派的思想，甚至于加上一番发明综合的功夫之后，自成一些学派，那是学生自己选择与努力的结果，与教师和课程很不相干了。教师既不灌输思想，试问公展先生所暗示的青年思想歧误的责任问题将从何说起？

不过我们也知道，公展先生也曾明白的指出，他所说的思想不是一般的思想，而是三民主义一类的思想。也好，我们不妨再进一步的对大学教师和三民主义的关系观察一下。我们打头就可以坦白的承认这关系并不密切，远不及公展先生所期望的密切。不过，这怕是事实上无可避免的。在讲授自然科学的教师各有各的专科学问，教学之外，还须从事研究，此外要对本行以外的社会思想与学说作深切的探讨，兴趣不论外，时间也确乎不许可。不过他们也很可以说，他们的专科学问也并不是和社会思想全无关系，即就三民主义而言，民生主义背后有地质学、化学、物理学、以至于生物学，民族主义与民权主义背后至少都有生物学；他们的潜心研究与教学直接所以为三民主义补充事实的根据，而间接对于民族的发展、民权的扩充、民生的利济，迟早也会有实际的贡献，他们甚至于可以说，到目前为止，谁都不敢承认有那一派的社会思想、学说、主义已经到达一个尽善尽美的最高境界，而无待乎修正补充；修正补充是要事实与经验的，而一部分的事实与经验必须求诸于自然科学的领域；然则他们目前的真正的本分，是在多做些脚踏实地的试验室与厂屋的工作，而决不在高谈阔论任何一种的社会理论。作者以为这种见地是对的。所以就理工一部分的大学教师说,他们对于三民主义一类的思想,虽不能说有功,也绝对不能说有过。公展先生所暗示的责任问题,至少对这一部分的大学教师是不适用的。

至于人文科学与社会科学范围以内的大学教师和一般社会思想以及三民主义的关系,比起自然科学的教师来,当然要密切得多了,但也远不如公展先生所期望的那般密切,而且所谓密切的性质也许也和公展先生所想的不一样。他们的确和三民主义,至少和三民主义的思想的内容,时常发生接触,尤其是社会科学的教师。信仰三民主义的人也承认三民主义未始不是近代思潮的一部分,而是有它的来历的;民族主义相当于近代思潮里的 nationalism,民权主义相当于 democracy,而民生主义则相当于 socialism,三者经历过孙中山先生的一番修正、补充、与联系之后,终于成为一派胡展堂先生所认为有连环性的综合思想。在讲授社会科学的教师,对于这三部分的思潮是最熟悉不过的,也是非熟悉不可的;教政治学的教师对民族主义与民权主义自然特别的研究过,教经济学的对民生主义也是一样,至于教社会思想史的社会学教师更是责无旁贷的必须把三部分认识一个清楚。他们讲到这三部分思潮的衍变与发展时,会把中山先生一番修订的苦心埋没么?当然不会,所以就认识与了解论,这一部分大学教师和三民主义的关系,事实上绝对的不能说不密切。不过就研究与教学的方法与态度说,我们也不妨坦白的说,便决不是一般信仰三民主义的人所有的或所期望于它人的了。第一,不讲现代思潮则已,讲则不能限于一派,不讲某一派的思想则已，讲则不能不把一派的家数与变迁充分的叙到。第二，学派与家数的价值虽不一样，却没有一派或一家是至善而无懈可击的，所以教师讲解的时候，只能取一个介绍与评论的态度，而不能用宣传与灌输的方法；即或一个教师对某派某家表示更大的同情，而私衷拳拳服膺，他还是应当力持客观的态度，庶几不至于在学生的心坎上，留下一个偏见的印象。三民主义既属现代思潮的一部分，其内容与实质是应当在介绍与评论之列，也是无疑的。这种评论是根据客观的原则的，而就作者所知，也没有不是善意的而是富有建设性的。这班教师也未尝不深知三民主义是主张社会与民族进步的一派学说，而学说的自身也常在力求充实与进步，不甘一成不变，故步自封，所以他们认为善意与富有建设性质的评论，无论如何应当有它们的地位。信如我们这一番的解释，可知社会科学范围以内的大学教师，对于三民主义，不但无罪可言，且有微功足录；而公展先生所暗示的责任问题，对于他们，也显然是不适用的。

作者就公展先生这篇文章以及其它类似的报章稿件看，以为三民主义目前已到达一个歧路的路口，一条路是宗教化，一条路是真正的思想化。许多服膺三民主义的人无疑的是希望它走第一条路，他们希望中山先生可以成为教主，中山先生的学说成为一成不变万古不磨的经典，并且希望人人可以成为信徒（公展先生文中即一再用到信仰与信徒等字样），人人可以布道。从这个立场，无疑的大学教师是十有九个不合格的了。公展先生所暗示的责任问题大概就在这里无疑了。不过，大学教师似乎根本不感觉到有这样一种责任。他们中间，有少数是已经入党的，但入党是一回事,宣传主义往往又是一回事,好比西洋的基督教徒不必尽人要负起宣教的责任一样,至于绝大多数未入党的自更无从了解这种责任。不过这些未入党的教师,据作者的观察,对党与主义却也并不存什么成见,他们中间更有不少的人对主义抱着一个积极的希望,就是,希望它走第二条路,就是思想化。他们认为宗教化是一条绝路,而思想化才是一条活路,三民主义的理论也许已经是相当成熟,但总还不能说已经到一个十全十美无可增损的程度。中山先生是一位虚怀若谷的思想家,九原可作,自己一定也有这样的一个观感。既可增损,则此种增损的责任便应公诸国内以至于国外的一切有学术思想的人,其中最责无旁贷、而作者以为也最乐于承受的人,应该就是这一班大学的教师。不过就目前在歧路口的形势论,这样一个责任是几乎不可思议的,中山先生的学说应该如何解释,归谁解释,目前已有严格的限制,又何况增损呢?不过我们希望服膺三民主义的人要了解,这终究是一个孔子所说的自画的政策。自画是进展的反面。

有人说,宗教化的一条路对目前抗战的局势特别的有利。教师是领导青年的人,他们处的是一个提纲絜领的地位,所以假若他们能扫数入党,成为主义的信徒,则全国青年必风靡景从,而抗战建国的壁垒必可以十百倍的更加坚固。无疑的,公展先生的立场就是这样的一个立场。不过这是无须的,而也是不一定有效的,爱国家、爱民族、拥护国民政府、支持抗战建国的国策,时至今日,早已成为全国人共通的意志,初不问一个人是不是党员,信仰不信仰三民主义。国民参政会的组织是谁都晓得的,参政员中间有不少是国民党以外的别党别派与无党无派的人,而参政会的历史是和抗战的历史同时开始的。若说无党籍与不信主义的人不免削弱抗战的力量,则参政会便是一个最大的反证。若说必须人人有党籍才足以增加抗战的效率,则与抗战同时开始的参政会便是一个绝大的错误。目前直接间接参加抗战工作的人中间,究属有多少是党员,多少是非党员,我们没有统计,怕谁也没有统计过,但我们相信非党员是要比党员多得多。抗战与入党与否没有不可须臾离的关系,好比做人与信教与否没有不可须臾离的关系一样。这是无须的说法。目前反对抗战国策与夫认贼作父的人中间,非党员固然不少,党员也不乏其人,汪精卫如何了?周佛海如何了?周佛海不还写过一本《三民主义的理论的体系》么?这是未必有效的说法。

先贤告诉我们:师克在和。又告诉我们,君子和而不同。抗战的目的是最后胜利,是克。克的条件在和,而不在分子的完全相同,真正有见识的人,虽不同无害于和,否则,虽同亦无补于和。目前整个的青年思想问题,以及对于这个问题教师所负的责任问题,以及这类问题对于抗战建国的关系,我们诚能用这种眼光来看,当可省却无限的精力,无限的莫须有的歧视与争论。

上文云云完全是作者个人的一些观感。其它做教师的人是否有同样的观感,作者不敢断定。作者不是国民党党员,但记得中山先生逝世的那一年,中国学生在纽约开追悼会,需用《遗嘱》和《国民党第一次全国代表大会宣言》的英文本,当时遗嘱是作者承乏翻译的,宣言是作者和一位朋友合译的,至今美国人所著关于中国的书里,间或还沿用着这些最早的译本。作者追提到这一点,无非要表示他对国民党和党义并无成见,以前如此,现在还是如此，也因为没有成见，才有兴趣提出这样一篇文字来。[1]

---

① 附潘公展先生原文《教育上两个迫切问题》：

本学年结束期已近，教育部即将派督学专员分赴各省市视察教育设施，以为今后指示改进之依据。他们的使命非常重大！因就感想所及，提供教育上当前两个迫切问题的管见，借供教育当局参考。

第一，教师思想问题 三民主义既是抗战建国的最高准绳，则在三民主义的教育政策下所培育的青年，无疑的应该全是三民主义的信徒。青年思想原来不应再有问题，但是事实上，目前真能认识三民主义和信仰三民主义的学生，还不过是一部分，而且竟还有些学生迷惑憧憬于不合国情的幻想。这不能徒责青年，实在应该由教师负其责任。总理说："要中国不亡，惟有振兴我们的教育，才是根本办法"。总裁说："现代国家的生命力，由教育，经济，武力三个要素所构成，而教育是一个事业的基本"。他们所以重视教育如此，可见教育是"思想的国防"，也就是"精神的国防"。如果教师不竭其全力，用三民主义的坚固工事，在青年思想上建筑国防的基础，就决不能达成抗战建国的革命教育的任务，故在国民政府下之学校当局，自校长教授以至职员，理应全是三民主义的革命战士。夫以三民主义建国治国的中华民国，而可一听身负教育重任的教师，超脱于三民主义之外，驯至不免有人视征求教师入党，似乎为不应该有的举动，宁非教育界的一怪现象！须知今日的青年思想的歧误，与其说是青年思想问题，不如说是教师思想问题。我敢说，教师思想如果一致，如果纯正，学生思想是绝无驳杂的问题的。必须教师自身先对于三民主义有深切的研究，有真诚的信仰，进而见之于笃实践履的行动，发挥生死以之的精神，然后可以示范后学，可以感导青年。教师们所潜心研究的学科，尽有不同，所指导传授的技能，尽可各别，而其为国家为民族培育青年的旨趣，则不可不一律遵从总理的遗教，总裁的训示，以实现三民主义，引为自身的责任。总裁去年在第三次全国教育会议致词，曾痛切的说道："过去教育上趋向不坚定，信守不专一，已经耽误了十载的光阴，造成了严重的困难，我真不肯不希望我们教育界为国家民族的前途，为当代青年和后代国民的幸福，而真诚确实的归于一致。我愿我们教育界各位贤达，一心一德，同志同道，决心集结到三民主（转下页）

一三　刊物与潮流风尚

（一九四二）

读者应原谅我说一些关于个人经验的话。主编先生向我要稿子，并且要得很急，盛情难却，而恰巧逢着我忙于开会，整整的十一天之内，连个把钟头的静坐与动笔的功夫都腾不出来。如今到了再也不能延缓的时候，只好就个人经验里寻一些话来塞责。

我从中学时代到今日，一向没有离开过刊物的关系。或当一种刊物的一部分的编辑，或自己主持一种刊物，或应朋友的邀约，为一种刊物担负一些长期供给稿子的责任；至于兴会所及，

（接上页）义的总目标之下，为中国革命而努力”。所以我希望此次出发视察的省督学和专员，首先应该注意到这个教师思想问题。尤其要用万分诚意，万分的努力，协助推动学校党务的发展。尽可能的，大量征求学校教师为本党党员，切实做到典型的三民主义革命战士。同时应该认真考察学校的图书室，以及学校附近的社会，有无违反或曲解三民主义，以及违反抗战建国纲领和国民精神总动员纲领的书刊，依然存在和流布，如果有的话，就该任劳任怨，协助地方党政当局，和学校负责人员，切实依法肃清，以拯救一般青年的无辜被毒；也可以免得他们不知不觉的坠入陷阱之中，到了将来后悔不及。第二，青年营养问题（下略）。

为人家凑些零星的短稿，可以不必说了。二十多年来，除了读书和写成本的书稿而外，最大的一部分光阴，可以说是消耗在刊物之上。

办刊物的甘苦是很多有同样兴趣的人所熟知的。苦的成分远在甘的成分之上，也是个中人所共有的经验，固然，我也承认，谏果回甘，一部分痛苦的经验也自有他的精神上的报偿；在明白甘苦心理相为表里的道理的人，遇到此种痛苦，更大都能处之怡然，决不怨天尤人。至于痛苦的所以发生，寻常的原因自不一而足。凑不出稿子，像我今晚上一般；或拉不到稿子，而必须在许多笔名之下，独自硬凑上几千字以至于万把字；或自己主编而印刷经费发生问题；或替人写稿而得不到自己认为公允的酬报等等——都可以引起精神上的懊恼，不过，就我个人的经验而论，这些都是无关宏旨，值不得提出来的。值得提出来的似乎只有一个原因，而这个原因我以为是不很寻常的，特别是在今日。

顺应潮流是当代一个极普通的观念。我却到现在还没有能接受这个观念。第一，我怀疑文化生活或思想生活里究竟有没有像潮流一般的东西。第二，如果真有，我常问，是不是必须顺应？一味顺应的结果，会不会把我冲下东洋大海里去？第三，我继续的自问，不顺应的结果，对人对己，难道是一定有害？如果一定有害，又何以从前有人说过“中流砥柱”一类的话，甚至于真有做过中流砥柱一般的人？更何以有人叹息于“江河日下”，而主张“挽狂澜于既倒，回沧海之横流”？第四，因为我是学生物学的人，我不禁联想到水里的鱼，特别是疾流急湍里的鱼，何以必须逆水而游，甚至于因为孕育下一代的关系，还要“力争上游”？

我的结论是，如果真有潮流的话，潮流亦有好坏，未可一概而论，好潮流应该顺应，对于不关痛痒的潮流，顺应与否，也是无关痛痒，坏潮流，江河日下的潮流，则非抵抗不可。我认为人而不如鱼，是万万不可以的。

这是我的一部分的社会观念。我所写的稿子，所办的刊物，便十九拿他做出发点；而我所感受到的痛苦，也就可以追溯到他身上。我挨过别人的痛骂。我和主编的人翻过脸，终于教一种刊物关门大吉。我曾经不止一度的开罪于一种刊物的出钱的人，一面不免使刊物的经济发生问题，一面教主编的朋友左右为难；不止一种的刊物，曾经因我而发生各种程度的困难，例如，暂停发售，横被搜查，以至于完全禁办。我自问是一个比较和平的人，我不喜欢挖苦别人，更不喜欢臭骂别人，说话如此，作稿更其如此；我自信我所开罪的不是人，而是当代很多人善于顺应而我则拙于顺应的潮流。

不过我至今还相信一种刊物、一篇稿子的最大效用是消极的在纠正错误的潮流，积极的在开辟疏导合理的潮流。即使潮流是现成的，是自生自灭的，那至少他的责任是在摈斥坏潮流，选择好潮流。但我不信潮流是一种独立自主的东西。他毕竟是人的产物，他的进退生灭，是完全在人力范围以内而人力可以控制的。只有在一个理智凋敝人力萎靡的时代里，才有顺应潮流的比较绝对的说法，才有人以能顺应潮流为荣。

《国风》的“风”字很有潮流的意味。空气的潮流就是风，《诗经》的三大部分之一叫做风，但风有好有坏，一方面有二南的风化，一方面也有郑、卫的淫风，草上之风必偃的风是好的，随风而靡的风是坏的。看了风字的这一类的用法,可知以前所称的风,其实就相当于今日所称的潮流。潮流既应用最好的眼光来选择创造,而不应任意接受,胡乱顺应,则我们对于风的态度也便应当如此。已往与现在都是这样。

一四　悠忽的罪过

（一九四三）

清初学者容城孙夏峰先生（奇逢）说过一句话：人生最依恋者过去，最希冀者未来，最悠忽者现在。这是一般人的通病，引来适用于今日的中国，尤其能切中时弊。

依恋过去，在以前的中国是一个通病，一种痼疾，是谁都知道的。十之八九的儒家动辄讲先王、先哲、先民、先圣昔贤。孟、荀以后，于尧、舜、禹、汤、文、武、周公、孔子一类的先圣，更是称扬备至。道家的依恋过去，比儒家更进一步，他们主张还真返朴，回到文化以前的境界，恢复浑浑噩噩的初民生活，退归不识不知的婴儿时代，甚至于缩回到天地之根的玄牝。在一般人的实际生活里，祖先的祭祀成为一种宗教，孝道的畸形发展至于伤身灭性，废弃人事；一个很有作为的人，一生之中，所成就的唯一大事，往往是为族中创建了一所宗祠，或修订了一部家谱。旧日家制的所以为人诟病，一大部分是因为这一类的事实。

不过依恋过去和托古设教是两件事，不宜混为一谈。孔子多少是一个托古设教的人，孟子言必称尧舜，劝为君的做尧舜之君，为民的做尧舜之民，是中国文化史上最有力的一个托古设教者。不过孔孟自己都不是依恋过去的人。孔子以圣之时者见称。孟子的革命思想最丰富,他奔走于列国之间,想在政治上有所补益,也最积极,前者表示他并不依恋过去,后者更证明他决不躲避现实。孟子先以性善之说设教,认为人性本无不善,善是先天的,不善是后天的,是由于教养的失其道与个人的不努力,所以劝人改造环境,劝人自求精进,以复归于善。个人生活如此,在逻辑上团体生活也就不得不如此。团体生活原先也是善的,到了后世,因为历史与文化的种种原因,才变为不善,于是更进一步的以尧舜的郅治来设教。他的目的不在证明尧舜之世究竟有没有郅治的实迹,而在当时的君民可以因为这种说法,而多得一些为善的刺激,多作几分改革的努力,换言之,他的目的在收获一些近代一部分哲学家所称的实验主义的效果。我们并且相信,孟子自己也未必以为尧舜之世真有过郅治之局,唯其如此,更可以知道他是在托古设教,而不是迷恋着古代。后世的儒家不明此理,才造成了一派食古不化的风气,历数千年而不能改。

依恋过去又与保守不同。一味保守,主张复古,固然不合,但若认定前人的经验中确乎有一部分不因时代而转移的东西,从而加以维护,这种有选择的保守还是对的。四五十年来很多人把依恋过去和保守认做一事,不分皂白的加以贬斥,同时另创了一个"维新"的口号,以为只要大家不抱残守缺,社会上一切便有办法。殊不知如果我们完全不能保守,那我们又何爱于有文化?好比一个人,昼夜奔忙,不知休止,也不知所为何物。又好比一个人,贪多务得,肆意攫取,而右手接来,左手弃去,试问这又成何局面?依恋过去的人,必然是一味保守的人,因为他觉得凡属旧东西都值得拥护，值得流连，但有眼光有拣选的保守行为不在此例。这种保守的人，专挑好的文化品性来保守，就不会有依恋过去的感伤病。

依恋过去的脾气，在中国人中间比较发达，而对于未来妄生希冀的脾气，则似乎在西洋人中间，流行较广。西洋人不大依恋过去，伊甸园虽属可乐，但犯了罪作了孽的人纵历百千万劫，也是不能回去；一个人对于一件事物，明知格于情势，无可挽回，也就索性搁置不问。西洋人不依恋过去，这也是一个解释。但依恋是一种情绪，西洋人初未尝没有这种情绪，而情绪必有所寄托附丽，过去既不成为寄托附丽的对象，便不能没有取代的东西，那就是未来了。在基督教全盛的时代，这未来就是天国，就是耶稣的再度降临，就是末日的审判，就是《启示录》中所描绘的种种光怪陆离的境界。这些，也有人，特别是诗人，认为就代表着伊甸园的逐步的恢复，那就等于说，过去与未来原是一回事，无论是不是一回事，一般善信的眼光与情怀的对象，到此总是在前，而不在后，和我们对于无怀、葛天、尧、舜、禹、汤的念念不忘，毕竟很有不同。到中古以后，基督教的势力比较减削，希冀未来的种种努力又转以柏拉图的理想国做范本，因而产生了很多的乌托邦的冥想家与作品。降至近代与当代，初则社会思想界有所谓乌托邦的社会主义一派，继则有多少以一种理想社会做归宿的一般的社会主义，马克斯[1]的所谓科学的社会主义也不是例外。至于一般的人则十九迷信社会自然进步，并且越走越进入

---

① 即马克思，后同。——编者注

光明灿烂的境界。这种迷梦，经过连一接二的国际间的大屠杀以后，最近才有一些清醒的朕兆。

中国的情形很不同，我们似乎除了子孙以外，对于未来，不作展望，更不事妄想；未来的社会便是子孙的事，子孙自会安排，子孙有着落，这种安排也就有着落，我们大可不必越俎代谋。这似乎是以前中国人的看法。这看法实际上也很有道理，子孙有他们的环境，有他们的时代，有他们自谋位育与自求多福的方式，我们的深谋远虑说不定对他们并不适合，以至于全不相干。不过我们对于子孙的产生与血统的维持，所运用的心力，所寄托的希望，也就足够迷恋与妄想一类形容词所指的程度了。“儿孙自有儿孙福，莫为儿孙作马牛”一类的话正指着以前自甘于做牛马的人之多。风水的信仰更十足表示这种妄生希冀的心理。这都是昭昭在人耳目，无须多事申说的。

依恋过去与希冀未来都属于人性的自然，原是未可厚非的，甚至于有时候还值得鼓励的，但如果过于依恋，过于希冀，那就很容易成为一种病态，成为两条最方便的逃遁的门路。所逃遁的是什么呢？就是现实。

逃避现实的门路不一而足，发疯、自杀、做隐士、做和尚，都是。不过这些门路都不容易走，发疯是不由自主的，自杀往往也是，出世与自杀都需要很大的决心与牺牲，非一般人能力所及。惟有依恋过去与希冀未来的两条出路无需牺牲，人人可走，并且走上了也不会招致精神上不健全的讥评，甚至于还可以博得好评，例如“古道可风”“富有理想”之类。其实这些人的心目中的古道，或理想世界，无非是各种程度的空中楼阁，而楼阁中的居停就是这些人自己;他们只要一天不离开这楼阁,就一天不发生应付现实的问题,其为不健全,与专做白日梦的初期疯狂的人,根本没有分别。

用上文所说的立场来看今日的中国的情势,真可以教人引起无限的隐忧。三四十年来,我们大部分的努力,似乎是专把旧有的不大好的东西和西洋来的不大好的东西凑合起来。敌人一向批评我们是一个文字国,英国人自己批评自己是一个议论国,最近若干年的政治生活充分证明我们实兼文字国与议论国之长。这点我在以前早经为文讨论过。如今我又发见一个新的凑合。以前我们长于依恋过去,如今知道,我们也未尝不长于希冀未来;以前躲避现实的路只有一条,如今却添成两条,以前只有后门,如今前后门都畅通。如此,当前的许多错综复杂的问题,岂不是更有搁置的危险?“最悠忽的现在”,岂不是更要被夏峰先生一语道着?

现实是需要应付的,应付需要大量的心力,平时如此,国家多难之时,尤其如此,平时有人想躲避,危难的时候想躲避的人自然更多。观察所及,我以为这种躲避或逃遁的倾向已日见变本加厉。就依恋过去一方面看,这倾向倒并不严重,当然是因为时异世迁,不很时髦的缘故。不过,复兴孔子与儒学的一类努力已足够教主张全盘西化的朋友们寒心。至于希冀未来一方面,则似乎已经发展到一种风气的程度,而此种风气的最具体的表现是召开会议,讨论计划。近来会议之多是凡属能看报的人都知道的;会议必有提案,少则一二百件,多则三四百件,提案之中,纠正已然的成分固然在所必有,而策划未然的成分毕竟要占多数。只是集会讨论若干现实的问题,这其间已有以大量议论与文字来代替实际行为的危险,何况所讨论的又大部分是未来的计划呢?

建国诚然要紧,但我们不应当容许建国的企图减低了抗战的努力,转移了对于抗战的视线,漠视了抗战期间前后方种种极复杂的问题。我们应知这些复杂的现实问题如果不获合理的解决,则前途建国的一切设计是空洞的、缺乏根据的、实行不通的。我们更进一步的认为这些现实问题的合理解决,便是建国的第一个步骤。目前的高谈计划,忽视现实,是袭了鸵鸟的故智;一样埋头,鸵鸟把头埋在沙里,我们把头埋在纸堆里、计划里、统计数字里,实际上没有分别。显而易见的,我们中间总有不少的人想借着计划所启示的希望,来解除、减轻现实所给予我们的困难、创痛、与苦闷。至于现实如何呢?政治是统一的,经济是稳定的,教育是整齐划一的,抗战进行一日,这统一稳定与整齐的程度更猛进一步,我们踌躇满志,期待着最后胜利的来临。中国人耐性最好,都懂得如何"挨"过日子,从前似乎只懂得苦挨、硬挨,如今却明白身体上的挨未尝不能有精神上的补偿调剂,就是把所有的理想希望寄托给未来,交付给计划。不过话得说回来,如果我们真走这条门路的话,我们的苦挨将永无止境,我们将永无出头的日子。呜呼,悠忽的罪过!

古书上说,执其两端,用其中于民。这是一个包罗最广的原则。就时间的变迁说,两端是过去与未来,而中是现在。我们以前的痼疾是执一,执过去之一,今日正在养成的一个通病,也是执一,执未来之一,无论所执的是什么一,结果总是悠忽了现在。

荀子说，“善言古者，必有节于今”，所以更进一步的有法后王之论。如果荀子生在今日，他一定还要添上一句，即，善言未来者，必有节于现在，善言计划者必有节于当前的情实。如果不识有节于今的道理，则无论言古往，言未来，至多只能发生一种情绪的作用，一种感伤主义的作用，于实际生活了无补益，甚或等于躲避现实，等于穷于应付现实后的一个失败的承认。现实主义，唯现实是问，固然是罪过；悠忽现在，对现实采取粉饰、株守、逃遁、以及顾左右而言他的态度，更是罪过之尤。

一五　所谓“历史的巨轮”

（一九四三）

最近（三十二年四月），三民主义青年团第一次全国代表大会闭幕的时候，发表了一篇宣言，我读了之后，很兴奋，很感动，他可以证明近年来青年的志气并不消沉[①]，思想并不混乱，很多朋友的过虑是不对的。即使在有些地方，在有些时候，一部分青年的志虑，有些消沉与混乱的现象，我相信他们读了这篇郑重的宣言以后，也不难纠正过来。

不过宣言全文虽好，有一点我却不敢苟同。宣言在引论后的第一段文字里就说：“我们相信历史的巨轮自有其轨道，而终必趋向光明。……我们愿意用我们的双手，推动我们历史的车轮，向着光明的大道前进。”我所以不敢苟同的缘故是：一、这一段话所代表的见解自身就犯几分混乱的嫌疑；二、此种见解如果发生效力，而见诸行事，似乎青年的意志反有日即趋于消沉的危险。

大凡做文章总得用比喻，用了比喻，才见得活泼生动，容易

---

① 参看下文《第三篇》中最前的三题文字。

发人深省,那是不错的。不过比喻有他的限度;如果用在一篇有关人心世道的文章里,而所喻的事物影响到读者的思想,以至于读者的人生观与历史观,那用的时候就得特别小心。历史是不是一个巨轮,这巨轮有没有轨道,这轨道所引到的境界,是不是越前进越光明;我们的答复是很简单的:不,没有。历史学家的答复也是如此。

这一类的错误的思想,滥觞于西洋十八世纪后半与十九世纪前半的"进步论",而加以推波助澜的,是十九世纪初年以后的所谓"时期论"或"阶段论"。十九世纪中叶以后的演化论,经进步论者与阶段论者利用以后,也就成为"进化论"。至于阶段论的风靡一时,其为得力于马克斯与其信徒的宣传,是谁都知道的。其实呢?演化只是演化,并没有一定的路线,这路线上更无一定的段落,其间更无所谓进退,一定要用人类价值的眼光而加以进退的判断的话,则既有进,就必有退,或在甲以为进的,在乙也许以为退,其间不容易有确定的公论。人类自身的历史也复如此。即使有一天人类因自觉能力的增加,一般知识的扩展,而能比较的控制其自身的命运,即自己抉择其历史的趋向,前途的进退得失,成败利钝,尚在不可知之数,又何况到今日为止,人类的历史不过是全部演化史的一个支节而始终是属于任运性质的呢。

自然生活里有演化而不一定有进化,社会生活里有变迁而不一定有进步,虽未必是确切不移的真理,至少是自然科学界与社会科学界的一个公论。赫胥黎替演化论作说客,开头就声明这一点[1]。生物学家如奥斯朋(H. F. Osborn)主张所谓"定向演化说"("orthogenetic evolution"),人类学家如摩尔根(L. H. Morgan)把家庭与婚姻一类制度的演变分做三个以至于七个必经与渐进的"阶段",到今日都已经成为明日黄花,难得有人道及;而马克斯一派阶段之论,宣传的效用虽多,事实的根据则少,更是昭昭在人耳目。这一篇宣言,在上文所引的几句话以后,接着就说:"我们相信真理的基础在科学,惟有从科学方可求得真理。"奈何一面如是其看重科学,而一面却把这"自然进步论"的旧调,重新抬出来弹弄一下,并且在轮轨的比喻之下,把他弹弄得异常具体,这是我所不能了解的。

历史和人的关系究竟如何,是一个很大的问题,决非片言所能置答。上文说过,已往的历史几于全部属于任运的范围,这就等于说,历史支配过人,人也支配过历史,而这种支配是人与环境发生接触后的自然结果。再换言之,人与历史之间,有或然性,而没有必然性。不过就未来的文化演变说,我们可以就两个相反的见解中作一个选择,即,与其认为历史造人,无宁认为人造历史。只有在第二个见解之下,我们才可以避免命运主义的桎梏,才可以找到努力的动机,也才可以体验生活的意义。如果历史真像一个巨轮,而"自有其轨道",而"终必趋向光明",那我们坐着等待可了,多一分自动的努力,岂不是多一分自寻的烦恼?西洋思想家说,希腊罗马时代的西洋人"靠命运吃饭",中古

---

[1] 这一点声明见赫胥黎《演化论与伦理》原书第一页页底的注,严译《天演论》曾否兼译此注,一时记不起来。

时代的西洋人“靠上帝吃饭”，最近两三百年来的西洋人“靠进步吃饭”；信如宣言所责成我们的，我们今后也大可以拿“进步”做靠山，而无须乎努力了。一样是一个靠山，命运、上帝、与进步的巨轮岂不是一丘之貉？上文说，此种思想如果发生效用，可使青年的意志真正走上消沉的一路，其原因就是在此。这种思想不但不能鼓励青年，教他振作有为，并且足以教青年的志愿与动作，日趋于麻痹瘫痪！在命运与上帝的靠山之前，从前不已经瘫痪过无量数的青年了么？

到此一定有人要反驳说，宣言不也主张用我们的双手推动这庞大的轮子么？不错，宣言并没有完全否定人的努力。不过，不提双手则已，否则困难更多。第一个困难是逻辑的。巨轮既自有其轨道，而终必趋向光明，试问，何须推动？而双手之力，方诸当车的螳臂，岂不是微弱得可怜？第二个困难是跟着第一个来的，即这样一个比喻似乎只有威胁的效用，而不能收鼓励的功能；要是在平地上推动，也还可以，要是上坡，那危险性就非常之大。第三个困难是这个比喻可以断送一切足以做历史的先导或文化的前驱之思想与行动。说到人推动历史，当然是始终追随着历史，而不是挽引着历史。如此，先知先觉者的地位就非常困难，而“革命与迎头赶上”一类的努力更在必须避忌之列，否则岂不是等于卧轨？这和上文瘫痪之论又很相近了。

我相信历史是人造的，人要控制历史，科学发达以后，我们控制历史的条件，也似乎比从前具备得多了。前途我们究竟能不能控制历史，引导历史，我们不得而知，不过我们应当有这个抱负，这是我们做人、做文明人，应有的权利。历史对我们并没有必然性，但我们对历史有我们所认为合理的应然性。我们要拿这种见地来与青年相勉，决不忍再看他们做“时代”和“历史”一类的巨轮下的新鬼。

一六　标准时间及其它

（一九四五）

中国大后方的某大城市，抗战开始以来，市面日趋繁荣，生活日趋复杂，于是便感觉到有把全城计时方法划一化的必要，即大家感觉到需要一个标准时间，集体生活发达到相当程度以后，这不用说是一桩极应该有的措施。在某城里，这标准时间是用两种不同的方法来报道的。一是由电台广播，一天广播多少次，我不知道，因为我自己没有收音机，但有一天晚上在朋友家里，曾经听到“现在是八点钟，请诸位对一对表”一类的话。二是放铳，一天放两次，中午十二时放一响，晚上九点放两响，风雨无阻。

说起标准，无论是标准时间，或其它标准的东西，谁都很容易的会联想到两个先决的问题：一是标准从何而来，即所谓标准究属是不是标准，靠得住靠不住；二是执行此项标准的人是不是能认真执行，即能不能确实按照标准来行事，而不是标准其名，以意为之其实。

绝对标准的时间，严格的说，原是无法确定的。多年以来，我们所勉强规定而公认下来的标准时间是英国格林威区的时间。这是大家都知道的。某大城所广播的时间，特别是由放铳报道的时间，是否真由此标准推算而得，我不得而知，我也从没有探听过。以常情推之，所谓标准时间的标准，所凭借的大抵不是格林威区，而是当地比较准确的一二时计，甚或就是负责报道的人的口袋里的时计，某大城如此，其他中国的较大城市恐怕也是如此。

我为什么疑心到这一点呢？中国科学不够发达，天文台一类的设施不够周遍，当然是一些理由。但最大的理由我以为是中国人太过将就，太讲求所谓“过得去”的道理，“过得去”的哲学是和“标准”的哲学恰好相反的。记得抗战以前，在北平，天安门那里每天也要放一次午炮。有人问放炮的人，他的十二点钟究竟拿什么做标准；放炮的人说是拿东交民巷西口乌利文洋行挂在门口的大钟做标准。乌利文是一个钟表行，那大钟可能是很准确，拿来做放炮的标准也还不致太差。但后来又有人问乌利文洋行的老板，他的大钟，每几天开一次的时候，又怎样“对”的呢。老板说是听天安门的午炮。这么一来，那标准就大成了问题。互为标准的标准大概谈不上什么标准，因为标准是不能不假定为一种绝对的东西，而不是相“对”的东西。某大城放午铳与晚铳的时候，可能的参考是附近人家的钟表，可能是附近城楼上的大钟，其标准性大概还不及北平乌利文洋行的那一只，也许是放铳的人的口袋里的那只破表，其标准性究有多少也就可想而知了。总之，在我们的所谓标准时间里是找不出多少标准来的；能够和假定的标准差得不太多，比较近情，已经是差强人意了。

不过标准的问题还是比较简单的。格林威区的距离太远，我们的天文台又没有得几个，这方面的专家也少得可怜，而目前又是国难时期，一切不能不从简省，我们也正复不必求全责备。如果负责放铳的人的办公地方真有一只好钟，或口袋里真有一只好表，例如一只上品的奥米加之类，随时能加意爱护，每天有规律的上弦，不让它时停时走，而一到将近放铳的时间，即完全按照它发放，所差不出一两分钟，则即使我们没有更好的标准，我们至少还有一些机械的标准可资凭借，我们日常生活里一切限定时刻的举动，也就多少有了遵循，不至于过分的阴参阳差了。再退一步说，即使负责放铳的人所资依据的时计是很寻常的一个，并不太好，只要他真能负责，真能始终依照办理，则放铳的结果，对于全城民众的作息与其他的活动，也还可以收不少划一的好处。所怕的是我们连这一点最低限度的标准还得不到，而其所以得不到的缘故，并不是机械的，而是人事的，机械除非破败，总表现着相当的规律性，而人事的流动性与不规则性总嫌太大。

某大城市的午铳的关系并不大，它那一响，在熙来攘往车马喧阗的中午，根本没有多少人注意到。不过晚铳却很关重要，市民第二天一切活动的安排，都得拿它做根据，如果发放得过迟过早，而市民觉得不便随声附和，不肯硬把自己的时计照改的话，那第二天的生活便到处是脱节的现象。这种情形，以前发生过好几次，最近又发生了一次。某一天晚上九点钟的放铳早了二十分钟至二十五分钟，市中的某大学没有照改，而一部分教师照改了，于是这部分的教师到校空等了二十分至二十五分钟，才上成课。某中学照改了，而一部分学生的家庭没有照改，于是这部分学生都迟到二十分以至二十五分钟,因而受到学校的处分。我们不知道,负责放铳的人为什么要迟放或早放到这样一个地步,我们能猜测的是,他大概有私人的要事,私事须要他早退,他就早放,私事使他不得不迟到,他就只好迟放。总之,人事的伸缩性妨害了机械的规律性。这一部分的问题,即虽有标准而不能依照的问题,要比标准的有无好坏的问题,实在要严重得多。换言之,人的问题要比机械、标准、法制一类的问题为更难解决。

标准时间是一个不很大的题目。但小可喻大,我们当前许多不易解答的大题目,一经分析,其实也不外上文所说的一些道理。例如抗战开始以来,为求国民生活的比较整齐划一,为防止后方秩序的动乱不安,我们在许多生活的大节目上,不断的设法统制管制。相当的统制管制原是政府所由存在的一大理由,是不成问题的;集体生活,特别是在战时,应该有相当的步调的一致,也是不成问题的。但问题所在,也不外有如上文所论列的两个:一是统制的依据如何;二是执行统制的人究属能否照常办理,而丝毫不受主观的利害爱憎一类心理的支配。统制的依据应该一方面是人口、物资一类的统计事实,而另一方面是一些社会科学的健全的理论。这种依据我们可以说等于没有,即有一些,也是十分十二分的零星片断的。没有事实与学理的依据而轻言统制,已经是一个很大的错误,而更大的错误,则在有了统制的章则而不能勉力遵行。

根据上文的议论,可知标准虽不尽善,总比无标准好,章则虽未必尽符事实学理,如能勉力遵行,也总比无章则好,是则问题的最大症结,倒不在章则的本身,而在执行章则的人,不在法,而在执法与守法的人了。近年来国事方面的一切困难问题,其中荦荦大者,如经济方面的物价管制问题、政治方面的宪政实施问题、以至于党派团结问题等等,如果我们能用上文所用的眼光来看,我认为我们就不难有进一步的认识,而此种认识又势必是寻求解决途径中一个不可少的步骤。

一七　从一个考题说起

（一九四四）

近来到英美留学的风气盛极一时，教育当局和有大学毕业资格的青年，准备着留学考试，也是忙极一时。等待发榜的青年，延颈企踵，意马心猿，从前“三月无君则吊”的心理一变而为“三月不出国门则吊”的心理，也正有着空前的发展。

在某一次留学考试之后，有一位青年朋友，捡到了某一门考试的某一种题目，交给我看，并且很郑重的对我说：他自己幸而没有参加这一次考试，如果参加，如果必须就这考题作答案，又如果幸而入彀，不致名落孙山，也不过落得一个“胜之不武”的名声！

题目是这样的：“周代以德行道艺教化万民，其目的安在？其国学教以‘四术’，有何功效？并论汉、唐、宋、明之国学，以孰为最盛？何国派留学生来华求学？其待遇如何？有何影响？试详述之。”据说这是“中国通史”一场的题目，一场只有这么一个题目，没有第二个，而一个题目要考三个钟头。许多事后看见这题目的朋友，认为除非应考的人和命题的那位先生同样的富有创造性和想象力，这三个钟头真有夜长梦多之感。

题目之少，与考试时限全不相称，还是小问题。大问题在题目的内容，问题之一是：周代究属曾否以“德行道艺教万民”？这一部分的题目大概是根据《周礼》一书来的。治经的人说《周礼》是汉人根据了传说纂辑的书，周代的政教是不是照此实施，实施到什么程度，中间又有几许是后人的如意算盘，都大有探讨的余地。德行道艺又是些什么？绳以目前的课程制度，是一科呢？是两科呢？还是四科呢？借曰德行近乎清末民初学制里的修身一科，道包括一切形上与抽象之学，术一切形下与具体之学，则道艺虽属可教，德行又如何教法呢？五年以来，大学中学训教分立，训导之设，原在教育德行，其成效可睹的又在那里？再借曰：古人重身教，故其效易睹，今人重言教，故其效难成。是则我们必须假定周代从事于政教的人大都能以身作则，为天下先，此其历史的证据又在那里？所谓“万民”，指的当然是全部的民众，包括所以别于贵族的“黎民黔首”在内，但据我们所具的历史常识而言，当时只有贵族多少受些教育，其余的平民都是一些近乎奴隶的人口分子，和所谓教化没有缘分。及封建解体，贵族分崩，宗法弛坠，孔子一类的人才首开私人讲学之风，形势为之一变，但当时已属春秋末造，王纲不振，诸侯争霸已久，即有一二人奋起为平民设教，对于所谓万民又有几许影响呢？即有些微影响，又算得是周代政教制度的一部分么？

问题之二是在周代“国学教以四术”一语中。题目中最费解的一个名词是“国学”。什么是国学？是国子之学么？《周官》屡屡有“以……教国子”的话，但国子之学决不是国学，国子之学比贵族之学还要高一等，查与万民全不相干，足见其不是了。然则所谓国学大概是和近时所称的“国术”、“国医”属于同一类的名词。自西式体育输入以后，我们就有了“国术”；自西洋“医学”输入以后，我们就有了“国医”。这已经是够费解了，但也还有一个意义，就是所以别于西洋的医疗之术与西洋的运动体力之术。周代的国学又是从何而来的呢？所以别于狁之学么？所以别于犬戎之学么？所以别于一般的东夷、南蛮、西戎、北狄之学么？不过据孟子告诉我们，周代开国之君文王，就是一个西夷之人，他自己既已从夏变夷，他的子孙又何苦而强作此夷夏之分，以自贻数典忘祖，以至于辱及先人的讥评呢？及犬戎来侵，平王东迁，周代“德行道艺”的教化，即使以前有过，到此也应该已经式微到一个很可怜的地步，即使借重“国学”二字，勉强把它抬出来，以资抵抗，恐怕也只是一种“银样蜡枪头”罢了。事实上，东周时代，外则戎狄交侵，内则诸侯攘夺，初则有人称霸，继则有人称王，问鼎之辈，不一而足，恐怕也不会有此闲情逸趣，想在文化上争此一席头衔之地吧！

至于“四术”又不知竟何所指。就是所谓德行道艺么？是“志于道，据于德，依于仁，游于艺”的道德仁艺么？是后来孔门的四科，德行、言语、政事、文学么？好在题目上还没有责成考生们说明“四术”是什么，然后再论其功效，否则真也不免大费周章。接着题目中又说到汉、唐、宋、明四代也有其所谓国学，这国学又是指什么，是不是还是那“四术”，或者更有些充实变通，把国学之名提出来，又是不是所以别于龟兹之乐、天竺之经、以及鲜卑、匈奴、突厥、以至于辽、金、元的各式“下国衣冠”，我们就不得而知了。大抵考生也是一个不得而知，命题的先生也未必得而知，都是一个不求甚解，不求细答，要紧的只是教大家把国学高高举起，却不要轻轻放下，一旦出得国门，更要念念不忘国学，语语不忘国学，事事不忘国学罢了！

问题之三在题目的后面一小半，关于留学生的部分。这一场考的是“中国通史”：一部二十五史，不知从何说起，原是一句老话，说既不知从何说起，考更不知从何考起了。说是考试留学生，所以不妨一问关于留学生的故实，当然是不错的。但一个行将出国深造的青年，大学学业早已完成，以所学问世至少亦已有二年，以情理推之，对于本国的历史，尽管说不上一个通字，至少应该比不可捉摸之国学，比不关宏旨的别国派遣来的留学的史实，多懂得一些吧。既多懂得一些，便该就大关节，大脉络处，切实的多考一些，方为得体，方不负此抡才大典！一样考问关于留学的史实，又何以不问自己出国就学的留学，有如法显、玄奘到天竺学佛之类，而偏偏专问人家来学的留学，也真是教人难以索解。到天竺求佛经，是向人讨教，到美国攻习理工诸科，也是向人讨教，道同一揆，事同一体，何以同的不问而偏问不同的呢？

至于问到“待遇”，更是匪夷所思。这也许是一时的风气吧。抗战开始以来，固无人不关心待遇一事，大学生切心于贷金奖金，大学老师记挂着米贴房贴，早已成为这风气的一部分。驯至以身许国的从军青年原是绝无条件的，而当局偏要特别提出待遇来，以资号召。大学生开会原所以“交换知识，联络感情，磨砺道德”的，而先期的启事上总要添上一笔“茶点从丰”。学校教职员会议，原为的是讨论公事，而近来也大有非供给茶点安排便饭不行之势。风气既然如此，也难怪命题的先生不能忘情于此了。我们所不知道的是，当初倭人到中国长安留学，我们在他们的伙食方面曾否体贴入微，开上“生鱼”一味，我遍查唐人小说，未见有此一条；如果真有挂漏，如今虽事隔千年，依然不能不教人兴“待遇不周”之感。

我们不满意于这一场的题目，是真的。对于单单因为考不好这一场以至榜上无名的考生，我们不免替他抱屈，也是真的。不过，话得说回来，我们如果不单看题面，而就题文的字里行间窥测命题人以至于主考的当局的用意，我们不难发见他们也正复有他们的一番苦心孤诣，这一番苦心是值得我们谅解以至于表示同情的。

这一番苦心就是赤裸裸的一颗爱国心与一颗卫道心的混合体。认识了那颗卫道心，上文问题之一就不成问题。认识了那颗爱国心，问题之二三也就迎刃而解。爱国与卫道之心都不得不就固有的民族文化加以烘托绚染，于是就不得不有周代德行道艺的理想教育，于是就不得不有历代的国学，历史上尽管没有，我们也得以为必有，否则便说不上爱国，说不上自爱，不配称为血气之伦。对于赤心爱国与卫道的人，出国留学，向人领教，领一种以前的道艺中不曾有过或有而不足之教，真是一番委屈，万分无奈。加上留学生的资斧、束修、膏火、伙食，都得仰仗所在国就租借法一类的办法里拨付，却既不恭，受复有愧，岂不是委屈上更加委屈，无奈中更加无奈？于是就不得不联想到以前人家也到我们这里衣冠上国来留过学，大大的领教过我们的国学，并且归国之后，对本国发生过很大的“从夏变夷”的文明影响。

于是也不得不联想到以前我对人家的待遇，而此种待遇，就当时的物价折合计算，可能的比目前租借法项下所能拨付与支配的还要高出一筹咧！

一八　说同乡会

（一九三九）

同乡会是中国社会里比较独有的一种组织。中国人的乡土观念特别发达，而交通又极不方便，两者又互为因果，彼此相乘，结果就养成一种“不轻去其乡”的牢不可破的习惯。偶然有打破此种习惯而远游的人，或在同一地方作短期的流寓，或在同一交通的要点碰巧相遇，往往会引起很强烈的感情作用，在同一地方流寓的因此会形成一种很具体的组织，在以前有会馆，在今日有同乡会；越是通都大邑，这种组织自然是越见发达；以前科举时代，因为会试和乡试的关系，京师和各大省会里的会馆或试馆成为都市社会里最引人注目的一个方面。大约二十年前，有一位美国的社会学家研究北平的各种职业会社，也把各省府县的会馆列入研究范围之内，以示它们的重要性，不在许多同业的公所之下。①

以前的会馆是有它的功用的。一、它可以满足一种情绪上的要求，一种建筑在同类意识上的情绪作用，上文已经暗示过。

---

① Gamble, *Peking*: *A Social Survey.*

二、它自然也是一个生活互助的机关。它乡作客，人地生疏，同乡之间，或彼此合作，或以先进的资格，对后来者加以诱掖。此种合作或诱掖，大而言之，也许和一个人的功名利禄有关，小而言之，可以在风土、人情、甚至于语言上，教一个人在新环境里得到进一步的位育。三、会馆也无疑的是一个互通家乡消息的中心场合。在交通阻滞的当日，这功用也是极重要的。四、会馆和今日的同乡会不同，一定有一个相当宽敞的馆所，在以前旅馆或公寓不发达的时代，这馆所的用处是不言而喻的。会馆的功能，大概这四点可以总括。此外，比较大些的会馆还带几分宗教性，馆中往往供几个乡先达的牌位，春秋两季，还要祭祀一番；不过，这终究是次要的，这不过是维持同乡团结力的一个手段罢了。

旧日的会馆有这许多重要的功能，即足以证明它在当时的都市社会生活里，确乎有它的需要与价值。但到了今日又如何呢？就理论与趋势说，三十年来，国内的交通一天比一天方便，地方的特殊性，包括语言风俗在内，一天比一天减少，也就等于家乡与异乡的分别，一天比一天消灭，人口的流动力，也因此而一天比一天增加。在这种情势之下，上文所列的四个功用就很自然而然的会逐渐缩小，以至于不再存在。就事实与已成的局面而论，也正复如此。许多大都市里的会馆，有改为学校的，有改为公寓的，有出借做机关的，有变为普通的住宅，甚至于沦为"大杂院"的，有的因为支配不得法，成为少数同乡争权夺利的对象的。

同乡会的产生也就足以证明在今日情势之下，会馆的组织是无法维持的了。同乡会的名称固然是比较新颖，比较所谓时代化，但更要紧的是，它也比较抽象，比较不着边际，不受物质的限制，因此，今天成立，明天也许可以解散，一视人口的流动为转移。这显然是一个进步了。

不过，我相信在不久的将来，同乡会的组织，像会馆一样，也会归于消灭。它所以消灭的理由也就是会馆所以消灭的理由。国家生活的各方面，政治、交通、教育、文化，统一与和同到相当程度以后，到处是一个人的家乡，他自己既不以客人自居，别人也不以客人相视，至于那种因作客而自馁的心理，或因见他人作客而歧视的心理，自更无从发生了。主客之观念既除，更有何存立同乡会的必要？

我们更不妨进一步的期望这日子的早日来到。乡土观念的发达，以至于畸形发达，揆诸旧时的情势，固属一种无可避免的事实，但国家生活的不能早臻于统一和同之境，这事实也要负很大的一部分责任。直系、奉系一类的名称与其所代表的势力，固然可以深恶痛绝，即某省人治某省一类的口号与其所标榜的精神又何尝健全？论者常说中国政治的不清明，第一可以归罪于畸形的家族主义，第二即不能不归罪于畸形的地方主义，是很对的。同乡会的组织，无论怎样的轻描淡写，总是一个地方主义的产物，总是异乡人的地方主义与本地人的地方主义所推挽出来的东西。既属地方主义的产物，我们便不应当加以鼓励，尤其是在今日。

抗战开始以来，北方及东南各省的人口向西南移徙的一天多似一天，此种移徙的结果之一，就是许多同乡会的成立。为一时的彼此互助计，为采取已经沦陷的本乡消息计，这当然有几分效用,未可厚非。不过,人是一个狃于习惯的动物,此种组织一日存在,他在新环境里求发展与适应的志愿与努力,便一日不免受相当限制。同时,对本地的人士,也不免平添一种主客之分的刺激。半年来,从北方移来的某大学里产生了许多分省的同学会,几乎每省有一个,最后的结果,本地的同学也来一个云南同学会,可见上面所云刺激之说是不为无因的了。仅仅为避免这一类的刺激而求与本地人士彼此调协起见,同乡会一类的组织也以逐渐减少为妥。[①]

① 参看李树青:《蜕变中的中国社会》论乡土主义一文(商务印书馆)。

第三篇
告语青年

一九　青年志虑的问题

——与他教(一九四一)

西南联合大学师范学院院长黄钰生先生最近(民国三十年春)在昆明《中央日报·现代生活》副刊上发表了三篇关于青年的志气与思想的文字,在青年读者中间引起了不少的反应,特别是第一篇出来之后,当时有不少的大学生和我谈起,大都觉得黄先生把青年们看得太不值钱了。黄先生说青年们专打小算盘,专打小算盘是不会有大出息的。我请他们少安毋躁,黄先生还有下文,要看了下文再说话。到二、三两篇出来之后,果然,他们比较的心平气和了。黄先生第一篇讲的是病的症象,不免要说得凶险一点,不凶险人家就不听;第二篇是病的来源;第三篇是病的治疗,把来源与治法大体也说明之后,就在有病的本人也就觉得放心些了。

青年人是有病,我一向也说这个话。病有来历,也未尝没有治法,我也常说,并且说过不少良药苦口的话。黄先生在二、三两篇里说得更有见地,更有条理,我不但赞成,并且佩服。关于黄先生所提的教育的立场,我更表同意,因为我们只能有这个立场。又好比治病,病人已经是二十岁光景的人了,谈先天不足,已经是来不及。若谈后天失调,也许还有一点办法;且即使病人真正先天不足,做医生的也只有从后天调理入手,所以,我在下文要说的话,无非是一个同情的响应。

关于第一部分问题的陈述,我不预备说什么话,说来也无非是锦上添花,不关宏旨。关于第二部分,原因的推敲,我要约略补充几句。说到原因的推敲,和说到解决的途径微有不同,我们不妨推溯得远一点。又好比治病,医生尽管从后天调理入手,却不妨,也应该对于病人先天不足的程度,有些认识,作些参考。我与黄先生所习稍有不同,这一点补充也许就从这不同来的。我一向认为中国民族,根本上与整个的,有许多不健全之处[①]。黄先生所引为绝大隐忧的若干青年特点,思想与行为的“稳妥”,生活的能刻苦,肯用功,与善打小算盘等等,都是整个民族根本上早就有的东西。整个民族所原有的东西,我们不能希望民族的青年分子完全避免。假定民族本身是一个少年老成的民族(中国民族实际上不老,而富有老成的态度与行径,我也曾从长讨论过,亦见注①所引书),我们也不能希望民族的青年分子不表示几分早熟的老态。这是我们在分析原因时应当推溯得远一些的一点。

我们说整个的民族有少年老成的性格,当然并不是说这性格是打头便是如此的,也并不是说,全民族中,即在现在,便绝对

---

① 详见拙作《人文生物学论丛》第三辑,《民族特性与民族卫生》一书,与《环境、民族、与制度》一文[前者见《潘光旦文集》第3卷,后者见同文集第10卷。——编者注],《东方杂志》第四十一卷第九期。

找不出一些少年而不老成的民族分子。不过,有一层是想象得到的。一二千年以来,在中国的文化环境里,少年而不老成的分子是比较吃亏的,在生存竞争与血种传播的场合里,是比较占下风的。这种分子动不动就有人会给他一个“犯上作乱”或“反动革命”的罪名,因而遭受到排斥。古远的不说,即如最近二十年来,这一种沙汰的过程我们就可以看得相当的清楚。黄先生很抱怨的说:“这一两年来,你听见过什么地方有学生闹风潮么!‘学潮’这个名词,在报纸上已经看不见了。不要说‘五四’‘五卅’时代那种蛮干没有了,就是‘一·二八’时代的请愿运动或是抗战初起的时候那种从军热,抗战热,也都没有了”。不错,都没有了,至少是越来越少了。为什么?就因为能闹学潮、肯蛮干、会请愿、有从军抗战的热烈情绪的分子,至少在大学的环境里,已经一年少似一年。或者也可以说,人口中有这些特点的青年,一面看见有别的可以施展这种特点的去路,一面也许又觉察大学的生活环境依然摆脱不了一二千年来的文化传统的潜势力,而国家培植青年,最希望培植成功的,依然是老成持重的一大德操,他又何苦一定要踏进大学的园地而自讨没趣呢?近年来大学青年的思想越来越正经,行为越来越稳健,生活算盘的越打越小,我始终以为很大的一部分是沙汰的结果。这是我们在分析原因时应当推溯得远一些的又一点。

很多朋友知道我是相信选择学说的一个人。近代的大学就是一个规模庞大的选择机关。它是一只筛子,不断地在那里筛着。大学办得好,它选些好青年出来,办得不好,结果自然是适得其反。从事大学教育的人自以为能“得天下英才而教育之”,

那只是一句妄自尊大的说法罢了。大学最大的效用在能够不埋没英才,就是在能选择。不幸的是,我们距离这种效用还远得很。目前的大学教育所能给青年的最多是一个较好的出身,一个较好的职业的准备。换言之,大学的所以为一个筛子,事实上只有这两个窟窿,一是出身,二是出路,喜欢混一个出身找一条出路的青年自然会进入这个筛子,也容易在那两个窟窿里钻出来,否则不是不进筛子,便是半途而废,而斤斤于出身与出路的青年,便是一些老成有余而理想不足的青年。目前的大学既只能就出身与出路给些方便,揆诸供求相应的原理,它所能选择与交付给国家社会的人才也只好是一些切心于出身与出路的分子了。

上文所说的一点倒也并不限于中国。至少就我所知的美国大学,这一番话也未尝不适用。除少数的例外,美国大学所能给予青年的也不还是一个出身与一个出路。美国青年所希冀取得的,又何尝不是一块敲门砖的两个方面。记得哥仑比亚大学师范学院的女教授霍林华士夫人(Leta Hollingworth)说过,美国大学教育的一般程度,二三十年来不知已经降低了多少,为的是进大学的人越来越多,而办大学的人不得不迁就他们[①]。这所谓他们,一部分无疑的是智力比较平庸的青年,也无疑的就是以出身出路为人生第一义的青年。霍夫人用"不得不迁就"一类的字样,显而易见是一个为美国大学教育辩解的说法,其实从爱护现实与热心爱国的另一部分美国人看来,说不定这便是大学教育

---

① Leta Hollingworth, *Gifted Children*.

应有的典型,也未可知。总之,有什么性质的制度,就会吸引与团聚什么一类的人;有到打小算盘的国家的教育政策,有到打小算盘的大学教育,斯有打小算盘的青年学子。就这样一个选择的立场看,今日中国的大学教育,和它所仿效的美国大学教育,以至于被它所取代的中国科举教育,其实都是一丘之貉。

关于第三部分解决的途径,我也准备说几句补充的话。这可以分三层说,一与二分别涉及黄先生所提示的"他教"与"自教"的两个原则。第三层不免牵连到国家的教育政策。这从大处看,也未始不是他教的一部分,但分别了说,似乎清楚一点。如今先说这第三层。

上文提过目前国家的教育政策自身就犯了打小算盘的毛病,这是需要一番解释的。黄先生说目前青年所受的,不是教育,而是宣传、诱惑、姑息。关于诱惑一点,黄先生的一番解释,我不敢说完全了解,姑且搁过。但关于宣传与姑息两点,我是完全了解而且表示十分的同情的,事实上我自己也曾一再有所论列①。这宣传与姑息两点,我们不能否认是目前广义的国家教育政策的一部分。并且,这两点其实只是一点,宣传可以说是对于青年理智生活的一种姑息,为的是教他们在脑筋方面可以省些精力;姑息可以说是对于青年物质生活上的一种宣传,教他们对于国家的深恩厚泽,知所激劝。两者自然都有利益,谁都承认,

---

① 关于教育与宣传相混,见下文《第四篇》中论《宣传不是教育》的二文与论《训教合一》的一文。关于近年教育的失诸姑息,见同篇中《说工读兼营》一文。

但两者也都足以摧残青年人独立自尊的性格,却还很少有人提过。父母爱子,不但替他准备好了现成的生计,使他无冻馁之忧,并且还替他编订好了一套现成的训典,例如格言之类,只要他能恪守训典的种种节目,对一己可省暗中摸索之劳,对社会可免肇事生风之祸。这是祖宗的福荫,是父母的庇护,是溺爱,是姑息,却绝对不是教育,不是君子爱人之道。我以前一再论列过宣传不是教育,最近又提出过大学生工读兼营的主张,目的无非要国家的教育当局放弃历来的慈父主义(paternalism),而在立志、思想、甚至于衣、食、住一类物质生活方面,让青年们多得一些自动训练的机会,因为只有自动的训练才可以养成独立自尊的性格。

黄先生在狭义的"他教"方面提出激发与磨炼两个原则。就激发的原则说,他提出了课程的改革一点。在磨炼一方面,他提出了军训与物训两点。我虽不习教育,但对于这些,我都还能了解,也都表示赞同。不过我还要郑重的提出一层来,而这一层和激发与磨炼两个原则都有关系,并且比起课程改革、军训、物训来,似乎更处一个先决的地位,就是人训、或身教、或榜样教育。

我在抗战前两年,在《大公报》上一再论列过当代的教育应该忏悔。何以要忏悔?要忏悔的是那一点?就是身教的缺乏,就是做教师的不能拿好榜样给学生看。所以我一面提出这一层做补充,一面却不预备再重复于申说。不过有几句话应当说明的。从身教的立场看,做教师的人的志气与思想又如何?假如教师也犯思想太正经、行为太稳健、生活算盘打得太小等等毛病,试问我们能够希望在他们指导下的青年完全反其道而行之么？我认为这是不可能的。目前做教师的人，思想太正经，行为太稳健，我以为是一个很清楚的事实，至少，对于国家教育的百年大计但知采用宣传与姑息一类的方法的一点上，他们中间很少有人哼过一声；即如教育当局所提出的课程的修正、补充、分配一类涉及专门见解的问题，即明知其不合理，难推动，他们大都下得了咽，完全失去了读书人应有的柔不茹刚不吐的反应能力。最近有人提出过教师的思想问题，但提出的人所认为问题的是，教师的思想还不够正经，我却以为问题正在正经太过[①]。至于打小算盘，那是更明显的。抗战以来，教师们兼营商业与外汇生意的比从前不知多了多少；领到了几个月的米贴，或争到了几十元加薪，而沾沾自喜的，更是所在而有。若说教师生计困难，那青年学生又何尝不困难。若说教师已经上了年纪，言动自然不免老成一些，那我以为教育的最大效能，化泽的最大功用，就在培植一个人在精神上维护他的青年，不知老之将至！总之，目前的教师是过于老成了，他们是一样的缺乏志虑，一样的受环境的支配，而不足以支配环境。揆诸"以善先人谓之教"的颠扑不破的原则，青年志气与思想问题的解决，似乎还得从教师身上下手。

① 已见上文《第二篇》中《异哉所谓教师的思想问题》一文。

二〇　青年志虑的问题

——与自教(一九四一)

上篇论到青年人需要指导,需要启发,那是言教;也论到青年人需要榜样,以前贤哲的榜样,当代前辈以及教师的榜样,那是身教。这些都是不可少的。但自教究属更加重要。从自教的立场看,青年最需要的是暗中摸索的机会,尝试而错误、错误而再尝试的机会。别人的指示导引,前辈的典型仪式,所给的一线曙光,一些门径,是要得的,也是不会完全没有的,但主要的终究是他自动的探索。先哲讲"慎独"的功夫,不过,在讲这功夫以前,我们总得让他有一个"独"的机会。假定青年教育必须利用一个口号的话,我们认为目前最迫切需要的口号就是:让每一个青年有一个"独"的时期。以前作和尚的要"立关"三年,今日青年所最感缺乏的,就是这立关的准备。今日的青年,从束发受书到学成毕业的十多年里,他有一个短期可以独营单纯的生活,独自对宇宙沉思,独自和古人交往,独自对生命的意义作一番探索的机会么?没有,绝对的没有。他连作白日梦的闲空都没有。家庭、社会、学校、以至于政府,被慈父主义驱策着,惟恐他走上歪路,掉入陷阱,肇出事端,发生疯狂,正在不断的提携,不歇的警觉。今日的青年,没有休息,没有静止。从没有享受到独居的清福,更说不上表示什么独来独往的精神。中国前贤也讲大学之道,说到知止而后有定,定而后能静,静而后能安,安而后能虑,虑而后能得。如今连止、定、静、安的机会都没有,试问青年如何能虑,更如何虑而有得?

教育是一种生物而兼社会性质的事业。从生物的立场说,健全的教育要特别注意到青年固有的天资,与自然的发育。我最近在别处说过,教育青年要顺其自然,因其固有,不顺其自然是戕贼,不因其固有则徒然。能顺其自然,因其固有,就是孟子所讲"勿忘""勿助长"的道理,这道理是同时适用于他教与自教的。在从事于教的人,如果真能体会得这一层道理,无形中也就帮了青年的忙,让他自然而然的收获到自教的效果。历来理学家讲到这层道理,似乎往往专就个人的修养方面,即自教一方面说话,而忽略了他教的一方面,他们似乎不能了解他教的不忘不助最足以帮自教的不忘不助的忙,这是我所引为遗憾的。

再从社会的立场看,健全的教育要特别注意到人我间适当的距离的培植。这一点,不要说教育学者容易忽略过去,就是社会学者也还认识得不够到家。不过常识与经验却时常在这一点上提醒我们。古人论交友,说亲而不狎,晏平仲和朋友来往,弥久而弥敬,这其间有距离的道理。古人说夫妻的关系,要相敬如宾,俗语也说,上床夫妻,下地君子,这其间显然也有距离的道理。如今我更明白,就是"父子之间不责善"与"易子而教"的说法或办法也多少是从这距离的道理出发的。如今我们用同样的立场,不妨主张,作教师的人,从事于教育行政的人,以至于一般的前辈,和青年学生相与,彼此之间,也最好能维持一个适当的而可以互相尊重互相艳羡的距离。要青年学子能实行自教,显而易见这种距离是绝对不可少的。黄先生提到"纳西撒斯情结",这从自教的立场,也是很值得再加以发挥的一点。黄先生所称的这种"情结",我一向叫作影恋,拙作《冯小青》一书,就专为这种心理现象写的。青年在性发育以至于一般发育的过程里,似乎有一个自我恋与影恋的段落①,这个段落真是非常的重要。如果环境顺适,而一个人的气质里并无特别不健全的成分,这段落自然会平安的过去,而发育的过程经由同性恋的段落而终于达到异性恋的归宿;同时一切大我的观念,对人群对宇宙一切扩大的情绪,也在这时期中形成。若环境不顺适,而先天气质又不特别健旺,那就危险了。一个短期的小我从此也许成为长期的小我,阻滞着不再前进,或一个正露头角的大我,一受打击,又缩了回去,再也不伸展出来。读者到此,只须想象到雨后墙头那一只蜗牛的行动,就明白我的意思了。所不同的是,蜗牛迟早还会透露头角,而青年的大我也许永远没有发展的机会。黄先生说,在影恋状态之下,"青年的心思,尽在自己身上兜圈子。这也难怪青年,因为客观里没有什么能吸引他,于是他的心思只好回到自己身上来,常常如此,便成了自顾自执,甚至自小自私的病态。"这话是对的,但不够。问题不在环境中没有东西来吸引

---

① 参看拙著《冯小青》(初版名《小青的分析》,新月书店出版),及拙译霭理士《性心理学》[前书见《潘光旦文集》第1卷,后书见同文集第12卷。——编者注],均商务印书馆出版。

他，而在环境中可以纠缠他阻碍他的东西太多。小我化成大我，是自然发育的一部分，宇宙之大，品庶之多，民族历史之悠长，人群关系之繁变，只要一个青年相当的耳聪目明，这些全都是上好的刺激，初无待于特殊事物的吸引。目前的大患正坐吸引的事物太多，也太偏特，太狭隘，而从事于有形无形的吸引的人又太认真，太着力，太一相情愿，结果是适成其为一些足以引起反感的刺激，而教将近出头的大我，退藏于密，而成为变本加厉的小我。关于这种刺激，我无需再举什么例子，黄先生所认为近年来已经替代了真正的教育的几种事物，就是很好的例子，凡足以揠苗助长的事物，全都是例子。最不幸的是这种缩回去的变本加厉的小我表面上也是一种止、定、静、安的状态，并且也能虑，而也有所得，不过一切是假的，这种虑就是黄先生所说的小算盘的虑，而其所得也就是小算盘上打出来的，就是"血气既衰，戒之在得"的得。青年到此，已越跃过大我发育的一段生命的途程，而一蹴骤几的到达了老成的境界。

最后我要举一个实例来结束这一段自教的讨论。这实例是英国性心理学家与文艺批评家霭理士（Havelock Ellis）。他是一个对青年志虑问题极感兴趣而极有研究的人。上文关于自教的一些理论，一部分要推溯到他。最要紧的是，他是实行自教而获有美满的结果的一个上好的例子。中学毕业的时候，他是十八岁，当时他很彷徨，不知道走什么路子好，后来他决定到澳洲，他在各大城市里流浪了一阵以后，终于在极荒僻而不成其为村落的一个小地方当了一年光景的小学教员。他在澳洲前后四年，这四年真是他一生的绝大关口，特别是最后的一年。他的志向、思想、天人的观念、毕生的事业，就在这四年里决定了。等于他“立”了四年“关”，他在最后一年里，常有时候，真像老僧入定一般。除了几个小学生而外，他差不多完全脱离了人境，他的四围几乎全部是自然的景物，甚至于是一些榛莽荒秽的景物。他并不信奉普通的宗教，但他相信一个青年人，处他所处的环境，观察、欣赏、沉吟、思虑，心境上早晚会豁然贯通起来。佛家的大澈大悟，理学家的出一身大汗，心地顿见明朗，在他是很能了解的，因为他自己便领略过。他在那时候立定的志向和抉择的终身事业是他要研究性心理学，并且从这种研究里觅取青年与一般人群的福利。他决定学医，学成之后，便开始写作。别的作品不说，他在三十年间，写成了七大本的《性心理学研究录》，真是一种集大成的鸿篇巨著。第七本还是后来添上的，他在第六本的跋里说：“天生了我要我做的工作现在是完成了。”这是何等的口气！一个从普通大学教育出身，而斤斤于小我的成就的青年会有这种造诣与这种口气吗？霭氏是去年（一九四〇）去世的，他的自传《我的生平》，也是去年出版的。全书是一个翔实的心理学的个案分析，而于四年在澳洲初则近乎飘泊流浪终则几于老僧入定的生涯，霭氏描绘得特别详尽，就因为这四年自教的工夫断定了他一生的命运。

二一　三论青年志虑的问题

（一九四一）

关于青年志虑的问题，我已经写过两篇文字，当时把要说的话大致都说了，本来不想再说什么。不过最近青年生活里发生了一件很可以引起感触以至于可以引为隐忧的事。本“心所谓危不敢不告”之旨，又很匆忙的写成了这第三篇。

青年不能说没有志气，但志气不大，至少是不够大，青年不能说没有思虑，但思虑不远，至少是不够远。这样一个结论，我想是不容易否认的。我在上面两篇文字里所达到的是这个结论，我所响应的黄子坚先生的那篇文字所达到的其实也不外这个结论。

我说的那件事就是大学毕业生的总考或统考。我先说我个人对于这件事的本身的立场。我以为总考是要得的，而不是必需的。教育当局当初能不提出这件事来，固然省事，但若既经提了出来，而将近毕业的大学青年一定要加以反对，那就成为更多事了。至于何以总考有相当价值，而并非必需的一点，我在此不预备讨论。不过就总考一事本身而论，我的立场是如此。

不过我们讨论到一个问题，不宜乎限于问题的本身而止。

任何问题有它的关联的种种方面,有的时候,这种关联的方面也许比问题或事物的本身更见得重要,更见得有价值。从教育的立场看总考,是看问题的本身,那我已经说过,目前姑置不论,但若从国家政令的立场来看总考,那我们所注意的就是问题的有关方面之一了。从国家政令的立场来看,那我以总考不但是要得的,而且是应该的,总考的功令,不但不应当反对,并且应当一律的遵从。

国家的政令,在平时固应当遵守,在这时机更有遵守的必要。遵守政令是国家统一的最有力与最有效的表示。这一点还用得着我特别指出来给青年们看么? 不久以前,在所谓新四军事件发生以后,大学里很大一部分的忠公体国的青年,或在壁报上,或在座谈会里,或在朋友谈话之间,发表了不少义愤填膺的议论,最大的目的是在统一,在谴责违反军令与政令从而破坏统一的人。"言犹在耳,忠岂忘心?"大学青年们只须稍稍的平心静气,反躬自问,一定要觉得爽然若失。

我还可以进一步的说,上面两个立场是并不冲突的。一个人可以不赞成一种政令,但不赞成的态度并不一定要妨碍他的遵守的行为,反过来说,遵守的行为也并不一定会埋没他的不赞成的态度。天下的事理,既不容易有斩钉截铁的是非,社会的举措,又不容易有黑白分明的利弊,则一种政令之出,我们势不能取一种求全责备的态度,而说一定要如何如何的合理,如何如何的有利无弊,我们才肯降心相从。真要如此的话,势必至于政令不能出国门一步,那时,不要说统一谈不到,连国家的组织也将根本无法维持了。事实上,我们目前所一一遵行的政令又何尝都是完全合理,完全有利而无弊,而取得了尽人的赞同的呢?但遵守是一事,赞成与否又是一事,唯其不赞成,或不尽赞成,我们才能于遵行之余,对政令可以作积极的批评,对施政的人可以作善意的提醒,希望他们在最近的时机里可以加以补充修正,或者迳行废止。这才是任何做国民的人应有的态度。拆穿了说,民主政治的基本精神也就不外乎这一点。

上文云云不是极简单的常识么?然则今日行将毕业的大学青年又何以竟未见到?我的答复就是,他们的志气不够大,他们的思虑不够远。他们反对总考,据我们的观察,先后有过几个不同的动机。第一是怕麻烦。一般的学年考试与毕业考试而外,还要总考一次,确乎是麻烦的,特别是在这个空袭警报纷至沓来的时候。第二是因为有人疑心他们背后有什么作用,疑心他们受了别人的利用,而这种猜疑在事实上是全无根据。他们觉得别人以小人之心度他们,是最可以气愤的一件事。总考虽然麻烦,但功令所在,本来准备不妨一考的人,到此也就一怒而加入反对之列了。这种心理我们也是极容易了解的。近年以来,风气所趋,动不动疑心别人一言一动的背后,特别是团体的一言一动的背后,有什么题外的作用,有什么别人的指使,这原是最不健全的一种现象。无论青年的本质怎样,我们从事教育的人总得假定他们是纯洁的,是富有理想的,姑且等到他们有不纯洁与不合理想的表示时再说话,也还不迟。如今竟有人先作反面的假定,似乎多少想用些"故入人罪"的方法来强青年就范,正也难怪青年们的愤愤不平了。第三,到了最后的段落,不参加总考的举动成为一个争一口气的问题,以至于争面子的问题。大家既说过不考,大家既开会通过过不考,各大学联合了既宣言过不考,人人既宣过誓赌过咒不考,如今如果终于参加考试,对主张考试的当局岂不输了那口气,对相约不考的同学和他校学生以至于一般喜欢议论人长短的社会岂不失了面子?是的,这个动机也是人情之常,我们不难了解并表示同情。

不过——这是一个很大的不过——假如青年们为了这三个动机,想始终坚持不参加总考,那就犯了一个很大的毛病,就是“小”的病,就是志气不大思虑不远的病。怕麻烦么?生命历程中的麻烦,比此大什百倍的麻烦,正多着咧。小学教科书上似乎就提到过对于拿破仑,字典上没有难之一字,青年该是一个最不怕麻烦最不喜欢省事的一个时代,青年时代而喜欢省事,那在精神上已经进入了老成的时代,那我在第一篇稿子里所提的第一点——早熟的老成,真是不幸而言中了。少年老成,在以前是一个美称,在今日我以为应该是一个讥讽,正因为一入老成的境界,一个人的志气和思虑便再也远大不到那里去。

大学青年不参加总考,为的是怕麻烦,想省事,事实的结果是加多了事,添了麻烦,并且所添不止倍蓰。这样,又好像青年们并不怕事了。不过,表面上好像不怕事,却因为所添的事的本身价值成问题,他们又犯了另一种的“小”的毛病,不远大的毛病。为了怕一时的麻烦,酝酿成一种规避政令的团体运动,不是为小而失大么?为了想作有力的规避,不惜费许多的精力,集合同志,扩大阵容,俨然与国家最高教育当局取一个敌对的形势,而根本忘记了我们目前真正的、唯一的、而应当出全力以应付的敌对的对象是日本以及其他野心国家的侵略主义;为了反抗这种敌人,全世界的反侵略国家的舆论正主张加强团结的今日,我们却还在本国以内,造作出许多的莫须有的敌对的局面来——这不是犯了"怯于公斗,而勇于私斗"的嫌疑么?勇于私斗的人,无论如何勇法,气魄总是小的。我们的民族分子一向有"勇于私斗,而怯于公斗"的弊病,外国人有此批评,有自知之明的本国人也不加否认,不图到了今日,青年们依然不能奋然自脱于这种民族性的窠臼,那真是很可以伤心的了。我本来不准备说这样严重的话,不过最近另有一件事逼得我不能不说。前不到一个月,某航空军事机关向各大学征求本届的毕业生数十名任翻译员,结果竟无一人应征,据说为的是深怕一入军事机关,行动就不能自由,姑不论这是不是真理由,也姑不论他们所提出的理由是什么,此种冷漠的(我应该说冷酷的)不合作的态度,我可以断然的决定是一个"怯于公斗"的态度,在这件事上既有"怯于公斗"的表示,我不妨进而断定在统考一事上,他们所表示的就不能不说是一种"勇于私斗"的态度了。我问心原何忍说这些话呢?但事实不容我不说。

至于因为有人猜疑青年,诬蔑青年,青年们被激而变本加厉的反对总考,那多少也犯了小气的毛病。青年们,特别在这个时候,至少应当牢牢记着"相忍为国"的四个大字。别人猜疑青年,诬蔑青年,固然不对,但这种人老了,他们正犯着过于老成练达的病,世故太深的病,青年得原谅他们。能原谅,能不和他们一般见识,便是青年应有的伟大,斯亦其所以成为青年。至于争气与维持体面,所贵的决不在争的动作,或维持的动作,而在所争的气,是一股什么气,所维持的体面是一副什么体面,假若气是浩气之气，气节气骨之气，那是值得争的，非争不可的，假若只是一时意趣得不到伸展而发生的气恼，呕气，那最好是把他忘掉，不忘掉，就又犯了“小”的病，志虑不远大的病。关于体面，我们的话也是如此。中国人最讲体面，中国人的大毛病之一也正坐太讲体面，西洋观察家在这一点上早就有过很详细而很可以发我深省的讨论，假若青年们对此种讨论还没有能充分的理会，目前的抗战至少已经可以告诉他，在争取国家大体面的今日，我们应该姑且把个人的小体面束诸高阁！

我要借这个机会很诚恳的劝本届行将毕业的大学青年遵守教育部的功令，早日参加总考。我决不愿意从个人利害的立场说话，我相信有志虑的青年一定服膺“正其谊不谋其利”的一句先哲的遗教，而不斤斤于此的。至于总考本身的价值，原是一个很值得讨论的问题，毕业同学们一面参加总考，一面也不妨提供意见，交给教育当局以及一般教育专家从长商讨，作为前途的废止或修正补充的张本。

二二　学生自治与学生自治会

（一九三九）

在流徙中的许多大学，最近至少有一部分又逐渐能比较的安居乐业起来了。学生自治的呼声与自治会的组织就是比较能安居乐业后的一种表现。这是忧患之中可以欣喜的一件事。

学生自治是一个很笼统的概念，学生自治会也是一个很笼统的组织。唯其笼统，它们中间可以包括许多相干与不相干的东西。顾名思义，学生自治应该就是学生自治，自治会就是为自治而成立的一种结合，其间原不应该有什么太不相干的东西。不过，人类的行为十之八九是"非逻辑"的，即非逻辑所可范围的，名义表里相符的事，不是尽人能做，更不是尽人能一刻不间断的做，于是不相干的东西便借了人事推移、环境逼迫、潮流动荡等等的机会，不断的加入，变做一个概念与一个组织的中坚部分，充其极，可以教名义两方，不但不符合，并且完全相反。一切概念与一切组织如此，学生自治与学生自治会很不容易做例外。

根据上文的说法，再根据以往学生自治会办理的经验，我以为学生自治会可以有许多种类，而大要不出三四种型式。一是在学生个人与团体生活方面做些修齐功夫的；二是替学生大众办事或当差的；三是被校外势力所支配和驱策的。第一种是真正的学生自治会，第二种谈不到一个治字，不妨叫做学生自活会，即生活的一部分，不由学校统制，也不由个人分别处理，而由少数不怕事的热心分子代办。第三种谈不到一个自字，应当叫做学生被治会。

第一种比较名义相孚的学生自治会是难得遇见的，但是它的需要却最大，尤其是在这流离颠沛的时期里。中国旧时的教育，我们以今度古，无论在方法上怎样的不赞成，在目标上是不错的。这目标可以叫做自我制裁。自我制裁又可以分做两方面，在理智生活方面是自知，在情绪生活方面是自胜。所以老子韩非子等都有“自知者明，自胜者强”的两句话。西洋自希腊而降，最高的教育理想，其实也逃不出这自知与自胜的范围。

近代的教育尽管有许多的进步，但是离开这自知与自胜的鹄的还远，在教人自胜的一点上，似乎还不及以前的成功，许多办教育的人也似乎根本不把它当做一回事。各级学校里尽管有训育或生活指导的主管部分，但成绩是不容易有的，有也全部是消极性质的，例如纠察学生的行为，或惩罚学生的过失等。这也难怪，自胜的功夫本来是应该从一个人的里面做出来的。一个青年，发育到相当程度以后，对自己的情性，对自己所处的环境、社会，纵无外来势力的特殊启发，也会有几分了解。对一己的情性和环境发生接触时，应该怎样的控制自己，在什么场合之下应该动，应该进，在什么场合之下应该止，应该退，又应该动止进退到什么程度，什么是操守，操守应该有什么分寸——对这些，即使没有一派特殊的道德教育加以诱掖，他也势所必至的会因阅历经验的逐渐增加,而体会得到,而施之于言行举措。这样一个人,就他自己论,是一个生活有节制的人,对社会论,他是一个不同而和的分子,是一个能群而不能党的分子,是一个真正的健全分子。自胜的功夫由个人的内心出发,但其终极却是社会。它是健全的团体生活的第一个条件。

我所了解的学生自治是拿这种自胜功夫做基础的。它原是每一个青年学生自己分内的事,初无须乎团体的组织。不过人品是不齐的。大学里的青年固然曾经一番选择,但此种选择既完全限于智识一方面,他们的性情、意志、甚至于基本的生理与心理上的健康,依然可以有很大的不齐,其程度也许和一般的人口没有很大的分别。我们在一个学校的社会里,所发见的个人生活的缺乏节制,往往不下于外间普通的社会,这大概就是一个原因了。因为人品不齐,因为有一部分人对自己的生活过于缺乏自胜的能力,团体的组织事实上也就成为必要。团体的力量,于勖勉与鼓励一般人的自我制胜外,对这一部分人,也可以收督促与警戒的效果。

我近年来所见到的青年生活的不节,最可抱隐忧的一端是公私不分。设立学校,教育青年,是国家的责任。享受大学教育,是青年的权利。大体说来,这是不错的。但若我们把这种权利与义务之分看得太分明,太认真,那就错了。第一,求学不单是权利,也是义务,要大学教育办得有效,必须青年学生先行了解这一层义务的道理,了解学生和国家并不处对立的地位,权责之分根本上原是不应该太分明的。第二,大学教育去普及尚远,在国难正殷的今日,才力上应该进大学而不能的青年更不知有多少，一部分已经在大学里的青年，就才力论，也许根本赶不上这些失学的青年；他们自以为应享的权利，说得缓和些，是侥幸得来的，说得严厉些，是攘夺得来的，何尝是真正分有应得？这两层看法，许多的大学青年似乎并不了解。这样一个青年完全受了狭义的权利观念所支配。他一心着意在享受公家的施惠。公家要他付些代价时，即使这代价不过是一个名义的，即使他有能力付此代价，他也是靳而不与。他对公物是尽量的利用，甚至于尽量的糟蹋。惟恐别人多得了一分，他少得了一分。有时候更可痛心的是，他竟会把公物自由支配起来。假若有人自由支配他自己的东西，他一定会向学校当局告发，但自己自由支配起学校的公物来，他却靦然不以为耻，对公物作自由支配时，这种人往往还会利用团体的名义，有时候并且会成为一种团体的行动，好像出之以团体，便没有罪名似的，或许以为即使有罪，当局也不容易确实指认，无从责罚！

公私不分不过是大学青年行为不检的一端，其它可以指出的还有。不过，如果大多数的青年能在这一点上多下一些自胜的功夫，其少数缺乏自胜的力量的，再由学生组织从旁加以督促，我敢断言学生团体生活的健全，已经可以增进不少。不但如此，就青年学成后的事业而论，这也未尝不是最关紧要的一点。近年办教育的人时常听见一种批评，就是，以目前学生的行检而言，恐怕将来的政治与社会事业不会清明到什么程度，所谓不清明，其实就是不廉洁，不干净。这种皮里阳秋的话不还暗示着公私不分的一大恶德么？

关于其它两种名不称义的学生自治会，我不预备多说。也不值得多说。第二种的学生会当然也有它的好处。练习组织，守法，表达公意等等，不用说，是很好的。团体越大，越是组织不起来，就是勉强拼凑成功了，动不动也容易闹翻——这原是我们的一大通病，上自全国的政府，下至学生结社集会，历年来在这方面已经不知吃了多少的亏。所以这方面的训练是很需要的。至于练习替大家办事，或管理膳食，或协同学校维持公共卫生，或编印一种刊物，再或在文艺上作些团体的表现，例如举行演说比赛会或编演一种剧本等等——这些，都不妨在课余做一点，做了总有几分益处。不过大家得了解，这并不是学生自治工作的主体，根据上文比较严格的立场来说，它简直和学生自治很不相干。至于在学校范围以外的种种，例如办民众学校，宣传这样，宣传那样等等，更是与自治的真义背道而驰，不值得鼓励了。自治应当是每个青年对内心的一种工作，而这些所谓服务的活动，却是一种外骛，一种舍己耘人的勾当。这勾当并不是根本不应当做，一个人充实了自己以后，尽管帮别人的忙，也是应该帮别人的忙，不过，那我们不能不假定是应该在一个人学成之后。服务是一个很动听的名词。发挥得最多的要推基督教徒，但目前大部分的基督教徒，连西洋的也算在内，也正犯着这个毛病，就是己不能立，而要立人，己不能达，而要达人，不先成己，而要成物。这种外骛太多的学生会，因为切心于立人，达人，成物，我们也不妨叫做学生治人会！

至于第三种的学生被治会，那更是自郐而下了。学生治人会虽不足为训，至少学生还居一个主体，到了被治会，他却完全成了一个客体。近年来因为政治的原因，外界常有种种的势力，种种很有组织的势力，直接和学生与学生团体发生关系。所谓直接，指的是不经过学校当局的手，甚至于完全不知照学校当局，学校当局要知道它们一些内容，犹且不可能，遑论管理。结果就发生两种怪现象。一是学校系统内横生了一些新的系统，为学校的统治所不及。喻以生物学，好像是人体内长了癌，喻以政治组织，是邦国之内又产生了一个邦国（imperium in imperio）。我曾经亲眼看见一个学生，以区党委的资格，大出布告，攻击学校，后来又用同样资格，向学校的副校长拍桌大骂。这是系统中别生系统所必然要产生的结果。第二种怪现象是这样来的。这些外来的有组织的势力种类似乎很多，性质不一样，往往不一样到彼此不相能的程度，于是乎倾轧与冲突便层见叠出。甲办刊物，乙不容不办，甲征求同志，乙不容不征求，甲在学生组织里树立势力，扩大范围，乙更不容自甘落伍。究其极，学校一般的生活既呈分裂之象，所谓自治会一类的组织更成一明争暗斗之场。有时候这两种怪现象还会合而为一。有一次，在某大学里，甲乙两方起了冲突，学校照章分别加以惩处，而外界有组织的势力竟会向学校要求收回某一方面的惩罚的成命！

不过学生被外来势力的统治的弊病还远不止此。要完全从青年发育与青年人格的立场来说，结果更可以教人痛心疾首。我们相信青年的时期是一个充满着理想的时期，青年的心地是纯洁的，是和平中正的，是富有探讨与衡量的能力的。一个人在青年期内而没有这许多特点，那他就终其身不必希望再有，教育的目的之一就在帮青年的忙，来培养这许多特点，使前途不因青年期的过去而成为昙花般一现的东西。如今外界有组织的势力来到以后,因为主张总有几分偏执,因所执不同,而不能不和别人竞争角逐,角逐之际,又不得不用手段,于是理想主义去,现实主义来,中正变为偏颇,和平成为狠戾,纯洁转为龌龊,探讨衡量的机能日归消灭,党同伐异入主出奴的精神日以滋长,终于把一个二十岁光景的青年催促成一个"未老先白头"的中年人。至于各派势力互争雄长之际,有时候不能不乞灵于金钱,那更是卑鄙龌龊,坏人心术之尤,我们如今提到它,也觉得有几分罪过!

抗战以来,局面算是改变了不少。外界一切有组织的势力既可以在光天化日之下公开的活动,似可以不必再仰仗学问未成熟的青年,来做摇旗呐喊的工作,同志既从此可以自由征集,也似乎不必竞着先鞭,惟恐学校里的青年被别人攘夺了去。我是一向主张学生不入党,不入任何党的,我如今还是这样主张,我如今借这个机会,一面奉劝大学的青年要明白自己的地位,要尊重一去不再来的青年时代,于理智方面力求自知,于情绪方面力求自胜,能自胜即能自治,能自治方能自强,一面更要替他们向外界的政治派别请命,让他们有一个真正能自治的机会。

二三　学生参加政党问题

（一九四〇）

钱端升先生在第三卷第二十二期的《今日评论》上发表了一篇论党的文字。党是多年来难得有人讨论的一个题目，不大有人讨论的缘故大抵不出三个：一是不敢，怕罹法网；二是不便，怕得罪在党里的朋友；三是不屑，一部分的人也许因为渴爱自由，也许因为潜心学术，觉得犯不着讨论。虽有此三不，事实上讨论的人还是不少，不过只在口头，不在笔头罢了。在笔头，党终究成为一个忌讳的题目。如今居然有人在笔头上讨论到它，并且讨论得很周到，我不能不为党的前途与国家民族的将来庆幸。

根据先哲的遗训与民族的经验说话，党当然不是一个好字眼，而党字所指的现象不是一个好现象。最古老的一部讲政治的经书就说，无偏无党，皇道荡荡。孔子说，君子群而不党。孔子因为称赞鲁昭公的关系，自己还接受过未能不党的批评。后此关于不党的议论不一而足，例如欧阳修的《朋党论》。历史上有过不少的时代吃过党祸的亏，例如东汉的末年、唐代的末年、北宋与南宋、明代末年等等，其间尽有君子之群，而不是小人之党，党的称呼是反对的人加上去的，但对于当时的祸乱，多少总要负几分责任。乡党之党,原无所谓好坏,但畛域主义或地方主义一发达,党同伐异的精神也就多了一种凭借。孔子称他的门徒为“吾党小子”,那党字也无所谓好坏,但后来学派日多,各成门户,出主入奴的风气也就多了一种根据。无所谓好坏的党也终于成为坏的了。

当然今日所了解的党有不能和旧时所了解的党相提并论的地方。今日的民主政治理论并且承认党是一个万不可少的现象。大学的课程里不还有一种“政党论”的课程么?不过无论今昔,不说党则已,否则它多少有培养畛域、门户、派别的精神的危险,是谁也不能否认的。在西洋“党”与“偏袒”(party, partizanship)两个字还不是同一来源么?

有人以为党与偏也不一定永远是坏的。人生与政治的经验里,往往有许多党与偏的已成的事实。他们认为要纠正此种事实,也得用些党与偏的手段,在求近功与速效的人看来,更以为是非用不可。所谓非过正不足以矫枉的道理就是。这种见解也许有它的地位,也许有不少的地方可以适用;但就青年的教育一方面说,我以为这见地是无论如何站不住而不适用的。

我一向主张学生不入党。十年来在笔头上曾经说过不止一次。庐山谈话会之前,北平方面赴会的朋友,事前对于预备提出的谈话的题目,曾经有一度的商讨,当时我提出的就是这个——青年学生不入党。最近讨论到“青年的社会思想”、“宣传不是教育”、和“所谓教师的思想”等问题,不用说也和这题目有密切的关系。

学生不宜入党,我以为可以从三方面来看:一是学生本身的发育,二是学校的行政,三是国家民族的前途。

国家教育青年,在着手之前,应当承认下列的三点。第一,我们不能不假定他是一个正在发育而尚未成熟的人。第二,就方法说,我们要将就其天赋的本质和发育的自然顺序,好比树艺,切忌揠苗助长。第三,就目的说,尽管一个青年在材质上有所偏注,我们却不能不力求补偏救蔽,而期其终于变做一个健全与圆满发展的成人。至于什么才算健全与圆满的发展,我们至少可以引荀子的"以群则和,以独则足"的两句老话做一个标准。这三点是最基本的。我虽不学教育,我想专攻教育的人对此也不会持什么异议。

如今教学生入党或类似党的预备的团体,我以为对这三点是根本冲突的,一个党与它所包括的种切,连同它的党义党纲在内,是一套囫囵、完整、与固定的东西,至少就党的立场,不能不如此肯定,而一个在学生时代的青年却是富有流动性的,也是应该多有几分流动性的,他对人生的一切尚在探寻,摸索,与实行心理学家所称尝试与错误的方法之中。教他入党与接受党所包括的一切,其为不智,岂不是和强勉尚在萌蘖中的植物或尚在襁褓中的幼儿接受固体的肥料或营养品一般无二?约言之,就等于否认他是一个尚未成熟而正在发育的动物。

党的扩展靠宣传,宣传所用的方法是灌输,其为强勉,有时候可以到一个生吞活剥的程度,这种方法的违反自然发育的顺序与迹近揠苗助长,我在下文《宣传不是教育》一篇里别有讨论,在此无须再说。

至于学生入党违反"以群则和,以独则足"的教育的鹄的,也是显而易见的。一个人加入一个党派，至少从党内的立场看，似乎不但与以群则和的原则不相反背，并且可以在这方面多得一些训练。但也不尽然。党内分化或党内有派的事实告诉我们，一个党实际所能做到的往往是表面上的同，而不是部分间的和，而同与和并不是一件事。至若党外，那和字就更谈不到了，对党外无党的人，既多少不免有几分歧视，对党外别有党的人，此种歧视更可进而为排挤，倾轧，以至于短兵相接的斗争。这种态度与行为，即发自成年的人，从社会生活的大处看，已属万分不幸，何况发之于尚在准备做人的青年学生呢？从一方面看，加入党派的学生，我们相信有很大的一部分是受了青年时代理想与热情的驱使。他们切心于国家的再造，社会的革新，希望入党与信奉一种主义之后，可以更快的实现他们的目的，不过从另一方面看，为了增加课外活动的声势，为了获取一时的生活费用，为了毕业后找出路的方便，因而入党的，为数也不在少；同时在党的方面，也似乎很有一番有形无形的努力，来成全他们的愿望。我们对一个经历过这一类的“诱掖”功夫的青年学子，到成年与进入社会以后，要希望他能自立，能不因人成事，能取不伤廉，与不伤惠，遇到危机时，更能拿出不移、不淫、不屈的风骨来，是绝对不可能的。一二十年前，留美的中国学生中间，盛行所谓“兄弟会”的组织，我当时曾经从同样的立场，加以评论①，认为此种迹近朋党的团体对于青年人格的健全发展有很大的妨碍，如今回

① 见 Evaluation of Chinese Student Fraternities in America, The Chinese Students' Monthly, Vol. 20, No. 8, June, 1925. ——编者注

想起来,当时我的评论,对兄弟会的会员容或失诸太苛,而对于近年来入党的大学生,我以为倒是十分恰当。约而言之,因功利的诱引而入党的青年是谈不到"以独则足"的。近年来的教育极言其所谓社会化,对"以群则和"的鹄的多少还照顾得到,对"以独则足"的鹄的,或自明、自强、不自欺、求诸己一类的原则,则早已置诸度外。自学生入党之风开,此种鹄的与原则的横遭抹杀,便更有江河日下之势了。不过我们总得了解,这对群对己的两大原则是相辅而行的,强恕而行,求仁莫近,以独不足的人实际上也就是不配讲以群则和的人。

其次,就学校行政的立场说,学生入党也是一个极不相宜的举动。在这里我不能不追叙我个人所亲自经历到一些的不幸的事实。国民革命军北伐,将近到上海的时候,某国立大学里和党有联络的学生就骚动起来,在学校生活与行政上引起了不少的纠纷,到北伐军进抵淞沪,这国立的大学就被市党部强行接收去了,后来并没有再开出来。过了一二年,大约正当清党的时期,上海某私立大学竟受了所在地的区党部的控制,一个在区党部当委员的学生突然在学校里作威作福起来,初则借拜谒之名,到各教授家检查有无反党的书籍,我的家里也承蒙他光顾过;继则张贴告示,擅发指令,并且故意张贴在校长布告的旁边;再继竟与学校当局正面发生冲突,甚至对于副校长拍桌大骂,终于教副校长,文学院院长,和一部分文学院的教授,一起八个人,洁身引退。这大学到今日还在一蹶不振之中。在淞沪一带,在另一个历史很久的大学里,一位很知名而受人爱敬的校长想把学校整顿一下,学风饰新一下,办法还没有宣布,便因热心党务的学生鸣鼓而攻,灰心去职,同时引去的还有到任不及三日的社会科学院院长和一部分的教授。这个有悠久历史的大学,从此呈一种支离破碎的局面,不到几年,也就无形的消灭了。在北平,在抗战前的三四年里,各大学的学生都闹着左右派的明争暗斗。各校行政当局比较怕事的,自然是不断的感觉到左右做人难,偶有举措,更不免左支右绌,两不讨好。比较负责而以行政的事权统一与纪纲整饬为第一义的,更不免心力交瘁。记得某大学的左右派学生,在庆祝蒋先生从西安脱险的那晚上,还打过一次架,原来庆祝虽是全体的意志,不分左右,但庆祝的意义则左右小有不同,这一点小小的不同,就成为打架的导火线。事后学校当局不问左右,对打架者各处以应得的惩戒,而在右的一方,接着竟有最高的教育行政当局出来替他们说话,要学校收回惩戒的成命!这简直是不成话。当时那个学校虽未遵命办理,但党派学生的气焰之盛与此种气焰的大有人在后面策动,即此一例,已昭然若揭了。

中国旧有"物莫能两大"的原则,天无二日,民无二王之说就从这原则出来的。西洋的政治学说也认"邦国内别有邦国"(imperium in imperio)是一件很切忌的事。一个行政系统,不论大小,自有它的完整性与自主权,如果这完整性随时可因外力而破碎,自主权可因外力而消灭,那就干脆不必有此系统,国家不办学校则已,或虽办而只承认党办的才能合法的存在则已,否则应当承认已往这一类从党方面出发的干涉学校行政的行为是一大错误,而应当痛加忏悔。如果真有忏悔的表示,应从明令各党派不招学生党员入手。

七七事变以来，情形是略有变动了。庐山谈话会的召集、参政会的成立、近顷实行宪政的酝酿、以至于大学党部直属中央党部一类办法的修订、抗战所引起的一般必须的团结与合作的精神等等，总算教国家的政治生活与此种生活的缩影的学校生活取得了暂时的小康。学生加入各党各派的虽大有人在，但因这究竟是一个外御其侮的时代，兄弟阋墙之事还不多见，使学校行政当局还能安心于校务的整顿扩充。但谁都承认问题始终存在。形形色色的学生社团，满目琳琅的壁报，各是其是，各非其非，不断的提醒我们，暗斗的局面既未尝一日间断，而明争的局面，可因国家大局的变迁，随时爆发出来。[1] 这决不是一些耸听的危言，而是凡属关心学生生活的人都敢虑而不忍讲的话。一旦宪政实行，各政党有公开活动与竞争的机会，而占有政治优势的党更能持一种宽大的优容的态度以后，这局面自然可望改善，不过就目前的趋势论，这希望一时怕还不易成为事实。即使成为事实，我根据上文第一个立场与下文第三个立场，依然认为学生不宜入党、党的预备团体、或类似党的政团。

复次，为国家民族的前途设想，学生入党也是一件极不智的行为。清儒戴震在《原善》一文里说，“人之不尽其材，患二：曰私，曰蔽。私也者，其生于心为溺，发于政为党，成于行为慝，见于事为悖为欺，其究为私已；蔽也者，其生于心为惑，发于政为

① 这话真是不幸而说中了。我在一九四五年十二月整理这些旧稿的时候，正是昆明各大中学与党政军当局发生事件以至于惨案而尚未获平息的时候。

偏，成于行为谬，见于事为凿为愚，其究为蔽已”[①]。戴氏这一段话，我以为不但适用于许多个人，并且也适用于我们整个的民族。无论如何，我们民族的私的通病，是很多人已经公认的。不过私与蔽原是一件事，好比党与偏也是一件事，所不同的是私属于情绪生活一方面，而蔽则属于理智生活一方面；蔽是见事的私，私是用情的蔽。民族的私见于我们的社会生活，民族的蔽见于我们的文化生活。

中国家族制度的畸形发展，是私的最有力的表现，也是私的所以变本加厉的最大的原因。由家族之私推而至于乡党之私，其结果是上文提到过的畛域主义或地方主义。私的表现与所由附丽的事物，不一而足，但家族（包括亲串在内）与乡土终究是最大的两个。国家社会意识的薄弱、国家观念的缺乏、法治精神的卑不足道，直接几于全部可以推源到家族主义与地方主义上去，间接可以说完全是一个私字为之厉阶。

就文化生活说，情形也正复相似。荀子批评墨子之徒，说他们蔽于天而不知人。而荀子以来，我们民族的文化与理智生活的通病是蔽于人而不知天地为何物。我们常骂人，说他不知天高地厚，其实中国的文化真是一个不知天高地厚的文化。我们蔽于人，我们算是发展了一套比较像样的伦理学或人生哲学，但结果我们没有了科学，也没有了很高深的超越人生的哲学。我们的文化始终是在那十分狭窄的人境里讨生活，并且是越讨越狭窄，越活越穷愁潦倒。理智的蔽，其结果可以如此。

---

① 《原善》一文分三篇，《戴东原集》卷八。

目前当务之急,也是所以奠定民族复兴的基础的第一要图,无疑的是在力戒私与蔽的两大通病,或一大通病的两个方面,而尤其应当从青年分子的身上做起。凡是足以有形无形的培养私与蔽的事物都应在戒除与避免之列。党的组织与一种主义的传播,也许是近代政治的必要条件而无所逃于天地之间的,但我们希望,至少尚在学生时代的青年可以暂且豁免。近年以来,家族制度的权势已远不如前,地方观念的威力也日见薄弱,这原是可以庆幸的,但我们在上文已经说过,私的附丽的事物初不限于家族与乡土两端。家族与乡土可以成为培养私心的场合,党派又何尝不可以?自西洋学术的输入,我们的"蔽于人"的痼疾也幸而渐有昭苏之望,但我们应知一种主义的信奉,其足以锢蔽人心,桎梏思想,或且更甚于以前"蔽于人"的倾向。

上文引戴氏说,"私也者,发于政为党;蔽也者,发于政为偏",转过来说,党的政足以养私,偏的政足以养蔽。信如这种说法,我们为民族的健全发展着想,特别是为民族命脉所由寄托的青年着想,岂不是应竭力避免在人伦上足以养私的党政,与在事理上足以养蔽的偏政?真要避免,第一件应做的事是不教学生加入任何党派。

归结上文,我们不妨再说几句比较积极的话。今日青年学生最大的需要,也未尝不是任何时代青年人最大的需要,是身心的锻炼。身心的锻炼自有学校在。若认为锻炼尚不足,我也认为不足,则第一要务自是在充实学校,我虽主张学生时代不入党,不信奉主义,我未尝不承认他对民族的需要,民权的爱护,民生的亟待改进,应当有充分的认识。要取得充分的认识,任何学生于分科之前,对于自然科学、社会科学、和哲学与历史,都应当打上相当的基础,我更可以比较具体的提出,文法的学生应多习些自然科学,理工的学生应多习些社会科学与人文科学,都应当比现在学校所规定必修的多得多。这是就心的锻炼一方面说。至于身的一方面,一般体育的设备无疑的是尚待充实。若求意志的坚强化,生活的纪律化,则一般的体育课程尚嫌不够,而不妨辅之以适当的军事训练与军事管理。大学的军事训练,自民国二十九年起,似乎已经取消,而军事管理则虽有而有名无实。这一点是亟待纠正的。有了健全的身心而后,一个出学校的青年,便是一个健全的国民分子,抗战可,建国亦可。为增加抗建的效力计,加入党派可,不加入亦未尝不可,就让他就性情见地之所趋向,自由抉择好了。

二四　说有为有守

（一九四三）

这一篇文字里的话是专为近年大学毕业生说的。

有为有守是一个做人做事的大原则，谁都应当认识清楚的，特别是行将参加实际的社会生活的大学毕业生；也是任何时地的人应当认识清楚的，特别是在目前时代与环境里的大学毕业生。

有为有守是建筑在物理上的一个颠扑不破的原则。物理有动静，有张弛，有翕辟，有力的蓄积与力的发挥，人理也就是如此，人生不能不讲求进止、去处、语默、动定、操守的道理，不能没有情志的涵养与行为的表现。到了有价值观念的文明人，又很自然的在这一层道理之上添上一重道德的绚染，一重标准的责成，说，如何才应当动，如何才应当静，如何才要有为，如何才要有守。我国的民族文化，对于这原则与讲求这原则的必要，似乎认识得比任何民族文化为清切。“尺蠖之屈，以求伸也”，寥寥两句，是全部《易经》与其所倡导的文化的基本精神。

近代的西洋文化对于一切物理有博大精深的发明，而于物理如何适用于人理，则反较前人为粗疏怠忽。所以人人讲动，讲作为，讲速度与效率；人人像热灶上的蚂蚁，像截去了头的青蝇；人人认为只有动作是积极的，静止是消极的，进取是功德，保守是罪过，全不思动作进取可能是乱动躁进，漫无目的，静止保守为的是潜心涵养，容有理由；更不思，不有静止，何来动作？不有蕴蓄在先，何来抒放于后？譬诸射击，不先张弦，何由放矢？张弓是力的累积，弛弓是力的消耗，一个过程，两个段落，究属何者为积极，何者为消极，正复无从断定。至于做人做事，有讲求操守的必要，使人人深知操就是有为，而守就是有所不为，这进一步的道德的责成，自更在不论不议之列了。近顷有人以笃行的学说劝导青年，认为只要有作为，一切人生问题自迎刃而解。其实一味作为的结果，不过对事业的认识与事业的成就可以多添数分而已，揆诸“人生大于事业，做人重于做事”的原则，这种一味作为的学说依然不免偏枯的弊病，是很显然的。

不过有为有守的原则也正复不易讲求。被动的有为有守易，自动的有为有守难；个人的有为有守易，集体的有为有守难。大学生在学校里，一方面因为一般的经济条件的限制，不能不安于淡泊，我说“不能不”，因为此种清苦的生活，可以说是完全出乎环境的不得已，一方面既没有多少自动克制的功夫，一方面如果经济的来源比较宽裕，生活上便不免趋于流放。无论淡泊与流放，都是被动的结果，而不是中心自有主宰的表示。颜子以箪食瓢饮居陋巷为可乐，乃是因为中心自有主宰，能固穷而不滥，处贫贱而不移。颜子的守是自动的，而我们的守是被动的。二三年来，大学生有休学而经商的，昆明一带的大学生，走仰光，跑腊戌，一时几乎成为一种风气，当时虽大为社会诟病，但也有加以称赞的，认为是自想办法，自谋出路，认为这种青年前途一定比较的有作为。但走仰光，跑腊戌，又何尝不是当时一般的风气，此辈青年的加入，也不过是风行草偃的一部分的表示而已。他们除了解决个人生计以至于累积一些财富而外，别无远大的目的，别无比较超脱的理想，在动机上与一般的商人无殊，在能力上十九必须因人成事，还赶不上这班商人。这样的有为，表面上是自动的，实际上是被动的，是中心没有主宰的。经济一方面的操守如此，其他方面操守又何尝不如此。有思想，无思想，发议论，不发议论，思想与议论的性质趋向，又何往而不受环境的支配，潮流的鼓荡，以至于一部分外界威力的挟持操纵？开口闭口的赞美“大时代”，歌颂“现阶段”，千方百计的想迎合“潮流”，无非是大学生人格破产的一些朕兆。在这种形势之下而言自主自动的有为有守，我们也诚知其不易，离开了大学的环境，而言此种有为有守，我们也诚知其更难，但也正唯其不易言，就更有不得不言的隐痛。

操守的不能自主而易趋于被动，大部分是基于个人志力的薄弱与教育效能的低微，至于个人单独的操守易致，而集体综合的操守难成，则为之厉阶的，更有民族的因缘在。民族的大病曰私。私的病深入腠理，诚中形外，所以凡百措置，无往而不见私的迹象。有人很沉痛的说过，以前的人，生前无补于大局，临了一死报国家，都是私的，因为不死不足以保全他一人一家的名节，名节是他身家的一部分。所以以前虽多有守之士，甚至于以牺牲生命来表示所守的坚贞，曾无补于团体生活的分崩，民族命运的沦替，其他规行矩步，硁硁自守的分子，目的端在小我的苟安免祸，可以不必说了。所谓“有守”者如此，“有为”的不容易集体化与组织化，更可想而知。“众擎易举，独力难成”的理论，我们何尝不知？但一到行事，我们十九会得到一个“独力易举，众擎难成”的结果，而独力的成功难期久大，也是一个必然的终局，和尚吃水的比喻最足为此种局面的写照，是谁都知道的。在南洋，在东北，移民中每多匹马单枪、肇开草昧的志士，所以当外人组织势力没有到达之前，我们可以大有作为，而此种势力一旦侵入之后，我们的成就便无法维持，南洋与东北之兴起以此，其终于沦亡也未尝不由于此；实际上敌人的南进北进，便是我们这种弱点所招致的，说见敌人南进策的灵魂堤林数卫的言论。由此也可见，在闭关自守、交通阻滞、而文化系统比较完整的前代，个人的操守不能说完全没有用处，甚至于还有过“言足以兴，默足以容”的积极的贡献；但一到环海棣通、文化交流的今日，个人的作为进取既难望有成，个人的保守缄默更势所未许了。

大学生毕业后加入社会，目前最亟需深知力行的，殆无过于自主与集体的有为有守的一点。集体的有为，在目前已无须申说，但集体而能不依傍门户，利用势位，凭借余荫，一以集体自身所培养的理想为指归，所产生的力量为挹注，则知者盖寡，行者更鲜。至于守，即就不贪污一层而言，在目前的形势之下，更有自主与集体化的必要，则识者更有如凤毛麟角，不可多得。畏法律，畏人言，而不贪污的，终必不免于贪污而后已，以一人之力加入贪污的群体，也终难免于同流合污而江河日下。为今之计，无论做好也罢，不做坏也罢，大学毕业的青年应当自动的团结起来，来群策群力的做些好事，来砥砺廉隅相互规勉的不做一些坏事。唯有能这样的青年才能改革，才能创造，也唯有维护这种青年的国家才足以语于自力更生。

二五　论知识青年从军

（一九四四）

知识青年从军运动是近来（三十三年冬）大家在讨论与推进中的最大的一个题目。归纳各方面的议论，要不出知识青年应不应从军，有从军的必要不必要，能不能从军，肯不肯与敢不敢从军等几个方面。我以为这些方面都不成问题。知识青年从军，我们可以绝对肯定的说，是应当的，必要的，青年人有此能力的，也有十分十二分的愿意而是勇于担任的。

国民有服兵役的义务，载在历次的宪法的草案或其它类似的文件，知识青年是国民的一部分，当然不是例外。也正唯其有知识，在国民享有接受知识的更大的权利，理应更能了解与接受这种义务，正式的宪法虽还没有公布，但此类基本的条文是早经家喻户晓而深入人心了的。即再退若干步说，若干年来，即使我们没有宪法的草拟，大家不熟悉这一类的条文，至少"国家兴亡，匹夫有责"一类的旧教训也早已发生一些效力。在一般民众中如此，在受过高等教育的知识青年尤其如此。所以说应不应不成问题。

知识青年从军的必要，其实早就存在，初不待形势极度严重的今日。北伐的成功、抗战初期一般的兴奋状态，以至于空军的成立，很大的一部分便得力于知识青年的从军。不过这种必要性当时没有取得一般人民的公认，甚至于还得到许多人的否认。“好铁不打钉”的陈旧观念始终支配着大部分的人心。记得二十六年冬天，在汉口陷落之前，长沙一带的大学生情绪高涨，都想竭诚投效，当时来了一位很高级的军事长官，多少代表着政府的意旨，向大学生演说，大意说国内游手好闲可充兵役的人很多，无论如何目前还轮不到大学生头上。在大学生呢，除了少数按耐不住、终于放弃书本加入军事工作的而外，也就只好暂时不作此想，乖乖的向西南“转进”，在烦闷之中勉强继续他们的书本生涯。有一部分大学生，不用说，也自不免有“既轮不到我，我就乐得安闲”之感。

当时还有一种外来的影响教知识青年的从军没有能成为一个比较普遍的事实。英美等国，在第一次世界大战中，确乎牺牲了不少的知识青年以至于极有希望的青年教授，因此，在他们看来，中国的办法很有眼光，把“好铁”留待将来之用是很聪明的；抗战初期英美人士对中国大学的艰苦维持，不断的歌颂，原是从这种看法来的。但那时候英美自己还没有被牵入战争的漩涡。及一旦战争临到他们自己的头上，他们的“好铁”也就不得不大量的拿出来了。三四年来，直到了今日，英美的看法早因实际的需要而改变，我们却是一贯的以不变应万变，我们一面讲全民抗战，讲总动员，只是说说，一面始终把抗战与建国分做两截，分成两种人的任务，各不相谋；而一改变与一不改变之间，美国则不断的把知识青年军人向外输送，一部分向我国输送，而我们则不断的把留学生向美国输送，美国人到此也就觉得十分诧异，完全忘记他们当初对我们保留“好铁”的一番歌颂了！

不过“好铁”，即使上等的不锈钢，在抗战的情势之下，是不应当保留不用的。近代的武器需要好铁，近代的军队也需要“好铁”，就是好人。由好人来运用好铁，才能取最大的战果。消极的说，国家当存亡危急之秋，一切的力量都有拿出来的必要，不容有丝毫顾惜，好比一个钢琴名手，手指上如果长了疔疮而有发生败血症的危险，那也只有施行手术，把手指割爱的一途。积极的说，有教育的青年加入军队之后，作战的效率必然的要高些，经理的效能必然的要大些，作战与经理如果有错误，有弊病，不甘缄默的人也要多些，而随时改进与纠正的机会也就会多些。可惜抗战开始的时候我们没有能这样做，于英美加入战事的时候，我们又没有依照他们的榜样，也把存留的“好铁”拿出来，结果是吃了大亏，造成了最近的局面。但只要此心不懈，见得到，做得出，天下没有绝对来不及的事。知识青年有从军的必要，即在此际才认识清楚，从而急起直追，切实见诸行事，迟早总会有它的收获。这是有其必要的说法。

要不是，因为三四年来的泄泄沓沓，这一番必要不必要的话原是不待烦言的。至于能不能，肯不肯，敢不敢，我认为是更不成问题。知识青年智能上比一般国民高些，是已经假定了的。身心是相关的，智能的程度高些，体格健全的程度，大抵也就高些，以前“天才近狂易”“德慧术知存乎疢疾”一类的说法，是由于所谓“统计的幻觉”的一个错误。颜回的早死，决不代表一个通例，而是证明一条通例的一个例外。这是研究身心的品性的人的一般通论。即在抗战已逾七年而一般的营养程度不免大见削弱的今日，我认为知识青年一般的体力还是比所谓壮丁要高，比未入伍的壮丁高，比既入伍的壮丁更高，比入伍较久而已经变成“瘦丁”的更不知要高多少倍。最近昆明大学生有向中华血库集团输血的机会，其中血的质量不合标准的占很小的一部分，也多少是一个有力的证明。

再从历史的经验来说，先秦时代的教育，原是文武不分的，秦汉而后，以至于唐宋而后，文武分途的迹象，虽愈来愈清楚，但是遇到紧要关头，往往不免起用文人为将。到了明代，尽管文武之间“截然不相出入”（黄梨洲先生语）①，但平定宸濠之乱的有王阳明，晚年建义于郡县的如苏、浙、闽等省区的许多义士，几于悉数是文人，梨洲先生本人就是一个。可见文人从军，即在长期文武分途的历史之后，也并不是根本不可能。战争原依仗两种力量，一是报国与敌忾的意识，一是作战的技术：前者是长期教育的结果，其得之也难；后者是比较短期训练的结果，其得之也易。文人之所以能将兵，能建义，这大概是一个解释了。固然，将兵是一事，当兵又是一事，但教可能当兵的进一步而将兵比较困难，教可能将兵的退一步而当兵比较容易。以前的儒生可以将兵，我看不出来为什么今日知识青年不能当兵。

无论从事理的立场，从能力的立场，从局势的需要的立场，我们对于知识青年从军，既可以作如上的肯定的论断，则可知知识青年愿意从军与胆敢从军，也就成为一个不可避免的结论，愿

---

① 见《明夷待访录》。

意是从事理与局势的认识中来,胆敢是从能力的自觉中来。关于这方面,我们就无庸再事赘言。不过,我们一面对知识青年从军,作最深切的期望,作最有力的勖勉,以至于作最严正的督责,一面对于我们至少在年龄上已经不是青年的自己,似乎也应该有一番同样深切的期望,同样有力的勖勉,与同样严正的督责。年龄上不属于青年的知识人士,也一样可以从军,一样可以担当和抗战直接有关系的种种任务。这在一部分的学校教师,一部分的公务人员,已经不断的有过言论以至于行动上的表示。不过这还不够,远不够。

军事不能离开其他的国家生活而独立,一向如此,近代尤其如此。近代军事的成败利钝,有赖于前方将士用命与配备充足者可能只是一小半,而有赖于大后方的生活条理的整饬者可能的是一大半。生产的维持,消耗的限制,抗战意志的统一,以至于全部政治的清明与部分之间的调协无间——都是所谓后方生活条理的重要部分。换言之,我们一面要建立新军,同时我们必须建立一番新的经济与新的政治来和它配合,建立前者既然是知识青年的职责,建立后者必然的是我们壮年人以至于老年人的任务了。

近年以来,经济的日即于失调,政治的日趋于阢陧不安,是无可讳言的事实,自最近一次参政会集议以来,更已成为尽人皆知而尽人皆思所以振奋而有所裨补的事实。贪污的充斥是经济失调的最大象征,国共关系的不绝如缕是政局不安的最大症结,而军队的不能指挥统一,役政的窳败,前方军事的失利,还是余事,还是种因之后所食的果。事至今日,我们不能不承认政治经济的失调与军事的失利之间，有不可分离的因果关系。这失调的局面在政府要负责，在国民也要负责。特别是国民中间有知识有见解的壮年人与老年人，特别是学校中的壮年人与老年人。政府的责任在力行不足，而国民的责任在昌言不足，政府松懈于上，而国民缄默于下，于是便造成了年来泄泄沓沓的局面。论者往往把全部责任推在政府身上，我认为这是一个绝大的错误，如果我们这一班老壮之辈，没有守口如瓶，没有装聋作哑，如果真了解如何做现代的国民，而不做前代的阿家翁，试问，国事会演变到今日的地步么？

所以我们结论是极简单的。当务之急是两件事，不是一件事，一是要知识青年从军，要以此为起点而建立未来的新军，进可以抗战，退可以作未来永久的国防的张本。这是需要一番勖勉与督责的，但此种需要并不太大。因为青年之所以为青年，正因为他有理想，有热情，有内心中不得不自求解放的烦闷。二是要有识见的壮年人与老年人，无论在朝在野，通力合作，把目前的政治与经济局势澈底的刷新一番。这也是需要勖勉以至于督责的，而这种需要却非常之大，因为老成的人，世故已深，热情不足，羽毛丰美，则爱惜必深，室家多累，则计虑太密，益以事业之心情过重，学问之兴趣太浓，一若事业学问可以离政治经济的大局而独立也者！对于这一类的人，非有雷霆万钧之力，不能移动分毫。不过如果我们能惕然于“皮之不存，毛将焉附”的极单纯的原则，明白了如果大局不能改善，不特事业学问可以尽付东流，抑且大地茫茫，将无我辈容身之所，及今幡然改计，合做一些挽狂流回沧海的工夫，在能力上非不可为，在时间上也来得及。

至少我们也应当记住,如果我们老壮之辈不能把大后方的政治经济改弦易辙的作一番新设施,使从事于疆场的不复有后顾之忧,得以全力来直接应付敌人,则旧军所以失败的理由也势必成为新军所以不能建立的理由。即使假新军以较好的待遇,使局部能有所成就,以至终于能开赴前方与敌人勉力周旋,我认为我们中年人,不自振作以求内外配合,表里呼应,而徒然驱青年于死地的罪戾,应与"以不教民战"同科。

第四篇

教育刍议

二六　论品格教育

（一九四〇）

只有可以陶冶品格的教育才是真正完全的教育。这一层近来很少人了解，连教育家自己都不大理会。近顷《今日评论》第四卷第四期里陈友松先生的一篇《品格教育之最近趋势》，不能不算是空谷足音了。

品格的概念从品性的事实产生出来。人与人之间有比较相同的通性，有比较互异之个性，通性虽同，也有程度上的不齐，而个性之异，虽也不外程度上的差别，若就其极端者言之，则判然几乎有类别之分。凡此我们统称之为流品。流品原是生物界的一大事实，在研究有机演化的人看来，是第一个大事实。流品的从何而来，即变异现象的从何而来，至今还是一个久悬未决的问题。到了人类，流品的事实，似乎不但没有减少，并且大有增益的趋势。平等主义的理想家在这方面的愿望与努力可以说是全不相干。距今三十年前，英国演化论与遗传学大家贝特孙(William Bateson)在澳洲的不列颠科学促进会演讲“生物事实与社会结构”一题，所反复申论的就是这一点。

生物有流品，是有机演化的基本的条件，人类有流品，是社会演化的最大的因缘。不过生物演化的过程中，物类各有维持其品种的特性的能力；社会演化的过程中，亦有维持其秩序与统一的需要；换言之，异中有同，变中有常，纷纭中有条理秩序，万流歧变中有典型规范，原是一种自然的趋势，到人类，尤其是文明社会，更不免有一番自觉的企求与努力。品性与流品的事实而外，我们从此就多了一个品格的概念。格就是典型、规范，就是标准，不达此标准的人，就是不及格的人。

这格式或标准是什么？这不是一个容易答复的问题。伦理学或人生哲学的存在，一大半是为答复这问题的。不过就经验与常识的立场说话，这答复应该是不太难的，标准的需要是从群居生活来的。群居生活何以要有个品性的标准？群居生活的第一个要求是和。要人人有何种品性，或最大多数的人有何种品性，才可以取得共同生活的和，便是问题的核心了。上文说过人与人之间有相同的通性，也有互异的个性；通性之同宜若可以帮和的忙，但不一定，因为利害冲突是最普遍的一个现象，而同行嫉妒或文人相轻一类的事实，也是数见不鲜。至于个性之异，宜若是和的一大障碍，但也不一定，因为分工合作、贸迁有无一类的团体活动就拿它当最后的基础。

要通性之同来维持群居生活之和，我们的民族经验及先贤遗教曾经留下一个行为的标准来，就是讲絜矩之道的一个恕字，要个性之异推进群居生活之和，并且推进到一个更高的境界，我们也早就有一个标准，就是一个明字。要行明行恕，还有一个先决的条件，就是个人能自知裁节。《左传》隐公三年说："明恕而行，要之以礼，虽无有质，谁能间之？"这是民族遗教里明恕并称的最好的例子,而要之以礼的“礼”是一种节文,所以帮助个人的内心的裁节的。人与人的关系,因明恕两标准的见诸实行,而能到达一个“无人能间”的程度,不能不说是和之至了。好比孔子答子张问,人我的关系要到一个“浸润之谮,肤受之诉不行”的境地,才配叫做明。人我关系到此,要求其不和,也是不可能的了。不过到了后世,明的标准似乎越来越晦,甚至于和恕的标准混做一事。后世社会秩序的维持,虽得力于恕字的不断的讲求,而此种秩序的未能进入一个更高的境界,说不定明字的中途暗晦要负很大的一部分责任;科举时代考场前面“明远楼”的一块匾额似乎始终只是一块匾额,一个口号。

不过这是一些旁出的话。好在明的标准虽晦,却并没有消灭;社会生活到今日,复杂的程度加深了,流品的变化加多了,分工与专业的需要也一天大似一天了,这明的标准似乎更有确立的必要。今日社会的病态,大之如种族间的猜忌,邦国间的倾轧,阶级间的斗争,信仰间的排挤,小之如人我间利害兴趣的各不相容,一半虽出于不恕,另一半却出于不明。所以当务之急,实莫过于把明恕的行为标准再有力的揭橥出来,尤其是明的标准。就我们的民族的遗教说,固然有此必要,在西洋也正复一样。基督教传统的教旨里所称的金律,同样的只顾到了恕字,而忽略了明字。

明恕是行为的标准,能实行明与恕的品性才是合乎标准的品性,也才是我们应有的品格。能明能恕的品性可以说是一切道德品性的总汇,至少是个纲领,孔子不承认恕是一言而可以终身行之者的么?

能明能恕的品格从何而来,这是我们要答复的第二个问题。一切品性的源泉不外两个,一是遗传,一是教育,行明行恕的品性当然不是例外。这种品性的先决条件是一个充分健全的体格,一个相当高度的智力,一个比较稳称的情绪,一个比较坚强的意志,一个比较丰富的想象的能力等等。这些都自有其先天的根柢,如果根柢太薄弱,后天的教育是不能无中生有,化弱为强的,但若只有根柢,而不加以后天的培养,使它们充分的发展,当然也是徒然而极不经济的。如何从遗传方面来加强此种根柢,或蕃育有此种根柢的人,不在本篇的范围以内,我们搁过不提。我们要讨论的是,如何就已有而现成的根柢,加以培植启发,那就是品格的教育了。

假如心理学的研究对象是刺激与反应,教育的研究对象便是刺激与反应的有目的的控制。品格的教育也不能外是。在品格教育里,刺激的控制,至少就我们以往的经验说,是比较的简单,就是,于一般的教明教恕而外,供给实际的能明能恕的榜样,而所谓一般的教明教恕,其实也逃不了师道的能以明恕的行为先人。以道先人者谓之教,最有效的教育方法是所谓身教,一切教育如此,明恕的品格尤其是如此。这一点貌若简单,其实并不,至少近代教育在这方面的努力,倒反赶不上前代的努力,并且似乎根本上还不很了解。近代青年品格的似乎有退无进,以及一般道德生活的水准的低落,都不能不归咎到此种了解与努力的缺乏。

至于反应的控制,问题显然更复杂了。上文说过,通性虽同,而程度上亦大有不齐,个性各异,其极端者且判若两类,个体不同如此,而欲求反应的比较整齐划一,或虽不齐一,而浅深长短之间,可以收相须相成之效,事实上是不容易的。不过前代从事于品格教育的人至少有一个入手的方法,就是特别注意于意志的培养,让意志来统制理智、情绪、想象等其它方面的心理活动。这就回到上文所提的个人裁节的那个条件了。《大学》的诚意正心,《中庸》的明善诚身,孟子的收放心,以志帅气,善养浩然之气,其实全都是养志与自我裁节的功夫,到了阳明一派,甚至于连格物致知也成为这功夫的一部分。养志与自我裁节的功夫原应有消极与积极两方面,消极主收敛,主省约,其结果是律己紧一步;积极主扩充,主博大,其结果是待人松一步。孟子的以志帅气,是兼消极积极两面说的,所谓收其放心,显然是消极的,所谓善养浩然之气,可以说是积极的。不过消极的功夫易做,积极的功夫难成,所以历来儒家与理学家大抵收敛有余,扩充不足,不谈修养则已,谈则似乎始终在慎独、毋自欺、反求诸己上用力;其专讲明心见性的几于和禅定没有分别:这当然是消极之至了,消极之至,就根本成为一种反社会的功夫。人我的关系到此是减少到了最低的限度,群居生活的和不和是谈不到的了。

不过当其不过于消极的时候,这种收敛的功夫是有很大的社会意义的。谦恭、廉让、一般的礼节、全部的制度,全都建筑在此种功夫之上。礼、节、制、度这一类字眼的本义原全都有收敛的意思。这些都是形于体外而见诸行为的。要形于体外见诸行为而不失诸虚伪造作,必须内心先有一番长久的修养功夫,所谓慎独、不自欺、反求诸己等便是这功夫的所在了。《易经》上"敬以直内,义以方外"的两句话,所指其实就是此种内外兼赅表里相应的功夫。所谓道德的德字是这种功夫的总称,所以德字训得,是内得于己,外得于人,而内得于己是入手处,所以德字的原字是从直从心,和正心诚意的正心二字完全是一件事。凡用收敛功夫而能内得于己的人,只要不过其分,只要克己而能复礼,即克己而能归于适当的分寸,是不怕不能外得于人的。我们即从普通的物理说,所得的结论也复如此。两物之间,彼此收敛过分,结果是发生不了关系;但若伸张过甚,或流放过甚,结果是磨擦、排挤、以至于冲突。最合理的安排是有事时接触,无事时彼此收敛几分,中间留些回旋的余地,也正所以为有事时接触地步。明此道理与行此道理的人是内得于己外得于人的人,也是以独则足,以群则和的人。

讨论品格教育到此,我们就可以有一个初步的结论。一方我们既有了明与恕的两个行为标准,一方面我们又有了一个训练意志让个人知所节取的入手方法,目标有了,方法也有了,其它较细的节目我们可以不论。知明知恕,是不容易的,能明能恕,也许是更难,也许两者是一样的难易,也许,照阳明学派的说法,两者根本是一回事。无论如何,意志与节取能力的训练是绝不可少的。一个人要了解别人同于我的通性,知人我之间随时随地可以发生名利物欲的冲突,而于智力情绪的运用施展上,预留地步,是需要相当强大的意志力的;至于领会别人的个性,承认别人的见地,尊重别人的立场,所需要的自我制裁的功力,不用说是更为巨大。约言之,不论明恕,谁都先得做些制裁的功夫,做些虚一以静的功夫,这种功夫多少是带几分自我强制的性质的,而自我强制非运用坚强的意志不为功。孔子说过,“强恕而行,求仁莫近",就是这个意思。我们不妨补充一句,恕要强,明也许更要强,须得强恕与强明并行,才真正可以几及仁字所指的道德的境界。

总之,品格教育是三部分合成的,一是通性与个性的辨识。二是明与恕两个标准的重申与确立。三是个人的修养,特别要注意到意志与制裁能力的培植。

这种品格教育是从中国原有的道德教育系统里抽绎出来的。不过作者认为它的价值并不因时代的变迁而有所贬损。实际上近代教育家不谈品格教育则已,谈则也免不了走上这条前人大致已经踏过的路,所能增益的不过是一些整齐与细密的程度罢了。中国文化向重经验,也自有其数千年的阅历来做考验的资料,一般的文化如此,教育尤其如此,一般的教育如此,品格的教育尤不能不如此,就因为品格教育特别着重身教,而身教不能不先拿体验做张本,侈谈理论是不生效力的。

何以言近代的品格教育不免走上前人多少已经走过的经常之道?就上文所说三部分的第一部分说,通性的辨识是由来已久的,文化经过一度剧变,例如中古时代末造神本思想的文化转入人本思想的文化,或文明的领域一天比一天扩大,人对人类的认识由宗族的展开而为部落的,为邦国的,为世界的,此种通性的辨识也就跟着演变扩大。自心理学的昌明,通性的辨识更获得了科学的申说。至于流品与个性的辨识,情形也正复类似,中途虽曾再三因平等理想的流行,而转趋暗晦,但事实最称雄辩,冥想终不敌常识,才性之悬殊,竟有若跛鳖之与六骥足,是谁也瞒不过的;而近代心理学,尤其是才能心理学或气质学等派的努力，所已发挥光大的要远在平等理想论者所能遮掩讳饰的之上。总之，及今而言通性与个性的辨识，实在要比前代容易得多。

至于第二部分，明恕两标准的重新确立，我们如必须说待时乘势的话，也并不是办不到。恕的标准原是中西道德哲学的共同出发点，早就有比较稳固的基础。至于明，虽亦曾因流品的讲求与否而时有显晦，到了近代，作者以为是再也暗晦不来的了。为什么？因为科学文化的最不可磨灭的精神就是明的精神。明就是客观。如果自然科学的发达是滥觞于人对物的客观的明辨之上，使前代的拟人论与人类中心论一类的思想无所再施其技，则社会科学，包括社会学与教育学在内，势必以人对人的客观的明辨做第一个先决的条件。明与恕都可说是客观论的一种，不过恕是相对的客观，因为人我相通的品性，是可以“以己度”的，人我可以相比量，所以说相对；至于明，则是绝对的客观，那就和科学方法里的客观论毫无分别。有近代的科学精神倡导于先，明的标准是不难重新确立的。

最困难的还是第三部分，即个人的修省，特别是意志与裁节能力的培植。这是一个讲求集体生活的时代，以不能适应潮流为可耻的人，最低的限度也喜欢高谈社会化，甚或主张各式的社会主义，再甚则以极权主义为集体生活的最高方式。这种人是无须乎个人的修养的，更无须乎意志与裁节力的培植。在他们的品格观念里，服从是最高的美德，甚至于唯一的美德。能无我，能舍己从人，能以众人或代表众人的人的主张为主张，便是他们的修养。团体的意志或团体代表人的意志便是他们的意志。自卢梭以来，政治思想家侈言所谓一般意志。这一般的意志究属是不是一个事实，我们不知道，但个人意志的日就扫地以尽，修养培植的需要已一天少似一天，却是一大事实。这是困难一。

近代还有不少的人恪信个人主义。我们顾名思义，宜若个人主义可以讲求一些个人的修养和制裁能力的培植了。但事实也很不然。个人主义是建筑在权利与义务观念之上的，但这还是理论，若言事实，则不妨说它完全建筑在权利观念之上。从权利观念出发的人我关系，绳以上文的讨论，实在是很不健全的一种关系，这种关系，其所凭借既是分子间的彼此牵掣，相互克制，而不是每个人的自我克制，故其结果最多不过是群居生活的暂且的相安，而不是比较持久的协调。权利观念的不足以维系社会关系，国内的贤达早就有人讨论到过，例如梁启超先生[①]和罗文干先生。国外社会思想界也颇有人主张以社会效率的观念来替代权利观念，那又不免和集体主义的见地很相接近了。总之，个人主义既从个人的权利观念出发，而又尊尚迹近放纵的自由，力主自我的表现等等，是极容易走上流放的一途，而和上文所讨论的收敛与裁节的精神根本相反。这是困难二。

其它零星的困难尚不一而足。例如十八世纪以还浪漫主义的思潮和它所引起的种种解放运动是和个人主义与自由主义沆瀣一气的。又如，即就心理学说的范围而论，至少福洛伊德（Sigmund Freud）的精神分析一派也有欲力解放与自我解放的主张。在此派的批评家，例如霭理士（Havelock Ellis）虽承认相当的

① 见《先秦政治思想史》。

解放固属重要，适度的裁节与克制也属万不可少，不过这种持中之论[1]，总还是少数人的见地，未邀许多人的公认。再如，近代教育追随了这种种思潮与运动之后，自身对于这方面问题的严重，还没有充分的觉悟，自然也是困难之一，并且不止是一个零星的困难。目前的教育对于一般的个人修养，既所忽略，对于意志与制裁力的锻炼，更在所不论不议。西洋一部分的批评家认为近代学校教育的一大功能是教育有志力青年浸淫沉湎于知识欲中，使没世不能自拔，此虽不免言过其实，但学校教育的只能作知识的授受，而全不理会它方面心理生活的诱导，是我们久已知道的。

不过，困难虽多，困难所由产生的因缘虽多，品格教育的中断或未能继续演进，安知不是根本原因之一？困难既从不讲求品格教育而生，及其既经发生，讲求自更不免日见不易措手，则我们及今诚能排除万难，对此种教育作有力的推进，所有的困难与此种困难所引起的其它生活方面的问题，岂不是就可以迎刃而解？是的。从明恕的立场看，集体主义的思想是比较的恕而不明的，个人主义的思想则是比较的明而不恕的；换言之，个人主义容易忽略通性，而集团主义容易忽略个性，这一点在目前欧美的社会生活里很方便的可以找到证明，无烦多事申说。即就近代盛称的一个社会理想——各尽所能，各取所需——说，个人主义的可能成就，侧重于各尽所能，集团主义则侧重于各取所

---

① 见拙译《性心理学》[见《潘光旦文集》第12卷。——编者注]第六章论《贞节》的一节。

需。各尽所能近乎明,各取所需近乎恕,名词虽有不同,而所指的实在是同类的人伦关系。至于浪漫主义一类的思潮与其引起的种种文化问题,在一个健全的品格教育之下,也是无从发生,即或发生,也可以不至于趋于淫滥,而成为感伤主义、堕落主义等等的末流,也是不待赘言的。

归结上文,明与恕是品格教育的两大标准;明与恕都要我们待人放宽一步,不过在待人能放宽一步之前,先得律己收紧一步。放宽与收紧都是一种分寸与裁节的功夫。必须有善自裁节的个人于先,斯能有和谐与协调的社会于后。这原是中国礼教文化的中心精神,也是我们品格教育应有的鹄的。目前流行的各种思潮里,集体主义失诸不明,个人主义失诸不恕,而浪漫主义失诸不知裁制,我们实施品格教育以后,目前世界的文化潮流也才有澄清的希望。

二七　说训教合一[①]

（一九四一）

训与教，我认为是根本上分不开的，根本上也许是一件事。就字源说，上所施，下所效，谓之教；说教，谓之训；《晋语》，"君君臣臣，是谓明训"，训即注教，可见训教之间，我们实在寻不出什么分别来。要强作辨别的话，也许我们可以说，训是有言之教，教是无言之教，至少是不借重言语之教；或更具体一些的说，教材比较现成，特别是文字的教材，而教法偏于被动的教育可以叫做训，反是，可以叫做教。《诗·烝民》，"古训是式！"《左传》，文公六年，"告之训典"，注，训典是先王之书；所训的都是一些现成的文字的资料。《周礼·地官》有"土训"与"诵训"两个职司，《夏官》又有"训方氏"，都是根据了现成的经验传说，或对国王进言，或对民众申告，而其间又都有一些劝诫的意思。到了近世，政府劝诫民众的《圣谕广训》，地方教育长官里的"训导"，再至最

---

① 为了应付抗战与抗战后的局势，大学教育必须有一番变通的设施。当初我本来准备写五篇文字来讨论此种变通应走的途径，总名之曰《大学变通论》。五篇的分题是：工读兼营，训教合一，通专并重，理实分途，男女异教。后来只写得两篇，现在都辑入本书中。

近，党国时代的有“训政”时期，军队一类的组织里有“政训”工作，中等教育以上的必有“军训”，各级学校皆有“校训”，等等凡用到训字的所在，我们可以发见所训的总是一些成规成说，并且是假定为短期内不会变更以至于希望它永不变更的东西。

假定上文我们所勉强找出来的训与教的分别是对的，那我以为教育的过程里，训的成分应当越少越好。宗教是完全由训的成分造成的，宗教名义上虽称教，其实整个的是训，耶稣有《登山宝训》。那训字是用得最切当的。政治或许也很需要训的成分，因为大众的智识和政治领袖的智识相差得太远，非有一番训的功夫，不能提高一般的政治的知能，也不能教国家实际政治生活的臻于清明之境，可以提早几年。不过开明的先觉像孙中山先生，在分别军、训、宪三个时期的时候，已多少承认训政不过是一个过渡的段落，宪政才是最终的归宿，国民党早晚要归政于民，民众总有一天会自觉的与自动的经由政治的途径来觅取国家民族的福利。可见即在近代政治的领域里，训的需要也是很有限制的。

至于在教育里，这种需要就显然的更少了。教育的目的既在辅导青年的发育，启发青年的德性，发育既各有自然的速率，慢的不能强使之快，德性又各有遗传的限制，无的不能强使之有，少的不能强使之多——这其间便根本不适用任何过于“现成”的资料与过于“速成”的方法；一言以蔽之，就是根本上不适用训。真正的教育对于所教的青年，只能有八个字的假定，就是，顺其自然，因其固有，不顺自然是戕贼，不因固有则徒然。这种说法似乎是陈义太高，但教育只能有此说法，否则，它就不成其为教育，而和政治、宗教等其它文化方面的努力根本没有分别。

说也奇怪,儒家讲教育的两大作品,《论语》与《学记》里,就根本找不到一个训字。我曾经算过,全部《论语》里,一起有七个教字,两个诲字,两个传字,一个诱字,却没有训字。《学记》里有十八个教字,也没有训字。而在中国第一种的政治作品《尚书》里,一起有五十五个训字,同时教字也有,但最多不出十个,我实际数到的似乎只有八个。这一点点数字上的比较别无很大的意义,但至少可以证明,即在两三千年以前,我们似乎已经懂得政治与教育的一个基本分别,就是,政治用得着训,而教育用不着训。再细看《尚书》里训字的用法,也多少可以坐实我们在上文所提出的训与教的分别。《尚书》的篇名有典、谟、誓、诰、训、命等,全部是命令式的文字。以训为名的虽只有一篇,《伊训》,但训的语气则全书到处皆是。大抵越是做君主的或民众不学好,或我们深怕他们走下流的路,训的需要便越大。《伊训》就是伊尹为了不长进的太甲而作的。上文说,训的内容不外是一些成规成说,这在《尚书》里也最容易看出来。例如:《五子之歌》说,"皇祖有训";《太甲》说,"密迩先王其训";《说命》说,"学于古训乃有获";《毕命》说,"不由古训,于何其训?"命令式的语气,消极的制恶的训斥方法,一切成规成说的数说等等,在政治上,对于不图上进的君主,对于知能低下的一般民众,也许有它们的用处,但是在教育上,对于青年学子,特别是二十岁上下知能已渐趋成熟的学子,至少在理论上是绝对的用不着的。《论语》与《学记》中的找不到一个训字,我以为决不是偶然的,而是具有深切的教育的意义的。

《论语》与《学记》不但完全不用到训字,并且连教字也用得很省，好像是不忍用似的。教学两字，原是一个过程的两个方面，但在深明教育原理的人，在深知青年心理的人，认为一样用力量，这力量要多多的用在学的一方面，就是，要青年多多的自动，所谓教，也无非是激发与鼓励此种自动的力量罢了。全部《论语》里，上文说过，只用得七个教字，并且用得都很宽泛：《为政》的“举善而教不能则劝”；《述而》的“子以四教，文、行、忠、信”；《子路》的为政三大步骤，庶、富、教，又，“善人教民七年，亦可以即戎”，又，“以不教民战，是谓弃之”；《卫灵公》的“有教无类”；《尧曰》的“不教而诛谓之虐”——都是很宽泛的，有的并且和狭义的教育没有多大关系，并且也还有几分消极的意思，不能，才要教，即戎，才要教，免民众的入于恶而婴诛僇，才要教；消极的成分不是健全的教育所应有，也许是《论语》里教字所以不多见的又一个原因。

但主要的原因还是在自动的学重于被动的教。全部《论语》里至少有五十六个学字，而“好学”两字联用，则多至十六处。“学而时习之”一语占开章明义的地位，大概也不是偶然的。它如孔子自称的“吾十有五而志于学”；“见贤思齐，见不贤而内自省”；“能见其过，而内自讼”；学力虽足，中路而废，谓之画；对“自行束修以上”的人，孔子未尝无诲；“不愤不启，不悱不发”，举一不反三则不复；孔子自谓“好古敏以求之”；又说，三人行，必有其师，择善而从，择不善而改；孔子不拒绝互乡的童子，说，与其进，不与其退，与其絜，不保其往；“学如不及，犹恐失之……”；“古之学者为己，今之学者为人”；孔子评阙党童子为“欲速成”而“非求益”；子贡称孔子无不学而无常师；——等等，无往而不说明学贵自动的一层精义。《学记》的内容也复如此。全篇之中,教字只有十八个,而学字多至四十八个。又全篇所讲,明明是我们现在所称的教育,而题目却用《学记》两字,可见也是有它的深意的。

《论语》与《学记》里所叙述的教授法也确乎是一种教人自动的一个方法,很客观,很没有勉强的成分,可以说丝毫没有把施教的人自己的与现成的事物强加于受教者的身上的意思。在《论语》里,颜子的喟然一叹最可以反映出这种精神来。“仰之弥高,钻之弥坚,瞻之在前,忽焉在后——夫子循循然善诱人,博我以文,约我以礼,欲罢不能,既竭吾才,如有所立,卓尔,虽欲从之,末由也已”。《学记》里也有一节性质相同的话:“君子之教,喻也;道而弗牵,强而弗抑,开而弗达;道而弗牵则和,强而弗抑则易,开而弗达则思,和易以思,可谓善喻矣。”善诱与善喻,实在是同一手段,同一精神,青年学子虽未必人人像颜子,可接受这个手段,体会这个精神,但在施教的人却不能不作此假定,抱此信念,认为发育已到达相当的年龄,而身心品性又复大体健全的青年都有这种接受与体会的力量;没有这一个基本信念的人不配做教师,不配而强以师道自居,结果是误人子弟,是“贼夫人之子”;“人之患,在好为人师”的一句话就是为这种自作聪明的人说的。性心理学的大师英人霭理士(Havelock Ellis)说过,他对当代的青年是始终有很大的信任的;有此信任,两性生活便不怕开放,思想生活便无妨自由,而一切教育的努力便用不着采取训示的方式。孔子说后生可畏,其实也不外这一层尊重青年的意思,可惜后世以师道自居的人往往把可畏两字太照字面解释了。

《学记》对于教育,还提出过一个可以教好为人师的人深深的自省自谦的一个原则，就是“教学相长”。“学，然后知不足，教，然后知困；知不足，然后能自反也，知困，然后能自强也”。所以真正的教育，不但教别人能自动的学，更教自己作进一步的学的功夫。教学虽然并称，而重心所寄还是在学的一方面，这又是一点证明了。做教师的人的任务既一半在知困自强，在自我的进修，试问，还敢以师道自居而以训示的方式教育后进么？真正的教育不应有，也不会有训的成分，我们联想到这个“教学相长”的原则，也就思过半了。

由上文之说，可知一则训教二字根本不能分，再则若按照习惯的用法，真要加以区别的话，则教育的过程里便不宜有训的成分；既然如此，则近代中国学校教育里的训教之分又从何而来的呢？这可以分三层说：一是由于理学和科举的流弊；二是由于近代学校的偏重智识教学；三是由于最近学校教育的政治化与夫青年思想的主义化以至于宗教化。

关于第一层，我们应当参考到宋代到清代书院制度的精神的变迁。就一般的情形与趋势说，书院教育是无所谓训教之分的，或从训教已分的今日的立场说，是训教合一的。近人刘伯骥在《广东书院制度沿革》一书里说，“从前学校教育是训教不分，官师课士，寓教于训，建立书院，耳濡目染，无非训导的环境”[①]。又说，“前代教育是训教合一，凡教时不能离却训，凡训时也包含有教的意味，从其整体言之是教化，从其分体言之，才有训教两

① 刘伯骥：《广东书院制度沿革》，页三九四。

面的"[1]。我们根据上文的讨论,可知这一类的话是似是而非的,是以今拟古的;以前的书院教育原则上只承认教,不承认训,无所谓训教之分,更无所谓训教之合。著书的人不察,随意用今日的眼光衡量以前的史实,才有这种错误。书院教育里若真有所谓训教的两部分,无论在实施上是分是合,试问,训的部分究从何处起,而教的部分究到何处止呢?或换一种问法,整个青年生活的那一角和多大的一角是适用教,而其余是适用训的呢?这问题是无法答复的。

不过我们也得承认,书院制度到了末流,甚至于在明代中叶前后,训教两个部分,初不论其内容如何,确乎有些分家的趋势。这从有一部分的事实可以看出来。宋朱子创立白鹿洞书院,设有五大"教条",叫做"五教之目"、"为学之序"、"修身之要"、"处事之要"、"接物之要",是包括生活的全部的,这生活的全部是都适用教的,都在"教条"范围之内的。元代程端蒙、董铢两先生又立有"学则"十八条,可以说是履行朱子教条的细则,也是对于生活各方面无所不包的。此外主持书院的官师所订的"教规"、"学约"、"学规"等不一而足,全都能很周密的照顾到整个的生活。我们在题目里和内容里并没有找到半个训字的踪影。唯一我所见到的例外是湛甘泉先生在西樵大科书院所订的正反四十八个节目的《训规图》和六十一条的《堂训》。前者相当于朱子的"教条",而后者相当于程、董两先生的"学则",也都是赅括到生活的各部分的,所不同的,只是题目中用到训字罢了。

---

① 同上,页四二八。

甘泉先生何以要用到训字,是值得推敲的。书院的发展,本与宋明理学相为表里,不过在前期里,讲学的虽多理学家,理学的臭味却不浓厚,这从这时期里各种“教条”、“学规”等的内容里可以明白的看出来。到了甘泉先生的《训规》和《堂训》,理学的臭味就特别浓厚起来,例如《训规》的最前正反四节目,又第十六第十七正反四节目,又如《堂训》通体有语录的口气,都是在别的教规学则之内所找不出来的。理学是富有宗教的意趣的,有到宗教的意趣,便可以有训示的语气。《广东书院制度沿革》的作者也说,“书院……讲学宗旨为理学,俨然有宗教的精神,自明代嘉靖以后,理学特别发达”,这种精神也自随而滋长。这是可以推敲的第一点。书院的演变似乎有三个时期,最初是一个比较自由讲学的场所,其次成为宣传理学的大本营,最后变为士子应科举考试的预备机关。清人讲到这第三期的流弊说:“今之书院犹兔丝燕麦耳:专求举业,事帖括,窃取青紫,气骄意盈;语以圣道,擿埴索途,茫然罔据,为可慨也。”我颇疑这种流弊在明代中叶已经发生。明代是用八股取士的科举制度完成的时代,到了甘泉先生的时代,它和书院制度一定已经取得密切的合作。甘泉在《训规》里正面主“二业合并”而反面则力斥“徒举业以干禄”。所谓二业,指的是举业和德业,《堂训》的第三十二到三十五条就是专为举业而发的。他说:“诸生慎勿以举业德业为二段事干,涵养吾德业,则发挥于文章,句句是实事”。又说:“举业不足以害道,人自累耳。”又说:“科举之学,合下立心,便分义利……读书以明心性,体贴此实事,根干枝叶花实自然成就,而举业在其中,此义之谓也。若读书徒事记诵,为举业之资,以取科举爵禄,便是计功谋利之心,大本已失,此利之谓也。”又说:“吾今教人不外科举……恐人又倒在一边,只在科举上立命。”——这一类的议论在宋元书院的教规学则里是绝对没有的,而到了明代中叶,便须如此再四的申说,足见当时的书院已经和科举的教育结了不解之缘,有识之士像甘泉,表面上尽作“不外科举”之论,底子里却深怕举业吞灭了德业,于是所以专门维护德业的《训规》、《堂训》一类比较特殊的方法便不能没有了。这是可以推敲的第二点。我们在上文说,书院教育到明代中叶,训教两部分已有了分家之势,甘泉德业举业之分本身也就是训教分途的一个明证,这是我们不能不承认的。

训教之分的第二个由来是近代学校的过于偏重知识教学。这一层我以前在《论大学设训导长》一篇短文(今见本书《附录》)里已经讨论过,现在不预备多说。要紧的是,接受新式学校教育的青年,除了知识一方面而外,其余的生活方面是落了空的。我们回忆自己的求学经验,好像我们所有的行为教育,最初在理论上则有修身一课,在实际上则有舍监先生的督促,后来进了中学以后,则舍监一变而为斋务主任或斋务长之类。到了不久以前,大家又深觉得斋务两字有些文不对题,普通的一个斋务主任又万不足以担当起行为教育的大任,于是便有训育主任的设置。最近又有人以为大学里在这方面也应当有些办法,于是便产生了现行的导师制和训导处。从舍监到训导长,其间至少有过三十年的历史,若从书院的斋长算起,这历史自然要长出许多,不过把行为教育或道德教育完全推在管理宿舍的人身上,确乎是近代教育开始以后的事,所以我们无须把这段演化的历史推得太远。无论如何，这三十年的经验证明了智识教育的偏枯和一个比较囫囵的生活教育的必要。囫囵的生活教育谈何容易，于是一串临时应付的办法便有了它们的地位，而终于造成了目前更进一步的训教分途的局面。不过临时应付的办法终究不成其为教育。谁敢说，三十年来，自舍监逐步演进以至于训导长，我们对于青年整个的人格教育，已经取得了不少的累进的成效呢？

上面说的两层由来，在性质上是完全相同的。科举教育无疑的是一种偏枯的教育，注重了举业，遗忘了德业，遗忘了一般做人应有的行为准备，于是甘泉先生一流的先哲便不能不提出《训规》《堂训》一类补救的办法。近代的学校教育，既专重知识的灌输以至于职业的训练，无疑的也是偏枯的，注重了知识，遗忘了身心发育的其他方面，于是主持教育行政的人便不能不规定“训育”“训导”一类权宜的措施。两者相较，偏枯的方向虽微有不同，其为偏枯则初无二致。若就职业训练一端而言，则可以说根本没有分别，科举教育和近代学校教育最大的成就还不是同样的替青年谋一个“正途出身”么？不过以前书院之有《训规图》与近时大学之有训导处有一个很重大的分别，就是前者的训教分途还只是名义上的，就教育行政以至于教育过程说，训教还是合一的，山长掌教等在讲学督课以外，于一般生活上兼负躬行实践，树立楷模的责任，所以尽管有《训规图》与《堂训》一类文字上的督促，训教终究是一回事。现在却不然了，训导处既已从教务处划分出来，不但名义上成为两回事，在行政的实际上也分了家，并且不免承认，当教育过程看，训与教是截然不同的。名分而实不分，还可以解释做一种权且补救的不得已的处置；如今名实俱分，并且各有各的组织，前途便有固定化与制度化的危险。

训教划分的第三个由来，是最近学校的政治化与夫青年思想的主义化以至于宗教化。关于这一层，我以前已经说过不少在一部分人看作不合时宜的话，在此无须再说①。不过我应当把训导制度和此种政治化、主义化、以至于宗教化的可能的关系指点出来。近代一部分政治思想是认为政治是应当有一套十分完整的信条的，这一套信条又是谁都应当拳拳服膺的，于是就民族政治论，凡属国民，于寻常的教育之外，更应接受一番根据这些信条的政治训练，而为接受的便利计，更宜乎和寻常教育同时并进。训导制的创置，于训导学生的一般生活（理智生活除外）而外，可能的还有这一部分未经说明的功能存在。政治训练的价值，政治训练应否和寻常教育并行，一般训育的训和政治训练的训夹杂在一起，在理论上有何困难，在实施上有何窒碍，本篇中都存而不论；不过政治训练的需要，对于训导制度的成立，有促进的力量，我以为是一个很可能的事实。

训教划分以后，大学行政已多少呈一种畸形的状态，也是值得在这里提出的一点。训导处下面所管辖的有军训、军事管理、体育、卫生、医疗、学生课外活动等等，在目前抗战的局势之下，还有一种极繁重的工作，就是各种奖金、贷金、救济金的支配，而在教务处下面，我们普通只能找到两种行政的工作，一是注册，二是图书，而在有图书委员会的大学里，它直接与完全管辖到的只有注册的一部分的行政。当初大学设训导处，把以前教务处

---

① 参看上文《学生参加政党问题》一文。

的工作划出去了十之八九,我就说过一句笑话,教务处从此就等于太上注册组,而教务长等于太上注册主任。如今看来,这不是笑话,而是事实。不过既有一个注册组,何须更有一个太上注册组,实在令人难于索解。若说教务是全校行政很主要的一部分,其内容不限于注册一部分,诸如课程之订定、各院系间课程的调整,以至于教师的聘订等,都是极关重要的。这固然不错,但试问各学院院长不能分别与共同担负这一类的责任么?至于教师的聘订,有的大学归一种会议来决定,有的由各院系的主持人商承校长后决定,教务处的责任本来就很小。总之,自训导处的划分,教务处似乎已经失去了它的所以存在的理由。这是一个很严重的实际的问题,值得研究大学行政的人密切注意。

我始终以为训教不能划分,甚至于以为教育只宜有教的功能,而不宜有训的功能。我想提出的解决的途径仍不外:一、取消训导处,二、恢复教务行政的统一,三、让凡是做教师的人负起对青年生活一般的指导的责任,而不仅仅以专门知识的传授为尽了教育的能事。我主张中有此第三点,所以我对于导师制是赞成的,不过以为既有“教师”的名目,便无须更立“导师”的名目,导师的名目不有则已,有则表示训教还是分的,教育的过程中还是有训的成分,其为不当于理,和训导处的设立正复一样。不过要让做教师的负起比专门知识的传授更大的责任来,我们还须有两个先决的条件,一是我们必须改变我们对于学问与教育的态度,二是我们必须慎择师资,一个只是某一部门的专家的人未必是当教师的好资料。这些,我以前在《论大学设训导长》一篇短稿里,已经约略讨论过,在此也无须赘述了。

二八　说工读兼营

（一九四一）

抗战开始以来，最高的教育当局和主持各大学的人所最感觉痛苦的一点是，总想在这非常的一般局面之内维持原有的与一向认为正常的大学机构。大学的数目至今是一样的多，说不定还多了几个，旧的有取消的，或暂时停办的，但同时也有新的添置。播迁到内地的学校，虽在流离颠沛之中，院系的组织，学程的开设，师生的数量，图书仪器的设备，学分与学年的限制，必修选修的分配，上课、请假、休学等等的规则……一切以前所有的如今都完全依样的有，即使事实上有做不到的，表面上也不能没有。这种努力，这种知其不可而为的努力是值得赞美的。我们的教育政策似乎和外交政策很有几分相像，就是，同样的采取“以不变应万变”的铁的原则。

不过这种努力也可以引起两个批评。第一个批评是主持大学教育的人似乎存着一种心理，抗战不久就要过去，胜利不久就要到来，这是一个过渡的时期，或者可以说是一个蛰伏的时期，是《易》卦《明夷》所代表的一个时期，在这时期内我们只有隐忍，只能维持原状，只能勉力支撑一个已有的格局，只能做些抱残守阙,补苴罅漏的工作。这心理是值得批评的。抗战是总要过去的,胜利是总要到来的,但三年五年以至于十年八年是谁也说不定的,如此支撑下去,虽复大费心力,行见残阙越来越多,罅漏越来越大,安知前途没有一天,抗战还未成过去,而残阙罅漏已经多到一个无法弥补的境界呢?

第二个批评是和第一个的性质相仿的,不过更见得深刻一些。上文所说隐忍或苟安的心理据说是有民族性的根据的。据说我们的民族,因为灾荒的经验特别多,已经养成一种性格,此种性格的效用,教我们对于四周的环境,只能消极的应付,而不容易积极的制胜。我们目前抗战的军事,可以说是很够积极的了,但我们的大学教育似乎终于不免掉进了消极应付的窠臼,以前敌人作进一步的侵入,我们的大学就作进一步的向内地迁避,有的大学迁避至四五次以上,这固然也是一种消极的应付,但这是我们不能责备的。敌人空袭的来到,大学的师生全部向郊外疏散,空袭解除,又全部回来,照常工作,今日如此,明日也如此:这也是消极的应付,但这也是不应当责备的;因为要在这些地方化消极为积极,不是教育行政范围的事。教育行政至多只能减少消极的程度,例如学校迁避应作比较的一劳永逸之计,不要一而再、再而三的老是彷徨在旅途之上。又如空袭疏散的时候,学校可以叮嘱学生,要力持镇静,勿过事张皇等等。不过有的消极的应付与此种应付所引起的苦闷是可以避免的。例如,物价一天比一天高涨,调平物价的力量虽不在教育当局与学校当局的手里,但就能力所及而论,难道除了津贴、米贴、贷金、救济金、以及其它头痛医头脚痛医脚的方法而外,更找不到比较积极的、持久的制胜环境的措施？又如民族文化里缺少科学，国家人才里亟需技术的专家，理工两科的充实，确属目前当务之急，毫无疑问的，充实之法要不外多设理工院系，鼓励青年选择理工各科做专业，和增加理工各科的仪器与图书设备等途径，而若干途径之中，尤以设备的充实最关重要。这一方面的设备是要向国外采购的，采购需要外汇，又需要交通路线，这两点又不是教育当局所能自由支配，使外汇一日不利于我，外国交通的路线一日不能畅通，难道我们这部分的教育工作就得长此停顿不成？就目前论，我们在这方面的积极的努力似乎是已经停止了，我们目前所在做的，似乎只是鼓励青年加入理工科的一类消极提倡的工作，而即就此种只重格式不重内容的提倡功夫而论，又不免失诸轻理重工，根本忽略了工从理出的那一层道理。好像只要一经提倡，技术人才就会产生似的。此种努力的苟安将就、舍本逐末、避重就轻，和用贷金的方法来解决学生的营养问题，岂不是如出一辙？

本篇要说的话，一方面假定抗战短期内不会结束，假如短期内可以轻易结束的话，那结果对我们一定是弊多利少；唯其一时不会结束，我们也不希望它作对我们不利的结果，我们在教育的设施上，好比其它方面的设施一样，必须有一些更进一步的积极的应变的办法。一方面也假定，即使抗战结束，而建国的工作正式发轫，我们在抗战期内所实施的变通的办法依然可以适用，依然不背于正常教育的原则。但兹事体大，决非一二人的思虑所能周遍，姑就管见所及，提出四个宽大的原则来：一是工读兼营；二是训教合一；三是通专并重；四是理实分途。至于这些原则的是否完全合乎事理，应该如何实施，实施时节的细目如何，当有待于专家的从长计议。本文姑先就第一个原则说一说。

工读兼营的原则有人说事实上等于教养兼施的原则,而教养兼施的原则是目前的教育当局已经在实行中的。抗战以前,学校教育只管教,而不管养。抗战开始以来,清寒子弟激增,于是贷金、救济金、伙食补助、零用津贴等等的办法便应运而生。最近更有人就青年营养的问题,或发为呼吁的文字,或从事于营养化学的专题研究等等,足见主持教育的人于教育而外,事实上已经兼顾到养。这见解是似是而非的。真正的教养兼施是应当取工读兼顾或手脑并用的方式的。工读的工所生产的养是自动的养,而目前所谓教养兼施的养是被动的养;自动与被动之间,实在有很大的道德的分别。目前所谓的养是等于救济,在名目上也很不客气的是救济。青年对于受公家救济的态度,可以说有三种,大多数是家境确属清寒,而以受救济为无愧的,一小部分是并不清寒,而不以受救济为有愧的,更有一小部分,虽属清寒,而是不屑于受救济的。对第一种青年,救济金一类的办法可以培养依赖与不劳而获的心理,对第二种青年更足以助长贪婪的习惯,对第三种青年则不免摧毁其自尊独立的傲气,都是很不健全的,都违反了正当的教育的原则。

工读的养是自动的。工读兼营的原则本有许多好处,职业教育运动的一批朋友提倡手脑并用的教育已有多年,认为只有这种教育才可以打破以前读书人卑视劳作的陋习,少数热心于教育试验的人也作过零星的提倡,例如上海的立达学园。工读自有其很大的教育的效能,我们是不怀疑的;不过时至今日,我们更不妨认识工读的经济的结果,而设法充分的与普遍的利用此种结果,特别是因为比起救济的政策来,这种结果要富有道德的涵义的缘故。

就事实论,目前实行工读的青年已经不在少数。大学生之中,完全靠家庭接济与公私补助的人比从前少了许多。有的在不妨碍课业的条件之下,在学校内外觅取短时间的工作;有的取得了学校的同意,得酌量少选学分,而在学校附近觅取比较长期而有薪给的工作;有的更进一步的向学校申请休学,在外就业一二年之后,再以储蓄所得做继续攻读的挹注。他们工作的种类也是不一而足,大抵除了高深的专门职业而外,目前我们都可以找到大学肄业生的踪迹。工读兼营在目前已经不止是一个原则,而是一个事实,目前所缺乏的是组织,是合理的提调,是教育当局的承认而引为积极的政策的一部分罢了。

我主张工读兼营应该成为高等教育以至于中等教育的政策的一部分,并且认为特别应该注重生产的工作,例如园艺、畜牧之类。大学年限之内,应该划出一部分的时间,说是最初的两年吧,作为半工半读之用,或上半日工,下半日读,或每日每一学生应至少工作若干小时。其因经济情形特别困难或工作兴趣特别浓厚,而愿意一面多做工作,一面延长求学年限的,也不妨设法加以容纳。

工读引起一些连带的问题。年限的问题就是一个。一向最少应读满几年的限制,当然不能没有;但可以延展至几年,或中间可以停顿几年,便大可不必限制。以前休学不得过二年的规定便可以取消,只要一个人有志力继续学业,又何必因年龄的缘故,加以阻挠?又一个是学分的问题,一个人最多应选习若干学分,当然要有规定,但最少的数量便可以不必限制。一个清寒有志的青年,因为同时要赡养家庭,愿意对于大学教育的完成,作一个七年或八年的计划,我找不到什么重大的理由来劝阻他。假定大学的前期将采取一个一律的半工半读的办法,大学教育的年限,以及每年的学分数量等问题,事实上便须根本加以通盘的修正。

工读所引起的一个最大的问题是学校的环境,特别要是所做的工作是属于生产一类而势须学校当局加以通盘筹划而引为行政的一部分的话。这样的工作需要一个农村或半农村的环境,需要大量可以自由支配的面积,无论作农业生产的园地,或工业生产的厂房,比较大量的地亩是不可少的。大学的环境,就通常的情势论,本来是乡村优于都市,郊垧优于城闉,在抗战的今日与建国的将来,这种比较似乎更见得显然。

在抗战进行的前期里,大学以城市做环境是有相当的意义的。抗战期间后方生活的紧张状态或此种状态的缺乏,以及社会生活各方面的变迁,都是值得观察的。敌人对于城市的空袭,在这时期里也无须乎过于作安全的躲避的计划,因为空袭的身经目睹,在不损失个人生命的有限条件之下,就是一种教育,也许是今后教育的最重要的一部分。不过抗战已经进入相当稳定的段落以后,城市环境的价值就减少了。一则后方的社会生活也渐趋于稳定,成为一种战时的正常状态,实地观察的需要也减少了。再则敌人空袭的频数增加以后,临时疏散的需要自然加大,此种情形虽并不能减少我们的胆量,摧毁我们的志气,但有一层是不能避免的,就是心理上的厌倦。厌倦的心理是可以妨碍学业的进行的。为避免这种心理计,也为图书仪器一类的设备得以铺陈出来而供充分的利用计,一个比较久远的疏散的办法，或转移入乡村或山野环境的办法，还是有它的地位。

就大学教育对于建国的需要设想，乡村或山野环境的优于都市环境，更要见得明显。中国人口的十之七八是乡村人口。无论工业经济前途会发展到什么程度，农业经济总是民族经济最基本的部分。不为别的，即为了和这十分之七八的人口发生联系，为了对民族的基本经济可以有些直接与不经转手的认识，大学青年应当拿乡村做他的教育环境。乡村与都市的文野程度原不能一样，但在中国，这差别是太大了，这种不应有的大差别是要教二三十年来的大学教育负责的。大学的所在地，既十之八九为大都市，而大学教学的内容，又几乎全部准备只教青年做城里人，而不做乡下人，于是成千成万从乡间吸引出来的青年就算是和乡村绝了缘。近年来乡村文化程度的特别见得落伍，这实在是最大的原因了。所以为乡村培植人才与保留元气着想，大学也应该选择乡村或山野的区域做它的环境。

最后可以说到工读兼营中工作的性质了。上文提过这种工作应当是生产的，即有狭义的经济的效用的。这种生产的工作又可以分为两类。一是一般的，即无论与前途的专业有无关系，凡属大学生，或凡属低年级的大学生，都应当参加。二是特殊的，即是与专业的准备有些关系的。理工科的学生可加入学校附设的工厂作工，或制造，或修理，法商科的学生可以管理合作社等等，可以说属于这特殊的一类。但我以为我们应当特别注意的是一般的一类，而这一类工作的性质是侧重于农业方面的。我们若不主张工读兼营则已，否则农业工作的结论是无可避免的。一则一样分配工作，只有这种工作最可以作普遍与平均的分配；再则根据上文乡村或山野环境之论，可知在这样一个环境里，最合逻辑的工作自然是属园艺畜牧等范围以内的；三则唯有这种劳作才可以教育青年对于民族的基本经济，可以有一个亲切的了解。当然农事劳作的优点还不止这几层。这种劳作最适合于个人卫生，如果钟点不太多，并且根本可以看作一种游戏或改换作业空气的安排。最后，我们不要忘记，这种劳作的生产力是最直接的，也是最可以取得近功的。在目前的情势之下，在贷金救济的局面之内，每一大学生吃两碗白饭，也许一时还不成问题，但菜蔬早就不敷分配，肉类的供给可以不必说；今后的大学生再想多吃几块肥肉，怕除了实行工读，实行兼事农业劳作以外，没有第二条路。

对于工读兼营的主张，我们发见至少有两个可能的质难。一是国家需才孔亟，工读兼营的结果不免延长大学毕业的年限，因而展缓人才的产生与供给。这质难是不容易成立的。我们承认国家举办大学生贷金与救济金之类，原有这种苦心孤诣存乎其间，但救济不是办法，上文已经说过，即使是一个办法，即使在道德的立场上完全站得住，试问十数元的法币，又能有多少大的贡献，这区区之数能维持残喘，则有之，要提高营养，则相去尚远。然则国家能"做好事做到底"，或所谓"送佛送到西天"么？事实上怕又不可能。既不可能，则大学毕业的年限，平均不免从四年展到五年六年，也是无可如何之事，自从有先修班的办法以来，这年限不已经展到至少五年了么？

还有一个质难是，大学教育是很崇高的，他的目的在教人做人，教人消受中外古今一切文化的精华而加以增进，如今主张工读兼营,岂不是与请学为老农老圃的樊迟犯了同样的毛病?这质难也是似是而非的。试问,目前大学里职业准备的成分还少么?不少,在一般人的眼光里,大学根本是职业训练的一个场合,并且还抱憾它训练得不充分,以致大学出身的人不容易找出路!我个人平时对于大学的看法,也赞成陈义不妨较高,因为,求乎其上,仅得其中。我一向并且不赞成专为职业而教育,教育的结果,做人原是第一,吃饭本领应是余事。但从教育与身心锻炼的立场,适当的劳作是有很大的价值的,这一层谁也不能否认。主张工读兼营的人无疑的应从这一层出发,作为他的基本的立场,劳作的结果而能有助于生产,能于生活的营养,有所补益,那也是值得欢迎的一个副产品。至于工读教育不但不至于妨碍做人与通识的教育,并且还有帮忙,我在别处另有讨论。[①]

时至今日,大学的生活势非加以变通不可了,工读兼营便是变通的一个方向。西洋天主教寺院里的学者往往兼营农业,划时代的孟德尔遗传法则就是这样一个和尚学者的贡献。中国民族也原有耕读并行的理想,这理想是很健全的,民族不少的元气,就是经这个理想保全下来的。如果我们一面想呼应与实行这民族原有的理想,一面又承认适当的劳作,特别是在发育的年龄里,对青年有很大的教育的价值,还有第三面,即对目前抗战的环境与需要,真想力图顺适,自求多福,为什么不把工读兼营的原则,有规模的实验一番?

① 参看拙译赫胥黎《自由教育论》[见《潘光旦文集》第13卷。——编者注]。

二九　宣传不是教育

（一九四〇）

寒假期内（民国二十九年），西南联合大学的同学到四乡去做了些兵役的宣传，又举行过不止一次的兵役宣传讨论会，在讨论会的布告上用大字写着："宣传也是一种教育"，意思是深怕人家瞧不起宣传，因而不高兴参加关于宣传的讨论会，或是不热心担当宣传的工作。我在这篇文字里，准备向热心从事宣传的人进一解：宣传实在不是教育，不宜与教育混为一谈，教育工作是越多越好，宣传工作是越少越好，一件用一张嘴或一支笔来做的工作，要真有教育的价值，真值得向大家提倡，那就不客气的叫它做教育就是了，大可不必袭用宣传的名称。兵役的教育就是一例。那些瞧不起宣传的人，对宣传工作取怀疑态度以至于厌恶态度的人，是很有他们的理由的。

宣传与教育都是一种提倡智识的工作，这一点是双方相同的。但双方相同的只限于这一点，不相同之点可就多了。

教育与宣传的根本假定便不一样。因为假定不一样，于是提倡或施行的方式也就大有分别。教育假定人有内在的智慧，有用智慧来应付环境、解决问题的力量。教育不预备替人应付环境，解决问题，而是要使每个人，因了它的帮助，十足利用自己的智慧，来想法应付，想法解决。教育又承认人的智慧与其它心理的能力虽有根本相同的地方，也有个别与互异的地方，凡属同似的地方，施教的方式固应大致相同，而互异的地方便须用到所谓个别的待遇。根据这两层，近代比较最健全的教育理论认为最合理的施教方式是启发，不是灌输，遇到个别的所在，还须个别的启发。

宣传便不然了。他所用的方式和教育的根本不同，而从方式的不同我们便不能不推论到假定的互异。宣传用的方式显而易见是灌输，而不是启发。它把宣传者所认为重要的见解理论，编成表面上很现成的，很简洁了当的一套说法，希望听众或读者全盘接受下来，不怀疑，不发问，不辩难，这不是灌输么？这种灌输的方式是说不上个别待遇的。说法既然只有一套，或差不多的几套，又如何会顾到个别的不同呢？从这种提倡或施行的方式，我们便不由得不怀疑到从事于宣传工作的人多少得有如下的假定，否则他便不免气馁，而对于他的工作无从下手。他得假定智慧是一部分人的专利的东西，只有这一部分人，比较很少数的人，才会有成熟的思想，才能著书立说，才有本领创造一派足以改造社会、拯救人群的理想；其余大多数的人只配听取，只配接受，只配顺从；至少，这些人虽有智慧，那程度也只到此为止，说不上批评创造。“民可使由之，不可使知之”的两句老话，民字，古人有训瞑的，有训盲的，有训泯然无知的，在民本与民治思想很发达的今日，我们不能承认这两句话和这一类民字的解释为合理，真正从事于教育的人也不承认，但我们替宣传家设想，却真有几分为难了。

教育与宣传的其它不同之点，可以就来历、动机、狭义的方法、内容、与结果等简单的说一说，这几点虽没有上文那一点的重要，但也可以教我们辨别一篇文字或一个讲演的教育价值或宣传价值。宣传原是一个由来甚远的提倡的方法，社会学家也一向把它认为社会制裁的一个方式，不过把它当做一个社会问题看待，把它判断为近代社会病态的一种，却是欧洲第一次大战以后的事。十余年来，欧美的思想家、教育家、社会学者、心理学者、尤其是社会心理学者，在这题目上已经下过不少的功夫。我们在下文要说的话，大部分便是他们所已得的一些结论。

一篇宣传性质的稿件往往会引起来历的问题。我们看到一种宣传品之后，时常要问这宣传品究属是谁的手笔。我们所能找到的答复，有时候是一个笼统的团体的名字，或者是一个个人的两个字的假名。有时候连这一点都找不到。约言之，宣传品是往往来历不明的，是没有一定的人负责的。何以要如此？我们可以推测到两个原因，一是内在的而一是外来的。宣传的动机与内容也许有经不起盘驳的地方，所以作者不愿或不敢把名字公开出来，愿意藏身幕后。这是内在的原因。在思想与言论统制得很严密的社会里，顾忌太多，动辄得咎，在所谓“正统”中的人为了拥护正统而不能不有所宣传，固然可以大张晓谕的做去，甚至于组织了机关专司其事，但在所谓“异端”的少数人士就没有这种方便了。他们除非是甘冒不韪而干法犯禁，便只有藏身幕后的一法。这是外铄的原因了。但无论原因如何，在接受宣传品的大众中间却发生了一个严重的问题。听信么？来历不明，为何轻易听信？不听信么？其间也许有些很有价值的见解或主张，轻易放过了，又岂不可惜？大抵轻信的人最初是听信的，但若宣传的方面一多，甚至彼此互相抵触，轻信的人也终于不再置信；而多疑善虑的人，则因来历不明的缘故，始终不肯听信，甚至于还要怀疑到幕后必有恶势力的操纵指使等等。结果，在宣传盛行的社会里，究其极可以闹到一个谁都不信谁，谁都怀疑谁的地步。宣传的所以成为社会问题，这是很大的一个原因了。不用说，这来历不明的问题，在教育一方面是很难想象的。

教育也没有动机或用意的问题。要有的话，根据上文启发智能的一段理论，我们可以知道主要的动机还是在促进受教者的利益，而不是施教者自己的利益。受教者终究是主，而施教者是宾。在宣传一方面，这主客的地位却往往是颠倒的。一个卖某种货品的商人，在广告里说了一大堆价廉物美的话，好像是专替顾客设想，其实最后的用意总不脱“生意兴隆，财源茂盛”。一个教门送宣教的人出去，为的是要人改邪归正，去祸就福，甚至于出死入生，从他们那种摩顶放踵的生活看来，他们的动机不能说不纯正，用意不能说不良善，但从他们对于信仰的态度看来，他们依然是主，而接受的人是宾。他们笃信天下只有一派真理，只有这派真理可以挽回人类的劫运，不惜苦口婆心的向人劝导。从这方面看，他和那卖货的商人根本没有分别，同样的名为无我，其实有我。一个宣传一种改造社会的理想或主义的人，所处的地位正复和宣教师的相似，他费上无限量的笔墨与口舌的功夫，为的是要人群集体的生活进入一个更高明的境界，不错，但我们不要忘记，他费上了这许多功夫，也为的是要成全他的理想，他的理想的“他”字上照例要加上一个密圈。

不过从接受宣传的人的立场看，商人、牧师、和主义宣传家的努力总见得太过于一相情愿。同时有别家的出品、别派的信仰、别种的主义在，他为什么一定要接受这家的而不接受那家的呢？他也许根本不需要这商品，也许正期待着科学家给他一个比较正确的宇宙观、人生观、社会观，而无须乎一派特殊的宗教与社会理想来撑他的腰。这种物欲少的人，与不做白日梦的人，社会上并不太少，只是广告家与宣传家太过“心切于求，目眩于视”，看不见他们罢了。自从广告术与宣传术盛行，这种人也确有日渐减少的趋势，宣传的所以成为社会问题，这也是方面之一了。

教育与宣传又各有其狭义的方法。我说狭义的，因为广义的上文已经说过，就是启发与灌输的分别。在宣传方面，所谓狭义的方法事实上只配叫做伎俩。这种伎俩有属于机械性质的，有属于艺术性质的，例如交通工具的利用，又如公务机关会客室里琳琅满壁、五光杂色的统计图表等等；但这些还是伎俩之小者，我们搁过不提。最关重要的是属于逻辑性质的一些不二法门。研究这题目的人普通把这种伎俩分做四种。一是隐匿，就是把全部分或一部分的事实压下来，不让接受宣传的人知道。二是改头换面，大的说小，小的说大。三是转移视线，就是，把大众的注意从一个重要的甲题目上移到比较不重要而比较有趣的乙题目上。四是凭空虚构。这四种伎俩都是无须解释的，大凡不修边幅一点的宣传家，包括一部分的新闻事业与广告事业的人在内，大都很擅长，而在稍微有一点眼光的接受宣传的大众，也大都看得出来，决不会每次上当，不过，就一般的社会影响而论，结果一定是很坏的。一个问题的解决，一方面固然靠人的智慧，一方面也靠比较准确的事实的供给，如果负一部分供给责任的人可以任意播弄，指黑为白，甚至于无中生有的捏造，其势必至于增加问题的复杂性而永远得不到解决的途径。至于教育一方面，无论近年来研究教学法的人怎样的设法花样翻新，这一类的弊病是没有的。

其次说到内容。这和上文所提的方法或伎俩很难分开。它和动机也有密切的关系。内容的价值如何，当然要看动机纯正到什么程度与伎俩巧妙到什么程度了。大抵动机纯正的程度，与伎俩巧妙的程度成一个反比例。不过我们即就动机比较纯正的宣传说，它多少也得用些伎俩，而这种伎俩势必至于影响到内容的价值。这种宣传家总喜欢把一个问题看得特别的简单，而提出一个同样简单的解决方案来。把问题看得简单，也许故意的看得简单，是伎俩，而这伎俩是近乎上文所提的改头换面的一种。把方案提得简单，便是内容了。举一两个浅近的例子看。有的宗教把人世的痛苦都归到初元的罪孽上去，是何等简单的一个问题的认识与问题的诊断？只要大家能忏悔，以前的孽债就可以一笔勾销，而新生命可以开始，又是何等简单的一个解决的方案？孟子是中国古代很有力量的一位社会改造家。改造家照例不能不用宣传，而宣传家照例得有一套关于问题诊断与问题解决的说法，即，照例得有标语与口号一类的东西，照例得有一个幌子。孟子的幌子只有十来个字:人性本善,人皆可以为尧舜。他的诊断和一部分宗教家的恰好相反,而简单的程度,则彼此如出一辙。人性是何等复杂的问题,以孔子之圣,还不免讳莫如深,而孟子信手拈来,便下一个“本善”的妙谛,不是很奇怪的么?不过我们只要把孟子的宣传家的身份(他的身份不用说不止一个)认识清楚以后,也就觉得不足为奇了。当代社会问题一天比一天复杂,像孟子一般蒿目时艰的人也一天比一天增加,像“性善”一类非十分十二分单纯不足以广招徕的说法也一天比一天的滋长繁荣起来,读者自己应“能近取譬”,无须我举什么例子了。

孟子自称知言,又提到他能辨别四种辞,诐辞、淫辞、邪辞、遁辞,而知道每种的病源所在。我们看了孟子的性善论,觉得应该再加一种辞,不妨叫做“易辞”,而其病源便在太切心于求得一种结果,初不论这结果是商品畅销,或天下太平;因为过于热中,就不免把问题看得过于容易,把解决的方法说得过于容易。目前宣传家的大患,正坐内容中“易辞”的成分太多。

根据上文,我们可以知道宣传的结果和教育的结果,不能相提并论。宣传在来历上、动机上、方法上、内容上既有这种种可能的弊病,则在接受的人会受到什么不良的影响,是可想而知的。他可以受蒙蔽,受欺骗,受利用,即或所接受的是一派未可厚非的信仰或理论,其动机决不在利用,在欺蒙,其影响的恶劣还是一样,也许更严重。受骗是一时的,上过一次当的人也许可以不上第二次,但一种偏见一经培养成功,要设法纠正,往往是一件穷年累月而不见得有效果的事。近年讲教育理论的人有所谓“重新教育”(reeducation)之说,也无非是想运用教育的原则与方法,就中过宣传的毒害的人身上,挽回一些造化罢了。[①]

① 参看美国 F. E. Lumley 所著 *The Propaganda Menace* 一书,特别是第四、五、六、十四等章。又拙译赫胥黎《自由教育论》中《说暗示的抵抗力及其它》[原载《自由论坛》第2卷第5期,1944年5月1日;见《潘光旦文集》第13卷《赫胥黎自由教育论》十五至十七。——编者注]一节。《宣传不是教育》一文作于一九四〇年,而赫氏的议论则我在一九四三年才看到;大而至于一般的自由教育的见解,小而至于宣传足以为自由教育的一大障碍的看法,赫氏的话真是每一句“实获吾心”。后来我把他关于自由教育的讨论(原是《目的与手段》一书中的一章)选译出来,作为单行本问世,这也未始不是一部分的动机。

三〇　再论宣传不是教育

（一九四〇）

上一篇文字发表了一星期之后，昆明版的《中央日报》很快的来了一篇社论，题目是《教育家的大责重任》[①]。从表面看，它

---

① 附昆明版《中央日报》的社论《教育家的大责重任》：

教育是革命建国的基本事业，教育家是负有革命建国的大责重任。总裁领导全民抵抗暴敌，维护人类正义，保障东亚和平，真所谓以一身系天下之重，而他自己总说："自黄埔兴学以来，未尝一日离弃教育者之生涯"，可见在革命领袖的眼光中，教育家对于国家民族所负的责任是何等重大了。

然则，教育家如何才可以负起他的大责重任而无愧呢？总裁在十天以前勖勉全国校长约电文中，训示已详，兹再引申其义，更举两端言之。

一、确立中心思想。往昔学界人士，有惑于思想自由之说者，以为幻想空论，不妨清谈，立异标新，可称诡辩，于是稗贩学说，莫衷一是；他如顽固之徒，抱残守阙，又以为教育乃清高事业，应与政治绝缘。殊不知国家存亡，民族生死，既已间不容发，断不容各逞臆说，贻害青年，而教育原为国家作育新民，栽培英俊，自更与政治法律等息息相关。唯其如此，欲国民之众志成城，必先求教师之一心一德，欲国民之见危授命，必先求教师之赴义争先。教育家而果皆以总裁之心为心，以总裁之志为志，则必首先对"建国原则"之三民主义，确立生死不渝之信仰，然后一切"脱离现实之空想"，"侥幸成功之幻想"，可以一扫而空。夫以全国之校长教师，服从总裁之领导，"奋其毅力"，"发其热诚"，则十年二十年前，我国教育无中心无（转下页）

是和我的文字没有什么特殊关系的，实际上却是针对着我的一个答复。

（接上页）本质所发现之缺点，“散漫凌乱，自私自利之风习”，必因教育家之一致努力，而焕然改观。全国青年身受此伟大时代新教育家的陶铸，也必能健全他们的思想，齐一他们的目标，在目前则抵抗敌人残暴的侵略，在将来则担当复兴建国的使命。这是青年光荣的前途，也就是教育家不朽的功绩。

二、重视革命工作。少数学校教师，在平时不无怀着一种错觉，以为只要能够传授学生以知识技能，已经尽了他们的天职。姑[查原报此字为“始”，疑本为“姑”。——编者注]无论这种见解是否合乎真理，但至少我们得说，在此抗战建国的非常时代中，抱这种狭隘观念的教师，断不能负起领导青年的责任的。不但如总裁所示教师之对于学生，必须于知识技能之传习以外，更“毅然肩负指导学生思想，陶铸学生品性，管理学生生活，锻炼学生体力，健全学生人格之责任”，而且应该认识，教育本身就是一种革命工作——革命的宣传工作。须知孟子所谓“先知觉后知，先觉觉后觉”，这是教育，也就是宣传，教育者无他，持久的宣传罢了。有人以为没有纯文艺，凡是文艺，都是宣传。我们对于教育，也可以这样说。总理曾经有一段话：“人类的天性，本来没有蜜蜂和蚂蚁的天生长处。所以能够变好的原故，多半是由于学习。普通人要学习，便是不知，先知先觉的人要他们知，便应该去教育，这便是宣传”。孔子为万世师表，中国历史上一个最伟大的教育家，可是总理却称颂孔子是最有力量的宣传家。他说：“今日中国的旧文化能够和欧美的新文化并驾齐驱的原因，都是由于孔子在二千多年前所做的宣传工夫”。即此可认教育，的确就是宣传，毫无疑义。宣传是革命建国的重要工作，而教育家在实质上就天天负起这重要任务，如何可以忽视革命工作，以为与我无干呢？我们常说，要实施三民主义的教育，所谓三民主义的教育者，三民主义的宣传而已。不但讲“公民”，讲“党义”，离不开三民主义，推而至于教“国文”，教“史地”，教“卫生”，教“常识”，教“体育”，乃至教一切社会科学，都应该把三民主义的精神灌输进去。须如水银泻地，无孔不入，夫然后可谓尽三民主义的教育之能事，可谓无负革命工作之重大使命。

全国的校长，全国教师诸君，既为现代中国的教育家，也就是为现代中国在抗战大业过程中的宣传家。诸君肩负革命的大责，担当建国的重任，黾勉辛勤，艰苦卓绝，必能作育新民，完成使命，受百世无穷之尊敬。

不过《中央日报》的社论虽则切心于答复我的文字以及近来教育界所发表的一切类似的议论，实际上它又没有能真正的答复。我说宣传不是教育，多少还说了一些为什么不是。那篇社论说宣传就是教育，却没有说为什么是。它只引了孔子、孟子、以及中山先生的说法作法，认为这就是宣传即教育的论证。在一向承认或误会宣传就是教育的人，这种的论证无疑的是足够了。别的姑且不论，关于孔子，《论语·阳货》篇里有一段话说："子曰，予欲无言。子贡曰，子如不言，则小子何述焉？子曰，天何言哉？四时行焉，百物生焉，天何言哉？"孔子是一位教育家，我们很多人相信，若说孔子是一个宣传家，我们看到了这一段话，就不能没有怀疑。

不过我向不喜欢作辩论的文字，这第二篇里的话也决不在和任何人辩难。前文说宣传不是教育，意有未尽，愿再就近时教育的实际情形加以申说。

前篇说过，教育一向有两种方式与意义，一是灌输，一是启发，而近代教育学者的见解，则以为唯有着重启发的意义而力行启发的方式的教育才是真正的教育，否则便是宣传。启发的原则原是从生物经验中得来的，自近代生物学的昌明，而这个原则的价值更见得彰明较著。从此我们知道教育，就本人说，就是生长，就是发展，就是功能的协调的分化。就从事教育的人说，就是培植，就是诱掖，就是启发，也就只应限于培植、诱掖、启发而止。一个人种一棵花，他所应尽的人事，也就是所能尽的人事，是看水分足不足，阳光够不够，肥料充分不充分，有没有侵蚀它的病害虫害，至于这花长什么式样的叶子，开什么颜色的花朵，结什么香味的果实,他管得着么?他管不着。硬要管的话,他也就是孟子所称的一个揠苗助长的愚人。

根据上文的看法,我们很容易承认,旧日的所谓教育,大部分不是启发式的教育,而是灌输式的宣传。上自经书的诵习,下至《圣谕广训》的听受,一个人自小至老所接受的几于全部是宣传;至于其间究竟有没有教育的成分,有多少成分,则一方面要看一个人自身聪明的程度,意志力的大小,与夫接受暗示的难易,而另一方面要看宣传家在揠苗助长的时候所下的工夫的强弱久暂了。教育成分的大小,和一个人自身的能力成正比例,而和宣传家所下的功夫成反比例。不过世间智力特高、意志特强、不容易接受暗示的人毕竟为数不多,而个人的撑拒终究不容易胜过社会与时代的包围,所以"教育"的结果,终于造成了大批顽父的孝子、暴君的忠臣、庸夫的节妇,而找不到几个"天见其明,地见其光"的成人[①]。至于乡僻之地,则有为贪污土劣所鱼肉的安分良民,易代之际,更有受猾夏蛮夷所役使的顺孙孝子,其数量更不知纪极。这些,又何莫非以前所谓教育的重大收获?今日持宣传即教育之说的人似乎有不能不为旧时教育辩护的苦衷,试问清代的皇帝,在颁布《圣谕广训》的时候,何尝不以宣传当教育?更试问"九·一八"以来,敌人在东北的种种文化上的设施,也何尝不以宣传当教育?持宣传即教育之说的人应知后之视今,亦犹今之视昔,则对于宣传究竟是不是教育的一个问题,就可以思过半了。

---

① 语出《荀子·劝学篇》。

不过我们也得承认，中国旧时的教育始终并没有忘记启发的原则。以前有人为了巩固政权，为了维持名教，为了收拾人心，为了挽救劫运等等，固然用过大量的宣传的功夫；但讲起真正的教育来，至少讲起教育的理论来，这启发而不灌输的原则是未尝不昭昭在人耳目的。《易·蒙》卦说，“匪我求童蒙，童蒙求我”的时候，教育便有儿童本位与儿童自动的意思。后世称初期的教育工作为启蒙工作，显而易见是托始于此。孔子自述教育方法说，“不愤不启，不悱不发”，中间就包含启发二字。颜渊赞叹孔子的教育方法说：“夫子循循然善诱人”。孔子真对弟子们宣传么？我读到了这几句话，便绝对的不能相信。《学记》是中国古时教育学说的一个总汇，也说：“君子之道，喻也；道而弗牵，强而弗抑，开而弗达；道而弗牵则和，强而弗抑则易，开而弗达则思；和易以思，可谓善喻矣。”喻字等于晓字，也是启明的意思。以宣传当教育的人只知道做些“道而牵，强而抑，开而达”的工作，甚至于专做些牵抑的功夫；把自己所认为已“达”的东西硬送给人家，硬教人家“达”，并且是一模一样的“达”，结果自然是“不和、不易、不思”，而最伤心的是“不思”！西洋哲学家说，我思，故我在。不思岂不是等于自我抹杀，岂不是和教育的最大目的“个性发展”恰恰相反？即如孟子，我们一面承认他是一个宣传家，但他不做宣传的时候，他始终维持他教育家的本来面目（前篇说过他的身份不止一个）。他在《离娄》篇里说：“君子深造之以道，欲其自得之也，自得之，则居之安，居之安，则资之深，资之深，则取之左右逢其源，故君子欲其自得之也”。自得两字实在太好了。以宣传当教育的教育的大病，正坐不让受教的人有自得的机会。一样用水做比喻，从宣传方法灌输进去的水量，和用教育方法开发出来的水量相比，一则其涸可立而待，一则取之左右逢源，岂不是有极大的分别？这话恰好和《中央日报》社论里所说“水银泻地，无孔不入”的话针锋相对。孟子又论贤人政治，也引前人的话说，“劳之来之，匡之直之，辅之翼之，使自得之，又从而振德之”，也提到“自得”的原则。先贤持政教合一之论，近世以宣传为教育的人也未尝不主政教合一，其所主者相同，而其所以主之者则大异，也是很有趣的一点！

回过头来看我们当前正实施着的教育。我以为当前教育的最大的危险，就是在一部分从事教育事业的人心目中，教育和宣传混淆不清，甚至于合而为一。所谓社会教育，或公民教育，名为教育，实际上大部分是宣传，可以不用说。即如比较严格的学校教育里，宣传的成分近来也一天多似一天，而主张宣传即是教育的人还虑其太少，而虑之之人事实上又不尽属一派，于是流弊所至，非把学术自由、思想自由的学校环境变换做宣传家钩心斗角出奇制胜的场合不可。在最近的几年里，这种明争暗斗的大小局面，已经是数见不一见。学生的社团生活里，课余作物上，甚至于数仞的门墙之上，随在可以发见此种争斗的瘢痕！我们真不知道这种宣传，和因所宣传的内容不同而引起的更多的宣传，究有几许教育的意义，几许学术的价值，更有几许作育人才的功效。唯一的效果是鼓励青年们入主出奴的情绪与行为罢了。

我们细察这种以宣传为教育的教育的内容，事实上也没有什么新奇与卓越的地方。以言政治，则这些内容在学校课程的政治学里也未尝不讲到。以言经济，则经济学的学程里也复不少,找不到什么特别的挂漏。所不同的,而也许正是宣传家所认为不满的,是学程之中,事实多而理论少,经验多而理想少,细节目多而大原则少,各方面平均的议论多,而单独一方面的发挥少,铺叙已往与现在的多,而悬测未来的少,教人增加批评能力的努力多,而教人兴起信仰精神的努力少。不过这是没有办法的,除非有一天,宣传借了政治的力量,完全把教育排挤出去,学校的环境完全变做宣传的场合,教师完全变做宣传家,这局面是无法改变的。这种完全以宣传替代教育的试验,当代实地在做的国家也未尝没有,并且还不止一个,零星在那里做的为数更多。谁都不能禁止我们不邯郸学步,事实上我们中间想学的人也复不少,不过前途成败利钝的责任将由谁负,却是一个问题。我们相信以宣传当教育或想以宣传替代教育的人到此也不能没有一番犹豫。我们为他们着想,他们目前的地位也真困难,要把宣传完全替代教育,其亟切无从措手,既有如上述,要使宣传和学校教育并行,或把宣传的资料渗和在教育的资料里,则又似乎与一向揭橥的学术自由的宗旨相反,而学校的教师,自己既在这宗旨之下训练而来,对学生又不断的以这宗旨相诏示,对这种并行或渗和的办法,轻易也不会听命。结果他们唯一可行的办法是在学校教育之上,添一些额外的"教育",不幸主持这额外的"教育"的人事实上又不止一家,于是上文所说宫墙上一类的瘢痕就势所难免了。

近代有两种教育表面上虽和宣传没有关系,实际上对宣传却有"为渊驱鱼,为丛驱爵"的功用。一是偏重识字的平民教育,二是偏重专门技术的人才教育。识字所以读书,读书所以明理,向来是这样说的,不过事实并不如是其单纯。记得有一位美国的生物学家说过一句话:你能教人怎样去读书,你却不能教他们读什么书(You can teach people how to read,but not what to read)。意思说,你教人粗识之无,是很容易的,要他知道选择有价值的书本或写作品来阅读,而真正得到读书的益处,那权力却不在你,而在识字者本人的眼光,眼光怕是教不来的。迷信识字或误信识字就是教育的人,一度有机会到国外去观光,归国之后,动不动对于外国文盲之少,报纸之多,报纸的观众之广,总要称赞几句。不错的,一个人识字总比不识字好,一国之中,文盲少总比文盲多好。但若这种观光的人有功夫作进一步的观察,他们很容易证实上文那位生物学家所说的话是一点不错的。这些识字读书的大众十之八九是但知阅读,而未必知选择读物,因为不知选择,无形有形之中就变做所谓"黄色新闻"的最大的顾客。他们虽不知选择,却别有人替他们选择,也正唯他们不知选择,专替他们选择的人便应运而生。这种人就是各式各样的广告家与宣传家了。美国此风最盛,做宣传家的鱼与雀的民众也最多,因而引起的社会问题也最严重。近年来美国社会科学界独多关于宣传问题的研究,而对于宣传的危害认识得特别清楚,可见是不为无因的了。我国近来宣传的发达,无疑的与识字运动有很大的关系,就宣传的立场看,这当然是一个成功,一桩进步。从教育的立场看,此种成功与进步果有几许价值,尚有待于从长论定。

专门技术的人才教育何以也会帮宣传家的忙,骤然看去是很不容易了解的。这种教育不就是理工教育么?理工教育不极重视所谓科学方法么？科学方法不教人怀疑，重实验，信证据，不轻下断语么？何以接受这种教育的人也会做宣传家的鱼与雀呢？这解释大概是这样的。专门教育固属重要，但专门教育必须建筑在良好的普通教育之上，才不至于发生流弊。一个人的普通教育的底子没有打好，而贸然接受一种专科的训练，他对于这一项专科，也许因为年限较长，用心较久，可以有很多的贡献。在他的本行里面，无疑的他是一个极度谨严的人。他对于方法的运用，一定是一笔不苟。别人有新的学说或发明拿出来，他也决不轻易接受，他起初不免很诚恳的怀疑，接着总要把人家所发表的东西推敲一过，最后或许依样的实验一道，实验而信，这新学说或新发明才能算数。不过他一出本行，一离开他的熟门熟路，这些法宝的效力就减低了，至于减低到什么程度，要看他在本行中专精的程度与夫对于别行及一般学术思想的不通的程度了。要知他虽是一个专家，同时也还是一个人，他虽有他的专业，他不能不和别的行业发生接触，亦即不能不于本行之外有些立场，出些主意。他对于政治、经济、社会方面的种种问题，能完全置身事外，默尔而息么？不能。不但不能，他还不免特地去寻找表示立场与意见的机会。我们知道这种人的生活往往是极辛苦的，他平时的天地极小，他的研究的对象与方法不容许他有多少回旋的余地，一日工完或一个问题结束之后，他不免亟于要找一个远足的去处，一个智识的假期（an intellectual holiday），而信步所至，又很自然的会踏进人事与社会科学的领域里来。这里，就是宣传家的机会了。专家到此，大抵拿不出什么高明的立场与意见来。他一些海阔天空的议论，往往一大部分是有意无意之间从宣传方面拾来的牙慧。据说在美国加入第一次欧洲大战的前夕,这一类从本行里出来散步的专家特别多,同时闹的笑话也特别多,研究宣传问题的人还很不客气的举过一些例子。

归结上文,我国目前的教育是正在一个很危险的过程中,一方面旧时原有的宣传的成分既未能廓清,而新的宣传的成分又已经纷至沓来;另一方面,我们所特别提倡的几种教育,又无形之中正在替宣传清宫除道,并且做一个有力的前驱。如何消弭这种危险,是目前教育的一个最大的问题。

三一　读二十七年度统一招生报告

（一九三九）

我在二十八年夏参加过二十八年度全国统一招考工作；同时，又有机会看到二十七年度统一招生委员会的《报告》。

统一招生，在原则上有许多好处，是不成问题的。它是统一全国大学程度的一个入手方法。一个大学程度的高下不能不看学生程度的高下；学生程度的高下不能不看入学考试的宽严。在分别招生的局面之下，入学试验有极严的，也有极宽的，结果，甲乙两大学之间的程度，可以有很大的差别，并且这差别不是浮面的年限上的差别，而是根本的学生才品上的差别。如今统一以后，因为命题同，取录标准同，不同的也可以用统计的方法酌加调整，这种差别就可以减少。这是好处之一。统一招生也比较经济。统一招生是分区办理的，以区为单位，不以学校为单位，二十七年度有十二区，各区所取录的学生得依其志愿分发到各院校肄业。如此，以前各院校各自分别派人到全国大都市去招生的一番精力与一笔经费是可以省了。同时，因为命题同，各校教授分别拟题的功夫也省了。又因为各地同时招考，而录取的机会只有一次，应考的学生也无须四方八面的张罗，暑假之中,连续投考至三四个大学之多。如今这种青年的时间、精力、金钱也可以不再浪费了。这又是一桩好处。

在实际的办理上,去年教育部的统一招生委员会与各区招生处的招生委员会确乎费了一大番的精力,所得的成绩,大体上也是很好。我们要记得,这是第一次试办,又正当抗战最严重的时期,人力物力上有种种的限制,不容放手做去。在这种情形之下,得到如许成绩,真已经是不容易了。陈石珍先生在《报告》的附言里说:"此次办理统一招生,以极少之人力,办理极复杂之事务,在录取分发及发榜期间,办事者均漏夜工作,备极辛劳。"在部中的情形如此,在各区的情形也莫不如此。

二十七年度的办理经过中,最美中不足的一点是录取的标准太低。上文说过,统一招生原则上可以划一一年级新生的入学程度,但划一是一事,提高却又是一事,究属能不能提高,不是原则分内的事,而要看办理的时候所定录取的标准如何了。标准而高,则所得为高的划一,低,则为低的划一,低的划一,直不如不划一。很不幸的,二十七年度所得的划一是一种很低的划一。主持的人在《报告》里说:招生委员会"最初拟定较简单之标准,系以平均六十分为及格,原意在提高国立各院校一年级新生之入学程度,迨将最先送到之考生成绩,以此项标准加以试验后,深觉理想与事实未能吻合。盖试验结果,二千余人中只能录取数十人;如即以此项标准应用,势必至大多数青年不能升学,乃一再降低,反复试验,以符合实际之需要。后乃决定笔试七科目,平均以四十分为及格。投考第一组(文、法、商三院各系及师范学院一部分学系)者,国文英文均须无零分。投考第二组(工学院各系,理学院的数、理、化、天文、气象等系,师范学院数、理、化等系)及第三组(医、农二学院各系,理学院生物、地质、地理等系,师范学院博物系)者,国文数学均须无零分。其它课目,有无零分,则在所不计。但虽如此规定,录取人数仍属不多。故另定其它各项较低之标准,以资救济”。又说:“查本届统一招生不得不降低录取标准,并对于零分科目限制较宽者,盖因抗战开始以后,情况变迁甚大,中等学校学生或以学校及家庭之迁移,或以抗战情绪激昂,不能安心求学,最后一学期之程度,自必较差。……此项大量战区青年之有志升学者,政府自应尽量从宽予以取录,以期储为国用。”

我们把《报告》的文字引了一大段,为的是要表示统一招生委员会所以把取录标准特别降低的苦衷。这种苦衷我们是不能不原谅的。不过我们一面原谅,一面不能不提出下列的几点来和部中主持此事的人商榷。

一、二十七年度应考生一一一一九人中,录取的共五四六〇人,百分比为四九·二一,几乎是二人中取一人。这无论如何是取得太宽。在抗战以前,有好几个国立大学,历年来总是十人中录取一人。以投考生的总数和取录定额相较,自然得此比例,初非故自提高身价。统一招生的“原意”既在提高国立各院校一年级新生的入学程度,至少对于这十比一的既成的比例应加以参考。今不但不能作进一步的提高,且从而贬损到二比一的境界,实在不能不教人失望。一部分大学对统一招生的结果,最啧有烦言的,就是这一点。

二、四十分的总平均也许不算太低,因为入学考试终究和普通入学后的考试不同(初拟的六十分显然是太高一点),不过零分科目的限制实在是太宽了。投考文法商三院各系的但须国文英文无零分,而史地、数学、自然科学皆不妨有零分。考理工两院各学系的但须国文数学无零分,而英文、史地、甚至于自然科学,都不妨有零分!这也是无论如何说不过去的。容许任何科目可以有零分,已经是不合;容许英算二科目,在某种情形下,也可以有零分,而在另一种情形下,不妨有最低的分数,更有背乎注重基本与工具科目的精神。考文法学院,而本国史地可以有零分,考理工学院,而自然科学可以有零分,这在稍有常识的人且期期以为不可,何况在了解学有本末,教有先后的人。

三、有了零分的权宜办法不够,《报告》中又提到“另定其它各项较低的标准,以资救济”,这些标准究竟是怎样的,我们不知道,从“其它各项”四个字推测,至少为数必不在少。有这许多降格相从的办法,无怪两人中可以取到一人了。自中国有考试的办法以来,待士之宽,求贤之渴,无疑的要推民国二十七年度的统一招生考试为首屈一指。

四、二十七年度招生标准的降低,报告书上明白的说是有救济的作用的。救济当然是必要的,不过救济青年是一事,为国家养育人才又是一事,决不应混为一谈,即决不应以大学校为救济所。救济之道,除了借大学校的场合发放津贴或贷金而外,难道竟别无途径?因受抗战的影响而成绩低下的高中毕业生,为数甚大,当然成一个问题,但解决之法似乎应当在多设补习班先修班之类,甚至于恢复旧时预科的办法,而不在贬损了大学原有的程度,来迁就容纳他们。若说补习办法不免多费年月,于国家亟于造就人才之旨不合，则事实上目前的办法并不能节省年月。去年入学的一年级学生，因为程度低劣，一大部分纵中途不受淘汰，也须打一个五年或六年计画，方能毕业。这一年来已有的成绩记录已经可以证明这一点。

去年统一招生的办法又附带的恢复了两种旧的升学方法：一是免试保送，二是同等学力也可以应试。这两个方法，我们在原则上也是很可以赞成的，尤其是第二个。从不知那一年同等学力可以应试的原则被取消以后，青年界所已经发生的悲剧恐怕是无法统计的。造了假文凭以致遭社会唾弃还是悲剧的小的；有进大学的志力，而格于功令，进不了大学，取不到“正途出身”的资格，以致铤而走险，入于过激一途，终于遭受淘汰，便是悲剧的大的了。不过，以同等学力应试入学的是否必为优秀分子，却是又一问题。这又得看入学试验录取的标准了。照去年的标准，说不定一部分以同等学力升学者的“等”实在“等”于初中毕业，而不“等”于高中毕业。免试保送的办法是易滋流弊的。这办法能不能确立，尚待断定。我们不妨将二十七年度保送生与应考取录生的成绩比较一下，要是前者比后者不见得特别高，保送的办法便不见得有多大意义。不过上面说过，在原则上，免试保送之法并非根本不能成立。有一天，全国高中的程度都已达相当高的水准以后，其毕业生的前列的几分之几是很可以用这方法升学的；也许有一天，他们更可以规定只有这几分之几才可以升学，而大学入学试验的一套麻烦手续，除了为少数有同等学力的青年以外，根本可以不必举行了。

二十七年度统一招生的结果里有一点是很值得注意的，就是文科与实科的支配,以及实科中各个门类的支配。《报告》中有一段话说:“就本年度录取新生科别与以前各年度比较,则二十五年实类(即实科)新生占百分之五三·三,本年度实类人数占百分之五三·八八。虽所增有限,而意义则甚重大。盖从前各大学招收新生,文实比例,均经部令明定限制,实类比例始由二十一年度之三六·六,逐渐增加至二十五年度之五三·三,而本年度实类之高度百分数则纯为应考学生自动决定之结果。过去历年度所期望而不易得者,今则无意得之,甚且每每超过各校已定之名额。此殆由一年以来,倭寇肆虐,我以新式武器之准备未充,战事迭蒙不利之影响,一般青年激于义愤,均愿学习实科,以为将来效命国家之准备,故投考实类者不期然而激增,而以工学院之航空、土木、电机、机械等系为尤著。此则不能不谓为抗战之收获,而抗战亦即所以建国,明矣。”

这一段话很值得研究。

一、文科实科的分配究竟如何才算适当,是不容易确定的。就普通的原则论,文胜质则史,质胜文则野,文质彬彬,然后君子的折中的旧说,不论为个人生活或为团体生活着想,我想还是成立的。文胜之后,应稍稍重质,质胜之后,应稍稍重文,也很对。假如中国民族文化一向失之太文,则近年来教育政策的侧重实科,是很应当的。七八年来,学实科的大学生,从百分之三六·六进到五三·八八,当然是一个很好的现象。不过我们文化的习性究属是否重文轻质,却是一个问题。究属什么是文,什么是质,根本就不容易断定。我们的文化,一向重人事,而忽略形上形下两界。就忽略形上说,我们的弊病在轻文重质,就忽略形下说，我们的弊病又似乎在重文轻质。我们的士大夫阶级一天到晚不动嘴，便动笔，见人讲仁义道德，见物讲云淡风轻，鸢飞鱼跃，固然是犯了“衣锦尚”的通病，但绝大多数的工农商贾阶级，辛勤了一生，所祈求的是一个温饱，而四民所共认为最大的幸福是富贵、寿考、多男一类的事物，岂不又是质实得可怜可笑？文质的界限既不易分，而中国文化习性究属偏重那一方面，又不易定，我以为最妥当的政策还是让各种学科平衡发展，一种自作聪明的故为轩轾是大可不必的。

二、我们即使承认目前重质的教育原则是对的，我们以为其所以重之之道还很有问题。所谓实科，本不是一个笼统的东西，它至少可以分做理论与实用两个部分。真正的重质应该使这两部分平均发展，不使有所偏枯，而论起本末先后来，理论方面的努力还应该居实用方面之上。统一招考所示的事实是不是这样呢？按照《报告》的写法，这一点是看不出来的；但根据我们的分析，我们的答复是一个否字，下面是《报告》中原有的“录取生科别”统计表的一部分：

实类	工	1394
	理	625
	农	607
	医	316

拿这四项的和数（二九四二）和所谓文类（文、法、商）的数字（一四二七）相比，重实的倾向是很显然的了。不过我们把《报告》中这一方面的数字另行排列一过之后，便知道这种倾向实在

是不很健全的，尤其要是我们目前所以重实的目的不但在抗战，而且在建国。何以故？因但知重“实”之应用，而轻“实”的理论故。

甲、物理	195	
子、矿冶	198	1443
丑、航空	95	
寅、土木	416	
卯、电机	371	
辰、机械	261	
巳、水利	92	
乙、化学	268	
子、矿冶	198	804
丑、医	360	
寅、农业化学	63	
卯、化学工程	183	
丙、生物学	98	
子、医	360	939
丑、畜牧兽医	62	
寅、森林	95	
卯、农学	205	
辰、园艺	77	
巳、农业化学	63	
午、蚕桑	24	
未、病虫害	30	
申、农业经济	23	

丁、地质地理气象	128	
子、矿冶	198	667
丑、森林	95	
寅、农学	205	
卯、园艺	77	
辰、水利	92	

再把上文复见的数字归并,则得下表:

科别	数额
理论实科	
物理学	195
化学	268
生物学	98
地学	128
总	689
应用实科	
矿冶	198
航空	95
土木	416
电机	371
机械	261
水利	92
化工	183
农业化学	63
农学	205
园艺	77
森林	95

续表

蚕桑	24
病虫害	30
医学	360
兽医畜牧	62
农业经济	23
总	2555

上列两表,目的在表示学习理论实科(第一表天干)的人太少,而应用实科(第一表地支)的人太多。最奇特的是习生物学的只有九十八人,而习建筑在生物学上的各门应用实科的多至九百三十九人,几乎是一与十之比。其次,习物理学的只得一百九十五人,而习以物理学为基础的各门应用实科的多至一千四百三十三人,为一与七之比。以理论实科的总数六八九和应用实科的总数二五五五相较,亦几乎是一与四之比。

重实科而但重实科的应用,忽略实科的理论,试问,这种重实之道会有多大的效果?它最多会替最近的将来造就一批造诣不会太高深的技术人才,而于民族文化的推进,尤其是在自然科学的基础方面,是不会有许多裨益的。这种重实之道显而易见犯了"不揣其本,而齐其末"的毛病。在一部分的青年,不问自己能力的适宜与否,但知一味迎合潮流,以学习工科为时髦体面之举,以为惟有学习工科才是为个人与国家谋出路之道。这种青年是不揣本而齐末的。在主持教育的人,见学习实科的人之年有增益,而沾沾自喜,置理论与实用的本末之分于不问,其眼光的短浅正复相同。我们认为这一点是应该及早纠正的。

三二　教师节的两篇文告

（一九三九）

二十八年八月二十七日，孔诞节与教师节那一天，行政院院长孔祥熙先生发表了一篇讲词，叫《孔子遗教与民族前途》；教育部部长陈立夫先生发表了一封公开信，叫《教师节致各校导师书》。两篇文章都是有关民族教化的作品，值得低徊讽诵而拳拳服膺的。

孔先生的讲词分为两大部分，一是孔子遗教与民族文化，二是孔子遗教与民族精神。在民族文化下，孔先生又提出三点，一是继往开来，二是有教无类，三是制度完美。关于一、二两点，讲词中有几句总括得很切当的话："孔子对于我国文化的贡献，在纵的方面，作了一种承先启后、发扬光大的工作；在横的方面，则有教无类，奠定了平民教育的基础。"所谓制度完美，指的就是所以维持与兼筹并顾这纵横两方面的一个教育制度。有了横面，才有文化，有了纵面，才有民族，两者兼顾，才有民族文化，是很对的。讲到孔子设教分四科时，讲词又说："现在各专科大学，多偏重于知识的灌输，而缺德行之科；实则设学教人，应以德行为先，今乃舍本逐末，是诚教育制度上之一大缺陷。"这也是针对今日教育的弊病的一个评论。

第二部分民族精神下,孔先生也提出了三点。一是道德的修养。修养的方面不止一端,而最关紧要的是气节的树立,而树立气节的入手方法是义与利的辨别。讲词于此引孔子自己的话说,“君子喻于义,小人喻于利”,接着又解释着说,“因为君子知守义,故其能为君子,小人只知惟利是问,所以小人终为小人。”以义利之辨作为砥砺气节的手段,无疑的是极有见地的。二是负责的态度。孔先生认为孔子这种以天下为己任的态度,“求之于古今中外,除耶稣的精神以外,实无其匹。”孔先生是一位基督教徒,此处将孔子与耶稣相提并论,也是很恰当的。三是孔子奋斗的精神,这种精神有一句话最足以代表,就是“知其不可而为之”。对于这一点,讲词中也有充分的发挥。此后孔先生又附带的提到关于孔子治学做人的两个特点,一是为学不厌的精神,二是不妥协的志节。这不妥协的一点其实可包括在上文气节的树立一段讨论里,不过孔先生鉴于今日“投机取巧,觍颜事仇者”的众多,特意分别提出,也足见用心之深。

陈先生致各校导师的信也很值得同样的省览一遍。全信可以分做好几段。第一段近乎引论的话里略略的提到:教育所以为政本的道理、中国传统思想里政教合一的原则、师道的重要、与夫近代师道的废坏不修。说到这后一点,陈先生有这样一段不胜慨叹的话:“近世学校之制,仿自欧西,方其草创,师资多取材于异国,彼其教学,或重方言,或传技术,延聘之者亦但求其传导新知,初未责以楷模后进。国人不察,相习成风,买椟还珠,可为太息! 由是抱布贸丝,几同市道,求学者为习谋生之技而来,得如其意,已属难能,遑及于立身成己之道德?”

要挽救师道的废坏,教育部在去年三月间才有导师制的颁行,所以第二段的用意是在申述导师制的三个特点:一是德术兼修之注意,二是言教身教之殊科,三是各别导正之利用。第一点可以和孔先生的讲词相呼应,其重要是无待赘言的。第二点所重在身教,在以身作则。近来常有人批评教育的大错在忽略榜样的原则,所反复申论的也无非是这一点,不过如今出诸教育当局之口,登高之招,见者自远,顺风之呼,闻者益彰,是大可以引为快慰的。第三点论教育应因人制宜。个别待遇的原则是中国旧有的教育及近代教育心理学完全吻合的一端,不过旧日的私塾教育,有个别待遇的经验而无其理论,近时的学校教育,多个别待遇的理论而缺少经验。如今在导师制之下,此种理论与经验可望携手了。

第三段说导师制与军事管理的关系,认为两者的功用貌若相同,而实则相反,虽则相反,实乃相成。后者崇纪律,尚划一,主严格的准绳;前者尊自由,重容忍,主个别的发展。好比家教有严慈,治国有礼乐,用人治军讲恩威并用,宽猛相济;一言以蔽之,生活应兼顾到张弛的两大原则:一张一弛,文武之道,也是孔子的遗教的一部分。集体主义的社会吃张而不弛的亏,个人主义的社会犯弛而不张之病,如今要补偏救蔽,无疑的应当从教育青年下手。第四段论导师制与情绪教育及意志教育的关系,也是针对近代学校教育的一大通病的。个人心理至少有知、情、意三方面,这三方面是全都需要诱掖与启发的,而近代学校教育所能几及也只限于知的一面,这无疑的也是亟应补正的。

第五段论导师与近年来训育办法的异同与利弊。下面的一节文字见理极为明确,不能不引。“过去之学校制度,教训各有专员,德智分为二事。教学之师,其造诣纵受学生之景慕,而教室以外,绝少亲炙之机缘;即有志于训导,而以不欲越俎代庖,但坐视其时会之失。至于负训育之责者,既无从以学术生其敬仰于先,而昕夕相处,又徒闻督过之语,情感易伤,复安从望其敦化?……导师制则不然。教训不分,则师弟之间,敬爱笃而景慕以起,劝励多而怨怼不生。”教训不应分化的原则是十分基本的,以教师兼导师,就是相当承认这原则的一个表示。我们但说相当承认,而不说充分承认,因为教师的名称而外,还用到了导师的名称,不但有导师之名,浸假而产生导师的制度,岂不是多少还是分了么?有一天,教师于传授学术之外,能完全兼顾到学生身心发展的其它方面;所谓教,是包括一切诱掖启迪的功夫在内,那才是真正的不分!不过,教育最高当局能有这不分的见地,而明白宣示于国人,已经够教我们兴奋的了。我们目前不能释然于怀的是:最高教育当局既有这种健全的见地,又何以解于最近各大学设置训导处的功令?一面在理论上主张训教不分,一面在事实上却把训育的任务从教务处划分出来,别成一处。这显然是需要一个明白的解释的。

第六第七两段研究导师制度如何而后可以推行无阻,不成具文。大意谓良导师应勉力以贤父兄自任,庶几学校环境中的弟子可以等于家庭环境中子弟,授受之间,可以省却许多心力。这一点虽若浅显,不无至理。一切社会生活脱胎于家庭生活,人类全般如此,我们的民族文化,一向看重经验的自然,一向主张因势利导,所以尤其注重这一点。弟子一个名称,就从子弟的名称移借而来,是显而易见的。至君主官吏为民之父母,应视民为子弟,也是民族文化里根本的一个见解。再参以官师合一的理论,中国的家庭,教育,政治,不就完全打成一片了么?这是我们民族文化的一个特独的精神。

最后一段论导师制实行后对民族可能有的效果。陈先生认为"国民性之最大缺陷为,无组织之能力,少守法之精神,乏热烈之同情,寡自动之勇气",而这几种缺陷不能不归咎于已往"教与育"的名不副实。这一点也是我们谁都得承认的。陈先生把教与育分提,也极有趣,所可引为遗憾的就是陈先生所了解的育,仅仅包括后天的养与卫。我们一向以为真正要补正国民性的种种缺陷,我们的努力决不应限于后天的管教养卫而止,而应进一步的注意到民族分子的先天的健康。

读罢了孔、陈两先生的文章,我敢借这机会提出一点补充。这一点补充,不用说,也未尝不是孔子遗教的极基本的一个部分,就是,所谓"立身之道"。孔先生在道德的修养一段话里,固然也暗示到这一点,陈先生也有"立身成己"的话,但都没有加以发挥。其实孔子之所以为民族文化的祖师,民族精神的代表,与夫导师所以必须效法孔子,自身才有做后进楷模的资格,其关键全在于此,不应当不发挥的。国于天下,必有与立,有与立者,不止一端,而最重要的自无过于国民的人人能立身成己;每一个国民单独的站得住,这国家是没有站不住的。

立身之道,大要可以分成三部分说:一是自身的修省,二是对人对物的客观态度,三是群而不党的原则。

自身的修省为儒家人生哲学的出发点，是谁都晓得的；不过修省的方法，近来已经很少有人谈起了。修省是一种心理的努力，此种心理前人用许多不同的字样来表示，最普通的是“戒惧”与“居敬”。戒惧的遗教，至少见于《易经》的《乾》、《否》、《震》等卦和《系辞》；见于《书经》的《大禹谟》和《君牙》；见于《诗·大雅》的《荡之什》；见于《中庸》；见于《大学》；见于《论语》的《述而》、《泰伯》、《季氏》等篇；见于《孟子》；见于《春秋左传》的文公二年、三年、宣公十二年、成公五年、襄公十一年、和二十二年。居敬论的散布，是同样的广：见于《易》的《坤》卦；见于《书》的《五子之歌》和《太甲》；见于《礼》的《曲礼》（开首第一句）和《哀公问》；见于《论语》的《学而》、《八佾》、《为政》、《雍也》、《颜渊》、《子路》、《卫灵公》、和《季氏》等篇；见于《左传》的僖公十一年、三十三年、宣公十七年、成公十三年、襄公三年、昭公三年和三十二年。我们把一部分的出处胪举出来，用代引文。戒惧心理与居敬心理是不容易分的，有时实在是一回事。大体说来，戒惧心理是完全在内的；居敬则形于言动笑貌，内存戒惧之心，斯外呈敬恭之貌。形于言动笑貌到一个比较具体化规则化的程度，则为威仪。威仪之论，见于《诗·曹风》的《鸤鸠》，和《大雅》的《抑》，《论语》的《泰伯》、《子张》、《尧曰》，而发挥得最充分的一段，则见于《左传》襄公三十一年。

对人对物的客观论又可以分为二部分。一可以叫做绝对的客观论。这和科学的客观论没有分别。《论语·子罕》篇所说“毋意，毋必，毋固，毋我”的四绝原则是适用于一切现象的研究的，自然现象在内，社会现象也在内。适用于人事与社会现象的又有所谓明远论与去辟袪蔽论。《论语·颜渊》篇说:“子张问明,子曰,浸润之谮,肤受之诉,不行焉,可谓明也已矣……可谓远也已矣”。科学家所最注重的 detachment 或 disinterestedness 的精神,其实不外一个远字。去辟论则见于《大学》论齐家在修身一段:“人之其所亲爱而辟焉,之其所贱恶而辟焉,之其所畏敬而辟焉,之其所哀矜而辟焉,之其所敖惰而辟焉;故好而知其恶,恶而知其美者,天下鲜矣;故谚有之曰,人莫知其子之恶,莫知其苗之硕:此谓身不修不可以齐其家。”讲修身,讲立身之道,而最所注意的是此种绝对的客观精神的培植,真是得未曾有。二是相对的客观论,就是恕道与反求诸己论。关于这一方面的遗教太多,我们恕不征引。要紧的是我们应当了解这两种客观论的合作关系。人我之间,有通性之同,有个性之异,相对的客观论适用于通性之同一方面,而绝对的客观论则适用于个性之异一方面。明白了这一番道理,一个人才能于爱护一己的自立而外,尊重别人的自立;说具详上文《论品格教育》一文,兹不多赘。

这就引起了立身之道的第三部分,就是群而不党的原则。《书·洪范》反复的说无偏无党。《论语·卫灵公》篇说,“君子群而不党”。《子路》篇也说,“君子和而不同”。人人各有其立身之道,何必党?人人能讲相对的客观性,能行恕道,能认识人我间的通性,何患不能群,不能和?人人讲求绝对的客观性,能尊重别人的个性,虽不同,何害于和?《左传》僖公九年秦公问郤芮说,公子夷吾谁恃?郤芮说,“臣闻亡人无党,有党必有仇”。有党的结果,势必忽略别人所以同于我的通性,抹杀别人所以异于我的个性,忽略与抹杀之至,而争夺祸乱随之矣。

目前民族文化的趋势，与青年生活的状况里，最感缺乏的就是这一番立身之道的遗教。修省的方法是久已不讲求的，人我间的客观论也久已废坏，见于团体生活与个人交际间的，很大的一部分是是丹非素、出主入奴、党同伐异的精神，此而不去，民族发展云乎哉，青年教育云乎哉？

三三　工业教育与工业人才[①]

（一九四三）

工业化是建国大计中一个最大的节目，维新以来，对国家前途有正确认识的人士，一向作此主张，晚近自抗战以还，更自《中国之命运》一书发表以后，这种主张更有成为天经地义家喻户晓的趋势。这是应当的。如果这种主张，不成为国人上下日常信仰的一部分，前途便有推行不力与推行不广的危险。

---

① 本文是我完全根据了清华大学校长梅月涵（贻琦）先生的意思而替他代写的。月涵先生是一位电机工程专家，同时也是一位自由教育论者；某一次，某报索专论稿甚亟，月涵先生已答应下来，但终因学校的公事太忙，无暇执笔，于是自己写了一个比较详细的节目，嘱我代他写出。我于工业完全是一个门外汉，但抗战的几年里，一半因为公事的关系，一半因为同一主张自由教育，又因为彼此住得很近，谈论的机会较多，所以我对于月涵先生在这题目的种种见解是很熟悉，而也是都能表示同意的；自己间或有些零星的看法，也往往蒙月涵先生首肯。所以这篇文字也可以说两个人合作的东西，如今把它辑入这集子，我想月涵先生是不会不同意的［梅贻琦署名文：《工业化运动中的人才问题》，载《当代评论》第 4 卷第 4 期，1944 年 1 月 1 日；再次以《工业化前途的人才问题》为题，载于《周论》第 1 卷第 11 期，1948 年 3 月 26 日。——编者注］。

不过，认识与主张是一回事，推动与实行又是一回事。工业化的问题，真是千头万绪，决非立谈之间可以解决，约而言之，这期间至少也有三四个大问题，一是资源的问题，二是资本的问题，三是人才的问题；而人才问题又可以分为两方面，一是组织人才，一是技术人才。近代西洋从事于工业建设的人告诉我们，只靠技术人才，或只靠专家，是不足以成事的，组织人才的重要至少不在技术人才之下。中国号称地大物博，但实际上工业的资源，并不见得丰富。所以这方面的问题，就并不简单。资本也谈何容易？抗战期间，英美要我们并肩作战，在财力上已经帮了不少的忙，一旦抗战结束，建国的大业真正开始，同盟国是否肯继续的，以至于加强的，在这方面切实的资助我们，当然也是一个问题。不过以一个多年从事于教育事业的人，所能感觉到的，终认为最深切的一些问题，还是在人才的供应一方面。

我认为人才问题，有两个部分，一是关于技术的，一是关于组织的。这两部分都不是亟切可以解决的。研究民族品性的人对我们说，以前中国的民族文化因为看不起技术，把一切从事技术的人当做“贱工”，把一切机巧之事当做“小道”，看作“坏人心术”，所以技术的能力在民族的禀赋之中，已经遭受过大量的淘汰，如今要从新恢复过来，至少恢复到秦汉以前固有的状态，怕是很不容易①。组织的能力也是民族禀赋的一部分，有则可容训练，无则一时也训练不来；而此种能力，也因为多年淘汰的关系，

① 参看拙稿《工与中国文化》[见《潘光旦文集》第9卷。——编者注]，民国三十二年二月《自由论坛》与《云南日报》。

特别是家族主义一类文化的势力所引起的淘汰作用，如今在民族禀赋里也见得异常疲弱；一种天然的疲弱短期内也是没有方法教他转变为健旺的①。这一类的观察也许是错误的，或不准确的。但无论错误与否，准确与否，我以为他们有一种很大的效用，就是刺激我们，让我们从根本做起，一洗以前头痛医头脚痛医脚的弊病。所谓从根本做起，就是从改正制度转移风气着手。此种转移与改正的努力，小之可将剩余的技术与组织能力，无论多少，充分的选择、训练、而发挥出来；大之可以因文化价值的重新确定，使凡属有技术能力与组织能力的人，在社会上抬头，得到社会的拥护和推崇，从而在数量上有不断的增加扩展。

改正制度与转移风气最有效的一条路是教育。在以前，在国家的教育制度里，选才政策里，文献的累积里，工是一种不入流品的东西，惟其不入流品，所以工的地位才江河日下，如今如果我们在这几个可以总称为教育的方面，由国家确定一些合理的方针，切实而按部就班的做去，则从此以后，根据"君子之德风，小人之德草，草上之风必偃"的颠扑不破的原则，工的事业与从事此种事业的人，便不难力争上游，而为建国大计中重要方面与重要流品的一种。

这种教育方针前途固然缺少不得，但也不宜于狭窄。上文所言合理两个字，我以为至少牵涉到三个方面：一是关于工业理论的，二是关于工业技术的，三是关于工业组织的；三者虽同与

① 参看拙著《人文生物学论丛》第三辑，《民族特性与民族卫生》，页二七八，二八三［见《潘光旦文集》第3卷第184、187页。——编者注］。

工业化的政策有密切关系，却应分作三种不同而互相联系的训练，以造成三种不同而可以彼此合作的人才。抗战前后十年以来，国家对于工业的提倡与工业人才的培植，已经尽了很大的努力，但我以为还不够，还不够合理。这三种训练与人才之中，我们似乎仅仅注意到了第二种，即技术的训练，与专家的养成。西洋工业文明之有今日，是理工并重的，甚至于理论的注意要在技术之上，甚至于可以说，技术的成就是从理论的成熟之中不期然而然的产生出来的。真是着重技术，着重自然科学对于国计民生的用途，在西洋实在是比较后起的事。建国是百年的大计，工业建国的效果当然也不是一蹴而几，如果前途我们在工业文明上也准备取得一种比较独立自主的性格，不甘于永远仰人鼻息，拾人牙慧，则工业理论的一部分训练，即自然科学的训练，即大学理学院的充实，至少不应在其他部分之后。这一层我们目前就没有做，并且就最近的趋势说，尚未多加注意，这就是不够合理的一层。不过，这一层我们目下除提到一笔而外，姑且不谈。我们可以认为他是工业化的人才问题中比较更广泛而更基本的一部分，值得另题讨论。本文所特别留意的，还是技术人才与组织人才的供应问题。

为了技术人才的训练，我认为应当广设专科学校或高级工业学校和艺徒学校。高级的技术人才由前者供给，低级的由后者供给，而不应广泛的设立或扩充现有的大学工学院。德国工业文明的发达，原因虽然不止一端，其高级工业学校的质量之超越寻常，显然是一大因素，此种学校是专为训练技术而设立的，自应力求切实，于手脑并用之中，更求手的运用的娴熟。要做到这一点，切忌的是好高骛远，不着边际。所谓不好高骛远，指的是两方面，一在理智的方面，要避免空泛的理论，空泛到一个与实际技术不相干的程度；二在心理与社会的方面，要使学生始终甘心于用手，要避免西洋人所称的"白领圈"的心理，要不让学生于卒业之后，亟于成为一个自高身价的"工程师"，只想指挥人做工，而自己不动手。我不妨举两个实例来证实这两种好高骛远的心理在目前是相当流行的。此种心理一天不去，则技术人才便一天无法增加，增加了也无法运用，而整个工业化计划成为徒托空言。

我最近接见到一个青年，他在初中毕业以后，考进了在东南的某一个工程专科学校，修业五年以后，算是毕业了。我看他的成绩单，发见在第三年的课程里，便有微积分、微分方程、应用力学一类的科目；到了第五年，差不多大学工学院里普通所开列的关于他所学习一系的专门课程都学完了，而且据他说，所用的课本也都是大学工学院的课本！课本缺乏，为专科学校写的课本更缺乏，固然是一个事实，但这个青年果真都学完了么？学好了么？我怕不然，他的学力是一个问题，教师的教授能力与方法也未始不是一个问题。五年的光阴，特别是后三年，他大概是囫囵吞枣似的过去的。至于实际的技能，他大概始终在一个半生不熟的状态之中，前途如果他真想在工业方面努力，还得从头学起。这是关于理论方面好高骛远的例子。

不久以前，某一个学校里新添了几间房子，电灯还没有装，因为一时有急用，需要临时装设三五盏。当时找不到工匠，管理学校水电工程的技师也不在，于是就不得不乞助于对于电工有过专门训练的两三位助教,不图这几位助教,虽未必读过旧书,却也懂得“德成而上,艺成而下”与“大德不官,大道不器”的道理,一个都不肯动手,后来还是一位教授和一位院长亲自动手装设的。这些助教就是目前大学理工学院出身的,他们是工程师,是研究专家,工程师与研究专家,自有他的尊严,又如何可以做匠人的勾当呢?这是在社会心理上好高骛远的例子。

关于艺徒学校的设立,问题比较简单。这种学校,最好由工厂设立,或设在工厂附近,与工厂取得合作。初级的工业学校,也应当如此办理。这层目前有许多地方已经做到。不过有两点应当注意的:一要大大的增添此种学校的数量,二要修正此种学校教育的目标。目前工厂附设艺徒班,全部是只为本厂员工的捄注设想。这是不够的。艺徒班所训练的是一些基本的技术,将来到处有用,我们应当把这种训练认为是国家工化教育政策的一个或一部分,教他更趋于切实与周密,因而取得更大的教育与文化的意义,否则岂不是和手工业制度下的徒弟教育没有分别,甚至于从一般的生活方面说,还赶不上徒弟教育呢?艺徒学校的办理比较简单,其间还有一个原因,就是加入的青年大都为农工的子弟,他们和生活环境的艰苦奋斗已成习惯,可以不至于养成上文所说的那种好高骛远的心理。对于这一点,我们从事工业教育的人还得随时留意,因为瞧不起用手的风气目前还是非常流行,而是很容易渗透到工农子弟的脑筋上去的。

大学工学院的设置,我认为应当和工业组织人才的训练最有关系。理论上应当如此,近年来事实的演变更教我们不能不如此。上文不引过一个工学院毕业的助教不屑于动手装电灯的例子么？这种不屑的心理固然不对，固然表示近年来的工业教育在这方面还没有充分的成功，前途尚须努力，不过大学教育毕竟与其他程度的学校教育不同，他的最大的目的原在培植通才；文、理、法、工等等学院所要培植的是这几个方面的通才，甚至于两个方面以上的综合的通才。他的最大的效用，确乎是不在养成一批一批限于一种专门学术的专家或高等匠人。工学院毕业的人才，对于此一工程与彼一工程之间，对于工的理论与工的技术之间，对于物的道理与人的道理之间，都应当充分通达，虽不能游刃有余，最少在这种错综复杂的情境之中，可以有最大限度的周旋的能力。惟有这种分子才能有组织工业的力量，才能成为国家目前最迫切需要的工业建设的领袖，而除了大学工学院以外，更没有别的教育机关可以准备供给这一类的人才。

因此，我认为目前的大学工学院的课程大有修改的必要。就目前的课程而论，工学院所能造就的人才还够不上真正的工程师，无论组织工业的领袖人才了。其后来终于成为良好的工程师和组织人才的少数例子，饮水思源，应该感谢的不是工学院的教育，而是他的浑厚的禀赋与此种禀赋的足以充分利用社会的学校或经验的学校所供给他的一切。就大多数的毕业生而言，事实上和西洋比较良好的高级工业学校的毕业生没有多大分别，而在专门训练的周密上，不良态度的纠正（如不屑于用劳力的态度）上，怕还不如。

要造就通才，大学工学院必须添设有关通识的课程，而减少专攻技术的课程。工业的建设靠技术，靠机器，不过他并不单靠这些。没有财力，没有原料，机器是徒然的，因此他至少对于经济地理、经济地质、以至于一般的经济科学,要有充分的认识。没有人力,或人事上得不到适当的配备与协调,无论多少匹马力的机器依然不会转动,或转动了可以停顿。维新的初期,我们不也有过不止一两处的大企业的尝试么?招商局是一例,汉冶萍的铁厂又是一例,但这两处的机器终于停止转动了。这其间的原因虽多,人事的不修终究是最大的一个。因此,真正工业的组织人才,对于心理学、社会学、伦理学、以至于一切的人文科学,文化背景,都应该有充分的了解。说也奇怪,严格的自然科学的认识倒是比较次要。这和工业理论的关系虽大,和工业组织的关系却并不密切。人事的重要,在西洋已经深深的感觉到,所以一面有工业心理和工商管理一类科学的设置,一面更有“人事工程”(human engineering)一类名词的传诵。其在中国,我认为前途更有充分认识与训练的必要,因为人事的复杂,人与人之间的易于发生摩擦,难期合作,中国是一向出名的。总之,一种目的在养成组织人才的工业教育,于工学本身与工学所需的自然科学而外,应该旁及一大部分的人文科学与社会科学,旁及得愈多,使受教的人愈博洽,则前途他在物力与人力的组织上,所遭遇的困难愈少。我在此也不妨举一两个我所知道的实例。

我以前在美国工科大学读书的时候,认识一位同班的朋友。他加入工科大学之前,曾经先进文科大学,并且毕了业;因为他在文科大学所选习的自然科学学程比较的多,所以进入工科大学以后,得插入三年级,不久也就随班毕业了。就他所习的工科学程而言,他并不比其他同班的为多,甚至于比他们要少,但其他方面的知识与见解,他却比谁都要多,他对于历史、社会、经济、乃至于心理等各门学问，都有些基本的了解，结果，毕业后不到十年，别的同班还在当各级的技师和工程师，他却已经做到美国一个最大电业公司的分厂主任，成为电工业界的一个领袖了。

这是就正面说的例子，再就反面说一个。抗战以还，后方的工业日趋发展，在发展的过程里，我们所遭遇的困难自然不一而足，其中最棘手的一个是人事的不易调整与员工的不易相安。有好几位在工厂界负责的人对我说，目前大学工学院的毕业生在工厂中服务的一天多似一天，但可惜我们无法尽量的运用他们。这些毕业生的训练，大体上都不错，他们会画图打样，会装卸机器，也会运用机巧的能力，来应付一些临时发生的技术上的困难；但他们的毛病在不大了解别人，容易和别人发生龃龉，不能和别人合作，因此，进厂不久，便至不能相安，不能不别寻出路，不过在别的出路里他们也不能持久，迟早又会去而之他。有一位负责人甚至于提议，可否让学生在工科学程卒业之后，再留校一年，专攻些心理学社会学一类的课程。姑不论目前一样注重专门的心理学与社会学能不能满足这位负责人的希望，至少他这种见解与提议是一些经验之谈，而值得我们与以郑重的考虑的。

值得郑重考虑的固然还不止这一点，不过怎样才可以使工科教育于适度的技术化之外，更取得充分的社会化与人文化，我认为是工业化问题中最核心的一个问题；核心问题而得不到解决，则其他边缘的问题虽得到一时的解决，于工业建设前途，依然不会有多大的补益。这问题需要国内从事教育与工业的人从长商讨，我在本文有限的篇幅里，只能提出一个简单的轮廓罢了。

至于工科大学的教育，虽如是其关系重要，在绝对的人数上，则无须比高级工业学校毕业的技术人才为多，是不待赘言的。工业人才，和其他人才一样，好比一座金字塔，越向上越不能太多，越向下便越多越好。因此我以为大学工学院不宜无限制的添设，无限制的扩展，重要的还是在质的方面加以充实，而所谓质：一方面指学生的原料必须良好，其才力仅仅足以发展为专门技工的青年当然不在其内；一方面指课程的修正与学风的改变，务使所拔选的为有眼光有见识与富有想象能力的青年。所以进行之际，应该重通达而不重专精，期渐进而不期速效。目前我们的工业组织人才当然是不够，前途添设与扩充工科大学或大学工学院的必要自属显然；不过无论添设与扩充，我们总须以造就工业通才的原则与方法为指归。出洋深造，在最近的几十年间，当然也是一条途径，不过我以为出洋的主要目的，不宜为造就上文所说的三种人才中的第二种，即狭义的技术人才，而宜乎是第一种与第三种，即工业理论人才与工业组织人才。第一种属于纯粹的理科，目前也姑且不提；就工业而言工业，还是组织人才比较更能够利用外国经验的长处。不过我们还应有进一步的限制。一个青年想出国专习工商管理，宜若可以放行了，不然，我们先要看他在工业界，是否已有相当的经验，甚至于在某一种专业方面，是否已有相当的成就，然后再定他的行止。要知专习一门工业管理，而有很好的成绩，并不保证他成为一个组织人才。

最后，我们要做到上文所讨论的种种，我必须再提出一句话，作为本文的结束。学以致用，不错，不过同样一个用字，我们可以有好几个看法,而这几个看法应当并存,更应该均衡的顾到。任何学问有三种用途,一是理论之用,二是技术之用,三是组织之用。没有理论,则技术之为用不深,没有组织,则技术之为用不广,政治就是如此,政治学与政治思想属于理论,吏治属于技术,而政术或治道则属于组织:三者都不能或缺。工的学术又何尝不如此。近年来国内工业化运动的趋势,似乎过于侧重技术之用,而忽略了理论之用和组织之用,流弊所及,一时代以内工业人才的偏枯是小事,百年的建国大业得到极不健全的影响却是大事。这便是本篇所由写出的动机了。

三四　谈中国的社会学

（一九四二）

西洋的社会学，以及中国大学校里所讲授的社会学，我一向嫌它过于空疏，不切实际。社会学的对象是社会，社会是许多人的一个集合，是人与人之间的关系的总和，是一个很切实的东西，而研究到它的这一门学问，也应当是一门很切实的学问。

我们到重庆去，我们会发见大小机关最感棘手的一个问题，是人事问题。我们到各地去观风问俗，也发见同样的问题。不但政治机关感觉到人事问题最难解决，就是生产机关如工厂，教育机关如学校，商业机关如公司，可以说凡属组织比较大，用人比较多的场合里，十有九个整年的闹着这个问题。我们和这类机关的人闲谈，我们所得到最深刻的一个印象是，他们所耗费的精神，在人事方面的往往多于事业方面。我们时常评论在政治方面工作的人，说他们只做官，不做事，也就等于说，他们只知应付人事，不知办理事业，“应付”两个字，不用说，就包含着许多的问题。

所谓人事问题，其实就是一个社会问题，而且是一个最道地的社会问题，是社会问题的一个核心，是社会学应当研究的一个最大的对象。但历来就不大有人把它当做一个社会问题看，不要说加以切实的研究了。一般人了解的社会问题是人口问题、家庭问题、种族问题、犯罪问题、劳工问题、贫穷问题……之类。我们若略加分析，可见这些只不过是一些特殊的社会问题，以至于一些边缘的社会问题。说它们是特殊的，因为它们往往只牵涉到一部分的社会分子，并且往往是很特别的一部分，甚至于只是有某种病态的一部分。说它们是边缘的，因为它们往往牵涉到别的生活现象，研究起来，势须牵涉到别的学问的门类，而所牵涉到的往往不止一门两门，例如生物学、或心理学、或经济学、或法律学……约言之，这些社会问题，其道地的程度，要远在我们当前的人事问题之下。人事问题是一个比较纯粹的社会问题，所牵涉到的社会分子可以说各类人都有，不分年龄，不分性别，不分贫富贵贱……而这些分子大体上又相当的健康，没有什么显著的病态。因为各式的人都有，固然就容易引起问题，又因为其间病态的人较少，而犹不免于发生问题，则其为严重而有切实研究的必要，应在任何其它社会问题之上。人事一类的问题可以说是社会问题之本，而其它是末。所以数十年来社会学虽发达，其所研究的问题虽多，所已得的结果虽复可观，我总觉得它有几分舍本逐末，特别是从中国社会的立场看去。这是一点。

这第一点的不切实际很自然的引起第二点来，就是，我们多年来所注意到的只是一般的社会，甚至于即以西洋的社会当做一般的社会，而忽略了中国的社会。研究动植物分类学的人告诉我们，许多物种，尽管西洋有，中国也有，表面上好像是属于一类，而底子里可以有很大的不同，一旦研究清楚之后，也许不得不划分开来，别成一类。自然的物种尚且如此，何况人为的社会？几十年来我们用的社会学教本是西洋的，或用西洋的教本缀辑而成的，我们在讲解作稿的时候，所征引的材料是西洋的，所讲到的原理是完全从西洋的资料归纳而来的。近几年来，自从调查的风气发达以后，统计的资料加多以后，情形当然的比较好些。但社会现象不是一个平面的东西，它有它的来历，它有它的原委，它有它的“然”，也有它的“所以然”，近时的调查工作所能发见的最多只是一个然，于其所以然，实际上还没有人过问。换言之，研究社会的人大都不通晓历史，而在研究历史的人又往往不通晓社会。研究历史的不懂社会，还不要紧，而研究社会的人不通晓历史，却有很大的危险，好比医生只看见症象，而不探问病源，也就无怪一切解决方案的不切实际了。到了今日，大学社会学系所列的“中国社会史”一学程，始终没有人会教，即使有勉强开这一课的学校，也无非勉强凑合，以符功令罢了。

有人说，上面的话是不大公允的。近来至少有两门学问目的是在了解社会现象的原委与所以然的：一是考古学，二是民族学。考古学对于中国社会现象的原始，已经逐渐有所发现；民族学研究苗夷文化，在这方面也渐有贡献，而因为苗夷文化中的一部分，原是中国旧有而目前已成过去的东西，所以研究明白以后，也可以引为中国社会史的一部分的材料。前人说，礼失而求之野，如果我们可以把礼当做文化的代名词，则前途可以搜求到的东西正复不少。这话不错，考古学和民族学的贡献，前途自必越来越多，我们要写一本比较完整的中国社会史，也正复不能不仰仗它们所陆续发见的资料，但我们也应当知道，这两门学问所能供给的，至多也不过是这一部社会史的很小的一部分，至多也占不到十分之一二，其余十分之八九，还得向二三千年来的文献里，以至于不成文的民间习惯里去张罗，而这一部分的张罗的工夫就是目前最感到缺乏的。尽信书，则不如无书，这话固然很对，但对于已往的文献过分怀疑，认为全都是断烂朝报，也不是做中国学问的人应有的态度。据考古学家说，《周官·考工记》的内容，究属可信到什么程度，以前本来不知道，但后来发掘的结果，找出了许多实在的制作物，例如殉葬用的车子，证明《记》中所描写的种种，有许多是很对的。可见原有的文献中，总有很大的一部分是相当可靠的，要在我们善于抉择与多作考据罢了。如果一切学问都得靠实物，那我们还有多少学问可以做呢？何况社会的现象，特别是人伦关系的比较主要的一部分，又是非常抽象，从泥土里绝对挖不出来的呢？近代中国社会学界忽略本国的文献，不注意本国社会的由来演变，我不能不认为是空疏而不切实际的第二点。

这第二点又引起了第三点，就是，一方面中国的社会资料不够，或虽够而尚未经大量的搜集与细密的整理，而一方面已经有人发挥他的历史哲学或社会史观；社会史还没有着落，不知所谓史观者又从何而来。而事实上真有，则可知它的来路不出两条。一是主观的凭空结构，其为疏阔而不切实际自不待言。一是摭拾西洋的牙慧。西洋近百年来流行一种历史哲学叫做经济史观，或唯物史观，于是摭拾牙慧的人就想，我们中国不也有历史么？不也有经济现象么？中国人不是一样要吃饭，一样的以食为天么？经济史观如果适用于西洋，当然也适用于中国，于是只要把食货志一类的史料组织一下，选择一部分，再套上一些现成的公式的理论，一部不知从何处读起的二十四史不就有了一个纲领可以提挈而起了么？这种摭拾牙慧的人根本没有想到，这样一个史观，即就史料已经相当整理过的西洋社会而言，也许还不一定必适用，至少只能做一偏的适用，如今搬到社会史料未经整理的中国，岂不是于偏蔽之上，又加以一个空疏的毛病？从真正研究社会现象的立场来看，这两个毛病都是绝对的要不得，而应力求避免的。

中国的社会学所以有这三种弊病是有一个主要的原因的，而这原因也未始不是从西洋的社会学沿袭而来。这弊病可以叫做“见同而不见异”。社会原是一个很笼统的东西，我们口口声声讲到社会分子，把它比做生物学的细胞、化学的分子、物理学的原子电子，那不等于承认各个社会分子都是一样的么？如果社会分子都是一样，上文第一点里说的人事问题一类的问题论理是不应当有的，发生了我们也不会看见。肥皂厂里出产的肥皂，块块一样，我们从没有听见肥皂会打架。不过人不是肥皂，从没有两个人是完全相像的，所谓人事问题就从这流品的不齐产生。但流品的不齐又有几个社会学家加以深切注意过呢？比较注意这题目的不是社会学家，而是心理学家，连所谓社会心理学家就很忽略这一部分的社会现象。社会是一个笼统的东西，所以中外古今的社会大都逃不出几个原理的范围，适用于西洋社会的几个原理大抵也适用于中国，适用于今日的，大抵也适用于已往，所以事实上也许就没有特别研究中国社会的必要，更没有特别研究中国历史的社会的必要，这显而易见的又是吃了见同不见异的亏。总之，第一点弊病是由于见不到人与人之间之异，第二点是由于见不到此社会与彼社会之异，或群间之异，第三点则由于见不到此历史的社会与彼历史的社会之间之异。要祛除这几个空疏而不切实际的弊病，从而建立起一派中国社会生活可以利用的社会学来，当务之急是要增加我们辨别同异的眼力。

第五篇

民主理论的导演

三五　民主政治与先秦思想

（一九四四）

（一）引言

自美国林肯总统以来，大家认为民主政治，有三个方面：一是民有，就是政治属于人民；二是民享，就是政治所以为人民造福，人民是福利的享受者；三是民治，就是人民直接可以参加实际政治，而间接可以由意思的表示，来左右政治。这三分法倒也方便，在不专攻政治的人看来，也觉得应有尽有。英文所称的“德谟克拉西”，合而言之，是民主；分而言之，是民有、民享、民治。下文的讨论，即用这三分法做依据。

民主政治中的民治，据政治学家对我们说，是由四种要素组合而成的，一是自由，二是平等，三是人民参与政权，四是法治。自由指在法律范围以内，任何人的言动行止不受任何外力的约束或强制。平等指的是社会中没有特权阶级的存在。任何社会不能没有分工，不能没有职业的分化，职业之间也不会没有高下优劣之分；但在一个没有特权阶级的社会里，虽分而界限不严，隔阂不深，任何人得以自由移动，自由改业：才力高、志向大的分子可以向民族文化认为价值高些的职业攀登，否则也可以自由下降，社会中并没有特殊的势力教一个才能薄弱的人始终维持他很高的一个地位。换言之：一个人在社会中的升沉要完全凭他的才志，而不凭其它的关系，如同种族、宗教、门阀、党派等等。这就是我们对于平等一名词应有的了解。我说应有，因为寻常的了解完全并不如此，寻常的了解往往撇开了才志说话，认为人是一种天生平等的动物，从而反对人事上所有的一切高下不齐的现象，那是错了的。其实真正的平等就是公道，为避免平等一名词的误解，我并且认为我们应当把它放弃，而迳用公道两字。一个才高志大的人，奋斗了半生，攀登到了很高的地位，我们就不免嫉妒他，愤恨他，一定要把他往下拉；反过来，一个才志平庸的人，没有自知之明，却一心想往上攀登，别人也替他说话，认为他的处境卑微，是完全由于环境的限制，由于旁人的压迫。——这在表面上是为了争取平等，实际上岂不成为天下最不公道的一件事？①

关于人民参与政权和法治两个要素，我们无须多作解释，因为名词的涵义比较清楚，不像平等一名词的容易引起误解。不过有一两点应当注意。关于参与政治的一层，我们必须了解所谓参与，可以有多种不同的方法，多种直接与间接的程度。在广土众民的国家，每一个国民直接参与政治，事实上不可能，而势非间接不可，因此，最近情的方式自然是英美等国所实行的代议

---

① 说详《人文生物学论丛》第二辑，《人文史观》[见《潘光旦文集》第2卷。——编者注]中《平等驳议》一文。

制度;不过,间接的方式并不限于代议制度一种,只要就一般民众而论,下情可以上达,可以得到充分的反应,而就民众中一部分有聪明才智的人而言,可以有方法直接加入政府,把聪明才智发挥出来,也就差强人意了。关于法治的一层,最主要的是要官吏能守法。要民众守法易,要官吏守法难;官吏地位高,权柄大,容易舞文弄法,而舞弄的结果,民众往往轻易看不出来。宪法的最大意义就在此,宪法之所以为国家根本大法也就在此,宪法原所以限制君主的专权,防止官吏的弄权,否则就不会产生,这在英法两国法治的发展史里是最彰明较著的一点。若单单就民众而论,一些民法与刑法的条文岂不是已经足够了么?不过关于君权与吏权的监督牵制,宪法的产生与存在,无论成文不成文,也无论成文的内容细密到何种程度,固然是最较有效,最较有系统,引用时也最较现成,不过我们也应当知道,宪法也不过是方法的一种,不是唯一的方法。

我们的讨论,特别是就社会生活经验的一部分背景而言,不妨即以这民治的四个要素做依据。要素而存在,无论其采取何种方式存在,我们便算有了民治,至少曾经有过民治,要素而不存在,我们便没有民治。关于这一部分背景,我准备用另一篇文字来讨论。

在引论里我们最后还必须提出一点。我们讨论到中国民主政治的社会背景,我们所注意的当然是民主的精神,而不是民主的形式。所谓精神,可以分别在民主的三个方面表现,也可以分别在民治的四个要素上表现,且待前途逐一交代明白。不过有两个可以供测验之用的标准应当在此先行提出。这两个标准我叫它们为民主政治的试金石。一是就民众而论,是不是在社会里,特别是在所谓社会的阶梯之上,可以升降自如,不受任何身体以外的限制?用社会学的术语说,中国社会里社会级层间的"社会流动"是不是相当的方便?[1] 其实这也不外上文公道之说。二是就民众与执行政权的人的关系而论,在君主或官吏不守法纪而实行暴民政治的时候,民众方面最后有没有理论与方法可以加以牵制阻止?再扩大的说,我们对于政权有没有一股对立并峙的力量,为善时可加以辅导,为恶时可加以防杜纠正,根本不足与为善时,甚至于可以加以推翻?如果我们对于这几个问题都能作肯定的答复,那我们便具备了民主政治的精神。

我们谈精神,倒也不是完全不谈形式,没有形式,精神便无从寄托,无从附丽。没有形式的精神是不能想象的。不过我们所要提到的形式当然不是狭义的形式,不是近代英美人士所了解与习用的形式。我们将来可能的会进一步的采用英美的形式,如同宪法,如同议会,如同多党政治,如同责任内阁,那是另一回事,那也随我们的便,不过若说近代英美人士所了解的民主政治形式而外,天壤间便不曾有过别的形式,前途也不会有别的形式,那是不通的。最近在陪都,有一位美国记者声言我们至今还没有具备民主政治的形式:若所指是英美等国的形式,他是对的;若所指是任何形式,又若说话背后又隐含着"皮之不存,毛将焉附"的意思,那就历史而论,就社会背景而论,他是大错特错,

---

① 关于"社会流动"一名词的意义,参看李树青著《蜕变中的中国社会》中社会之梯与社会之筛二文。

他根本不认识中国,他不配派遣到中国来当记者。

(二)先秦的民本论

中国思想里没有民有、民享、民治的说法,但未尝没有这种看法,这种想法,并且这种看法想法在先秦时代便早已大致确定。说法可以两样,而精神却不失为大同小异。民有论在我们是民本论或民为贵论。民享论在我们是民父母论或视民如子论。民治论在我们是贤人政治论。这些名词并不相当,不过至少在民本、民为贵、民父母、贤人政治诸种议论里,我们可以很充分的找到民有、民享、民治诸种议论的成分。

我们先说民本论或民为贵论。民本之说最早见于《夏书·五子之歌》;歌凡五节,第一节述大禹之戒说,“皇祖有训,民可近,不可下;民惟邦本,本固邦宁;予视天下愚夫愚妇,一能胜予……”。自此以后,以民为本的说法不一而足:在字面上说得最明白,记忆所及,至少有两处,都在《春秋谷梁传》,一是桓公十四年,一是僖公二十六年,两处都说,“民者,君之本也”。谷梁氏两次提到这个民本的原则,都因为当时的诸侯往往滥用民力,驱之于死地,君民之间,本末倒置的缘故。从这一类的文字里,我们可以看出民之所以为本,一面是对国家而言,一面也是对掌治权的君主而言:国家与君主处的都是一个比较末的地位。

民为贵之论则初见于孟子。孟子在《尽心章下》里说,“民为贵,社稷次之,君为轻;是故得乎丘民而为天子,得乎天子为诸侯,得乎诸侯为大夫:诸侯危社稷则变置;牺牲既成,粢盛既洁,祭祀以时,然而旱干水溢,则变置社稷”。自来民为贵的说法也自不一而足，和民为本的说法一样；但字面上最直截了当的，在先秦的文献里，似乎只有此一节。但这一节的意义真是再深长没有了。先秦时代对于国家的构成，一致认为有三个因素：一是人民，二是社稷，三是君主或其它治权的掌握者。人民与君主两因素均是属于人的。社稷则表面上虽有宗教或神道的意味，实际上却代表一个地理与经济的因素，社是地神，稷是农神，和经济生产最有关系。这三个因素虽一个都少不得，其间却有先后轻重之分；究竟孰先孰后，孰重孰轻，在先秦长期的民族文化孕育史里，经过了不少的演变，到孟子所代表的战国时代，至少在理论上已经有了一个定局，就是，人民第一，社稷第二，君主第三。（当然我只说理论上有定局，事实的定局到现在还没有。）孟子在上面引文里一再提到“变置”两个字，一是诸侯可以变置，二是社稷可以变置。说诸侯危社稷则变置，是孟子客气的说法，其实等于说天子也可以变置，一切危及社稷的掌握政权的人都可以变置。孟子对于汤武革命，最表赞同，对于桀纣一类的暴君，认为是独夫，不是君主，虽加诛杀而不成弑的罪名，都是一类的见解。最有趣的是社稷也可以变置，就是神道也可以撤换，神道既可以撤换，掌政权的毕竟同是圆颅方趾的人，自更可以撤换了。唯有人民是不能变置的，不能撤换的，至少孟子始终没有提到变置的字样，事实上也确乎是无从变置，没有更大的力量可以把几百万几千万人变置：民之所以为贵在此。

上文说到先秦时代中民族文化的孕育史里，构成国家的三大因素，在地位上有过一些争长的演变：这是值得再加说明的，说明的结果似乎更可以坐实民本与民为贵的理论。上文说社稷那一个因素有宗教的意味，推广言之，就是一般的神道，再推广言之，就是天。所谓三因素者，在国家形成的初期里，也就是天、君、民的三角关系。在这三个关系里究属谁坐第一把交椅呢？所谓演变的痕迹就要在这里寻找。这种演变可能的有过四五个时期。

在第一个时期里，天或神第一，君第二，民第三。君是天的代表。天子的称呼，以及一般的神权政治，都可以追溯到这个时期。在这个时期里，三者的地位的先后轻重，在实际上与理论上是一样的，过此以后，事实历久未变，理论却渐渐的发生变动。

第二个时期，是君民易位的时期。天还是高高在上，不过民攀登了第二位，而君则退居第三位，例如《春秋左传》上一再说到"天生民而立之君"（襄公十四年），"天生民而树之君"（文公十三年）：天当然是最先存在的，生民是天的第一步动作，立君是第二步动作，是则民的存在必然的先于君。讲出世的先后，讲资格的大小，这才是真正的事实上的次序，不过，到此，理论才自觉到一个程度，敢明白的加以承认。到此，天的代表的地位也就从君的手里转移到了民的手里。君临万民，多少要看天意，但天意直接无法知道，只有间接的得之于民。所以《虞书·皋陶谟》说，"天聪明，自我民聪明；天明畏，自我民明威"。《周书·泰誓》中也说，"天视自我民视，天听自我民听"。从此，民不就成为天的耳目、天的代言人了么？

天民并重与并称是属于第三个时期的演变。说天的视听就是民的视听已经有相提并论与双方并重的意思。不过到此第三时期，民的地位又抬高了一步，摆脱了代表的身份而独立，不但独立，并且和天或神并驾齐驱。古代文献中最早的并称的例子是《虞书·舜典》上的“神人以和”一语。人与民在古代是往往通用的。不过《舜典》所代表的时代太早，这人字可能指一般的人，包括君在内，而不专指民众。到了《左传》所代表的时代，神人并称，等于神民并称，就丝毫没有问题了。成公元年，叔服论刘康公伐戎于既平之后，说，背盟而欺大国，不祥不义，“神人弗助”。昭公二十年，因为齐景公久病，将诛及祝史，引起了一段很长的讨论，说到善政可以使“神人无怨”，而恶政可以使“神怒民痛”。人与民通用，在这里是最清楚的。后世说天怒人怨，大概就本源于此。不过昭公元年，周刘定公评论晋赵孟的一段话最足以表示此种齐驱并驾的精神。他说，“谚所谓老将至而耄及之者，其赵孟之谓乎？为晋正卿，以主诸侯，而侪于隶人，朝不谋夕，弃神人矣！神怒民叛，何以能久？赵孟不复年矣。神怒不歆其祀，民叛不即其事，祀事不从，又何以年？”

到民权高出神权，我们就进入了第四期。《左传》桓公六年季梁谏随侯不追楚师，说了一大篇大道理：“臣闻小之能敌大也，小道大淫；所谓道，忠于民而信于神也。……夫民，神之主也，是以圣王先成民，而后致力于神……。”僖公十九年，子鱼论宋公用人于社，说，“古者六畜不相为用，小事不用大牲，而况敢用人乎？祭祀以为人也：民，神之主也；用人，其谁飨之？”民是神之主，岂不是民的地位，比神还要高出一等了么？庄公三十二年，史嚚论虢国将亡说：“吾闻之，国将兴，听于民，将亡，听于神；神聪明正直而壹者也，依人而行……”。所谓依人而行，也不外民为神主之意。说民为神主，说神依人而行，多少又像神成为民的代表，与第二期的情形恰好相反。不过民既然是可以捉摸的主体，而神之所以为代表，却不容易捉摸，则为君主的应当直接的听于民，而不应当间接的听于神，听于民是兴国的先声，听于神是亡国的朕兆。

第五期便是孟子的一番话所代表的时期了。到此，人民至上的地位便完全确定，并且和神权不再有什么关系。神权的范围也缩小了，缩小为土地与农业之神，并且这种神权还可以随时撤换。可以随时撤换的神道，事实上也就不成其为神道，而成为一种设教的工具。由此再推演一步，以入于第六期，构成国家的三大因素，就很容易的成为人民、土地、政事了。

总结这几期的演变，我们可以看出来，神的地位除外以后，民的地位，舍第一期外，始终比君的高，到了最后，且超越神的而上之。试通盘检看先秦时代的文献，我们真找不到一句君权绝对或掌握政权者应完全独裁的理论。我说理论，因为我们明知实际往往是另一回事，即君权第一，古代如此，后世也未尝不如此，中国如此，西洋也往往如此。不过理论的存在对事实总有几分限制的力量，有时候并且很有力量。限制到相当程度以后，君权第一的事实往往会只剩得一个名义，即就先秦时代而言，天王天子可以叫得天花乱坠，但天王天子究有得多少权柄呢？至于民的地位终于超过了神的地位，那显然是人文思想发达以后的必然的结果。中国民族文化的从神权解放出来，可以说比任何民族文化为早；解放的结果倒不是无神论，而是神由人造论。《易经·观》卦就说到“圣人以神道设教”。神既出人造，好比其它的文化事物一样，则成毁之权，操诸在我，也就不足为病了。

上文说，古代人与民二字往往通用，大抵用人字时，对象是神，用民字时，对象是君；对于神道的选举罢免，大权既操诸在人，对于君主的选举罢免，其权自操诸在民了。总之，人与民两字的用法是互通而可以互相发明的。

至于民本论或民为贵论何以在精神上等于民有论，到此我以为便无庸再加解释。说到民为本，民为贵，民就是国家所由构成的最大因素，民就是国家的真正的主人，国家的所有权属诸民，君主的任免权也属诸民，可以不消说了。

（三）先秦的民父母论

其次说到民享论，我们的代用品是民父母论或视民如子论。这一段理论，我们在民族文化孕育的过程里很早就达到，并且从《尚书》所代表的时代到战国，一贯的确定了下来。我们就记忆所及，也征引一些文献，以示此种一贯的情状。

《周书·泰誓》上篇说："惟天地万物父母，惟人万物之灵，亶聪明，作元后，元后作民父母。"《诗·小雅·南山有台》歌颂政治得人说，"乐只君子，民之父母"。又，《大雅·泂酌》，召康公戒成王以亲有德，飨有道，说，"岂弟君子，民之父母"。《礼·祭统》，论祭必躬亲，说，"祭而不敬，何以为民父母矣?"《孔子闲居》，子夏因《诗》有民之父母之说，问"何如斯可谓民之父母矣?"孔子说，"夫民之父母乎，必达于礼乐之原，以致五至而行三无，以横于天下，四方有败，必先知之，此之谓民之父母矣。"在《表记》里，孔子对于《泂酌》的诗句又有一段解释的话，说："凯以强教之，弟以说安之；乐而毋荒，有礼而亲，威庄而安，孝慈而敬，使民有父之尊，有母之亲，如此而后可以为民父母矣。”《大学》原是《礼记》的一篇，对《南山有台》的诗句也有一个简单的解释，就是，“民之所好好之，民之所恶恶之……好人之所恶，恶人之所好，是谓拂人之性，灾必逮夫身。”《左传》襄公十四年师旷对晋侯说，“良君……养民如子，盖之如天，容之如地；民奉其君，爱之如父母……。”师旷这一段话原是为卫人出其君而说的，不过所指的是良君，而不是昏君，如果是昏君，不配作民之父母，像卫君一般，则也不妨加以驱逐，所以接着又说：“天生民而立之君，使司牧之，勿使失性……天之爱民甚矣，岂其使一人肆于民上，以从其淫，而弃天地之性？必不然矣！”由此也可知变置诸侯的革命学说在孟子以前就早有人谈到，而不是孟子所首创。襄公二十五年说，“子产始知然明，问为政焉；对曰，视民如子，见不仁者诛之，如鹰鹯之逐鸟雀也。”昭公三十年楚子西谏楚子不害吴说，“吴光新得国而亲其民，视民如子，辛苦同之，将用之也……。”回到昭公三年，齐晏子与晋叔向论陈氏得齐民心，终将取姜氏而代之，说，齐民痛疾，陈氏“或燠休之，〔齐人〕爱之如父母，而归之如流水；〔陈氏〕欲无获民，将焉辟之？”《孝经·广至德章》也曾经引到《泂酌》的诗句，并且说“非至德，其孰能顺民如此其大者乎？”不过说得最激烈的是孟子对魏惠王关于杀人以政无异于杀人以刃的一段话：“庖有肥肉，厩有肥马，民有饥色，野有饿殍，此率兽而食人也。兽相食，且人恶之；为民父母行政，不免于率兽而食人，恶在其为民父母也？”孟子在《滕文公上》，又有一段话，虽不明言民父母，而是民父母论的最好的注脚：“劳之来之，匡之直之，辅之翼之，使自得之，又从而振德之——圣人之忧民如此。

……”孟子善于托古设教,这些话是假托为帝尧说的,只有最后一句是孟子自己的按语。

上文关于民父母论的一些引文并不代表先秦文献中这一方面的议论的全部。但在数量上已不能说少,计:《书》一节,《诗》两节,《礼》四节,《左传》四节,《孝经》一节,《孟子》两节,前后共十四节。其它一般忧民爱民利民的议论,自更触处皆是,在稍识旧时文献的人都是耳熟的,可以不烦赘引。

民父母论的要义在一切为人民设想,好比做父母的一切为子女设想一样。其出发点当然是慈爱的一念。蓄于内的既为慈爱之心,形于外自不得不为保护、养育、与教导的诸般努力,所谓“爱之能弗劳乎?忠焉能弗诲乎?”的便是。保、养、教的种种措施又须顾到两个原则:一面要顺适人民的心性,不宜拂逆;《大学》、《孝经》、与《左传》中师旷的话里都说到这一层;一面却也要竭力劝诱,使人民得以上同于民族文化的种种理想与标准。这在《孔子闲居》、《表记》、和孟子托古设教的话里都可以看到。不过孟子托古设教的几句话终究是最完全:忧民二字是一个总结,也是一个总冒。劳来是养,匡直是教,辅翼是保;而劳来辅翼的行为所着重的多少是第一个顺适的原则,匡直的行为所注意的多少是第二个劝诱的原则。又如一味顺适,则不免流于放任;而劝诱太过,又不免失诸强制,所以最后又有“使自得之”的一个更大的原则。惟有自得的保、养、教才是最真实的,最受用不尽的;也惟有这种保、养、教才可以教人民自立自尊,而不成为依赖寄生的物体。民父母论至此便达到了最高的境界,就是,在掌握政权的人一面虽须仁爱为怀,始终如一,一面又须竭忠尽智,使每一个人民成为独立自尊的一分子,从而推进社会国家的长治久安。

民父母论包括民享论,可以说比民本论包括民有论还见得清楚,自更无庸再事解释。也可以说,就效果论,民父母论事实上等于民享论。不过民父母论还有一层好处为笼统的民享论所没有。民父母论使掌握政权的人与人民中间多发生一重情绪上的联系。例如以前人民称地方官为父母官,士绅和父母官商量公事的时候,总用“老父台”的称谓,如此称呼惯了,即在彀不上循良两个字的地方官也多少总得修一点边幅。近代官吏不再以民父母自居,而以公仆自居,我一向认为是自乔木退入幽谷一种举动。试思天下的父母有得几个真正不慈的,而天下的义仆又寻得出多少。仆人地位低,知识浅,生计绌,往往在主人面上刮皮,甚或造成一种奴欺主的局面;君子恶居下流,而近代的官吏不思上同于父母,不欲“有父之尊,有母之亲”,而偏欲下同于婢仆。时至今日,特别是在抗战的急迫的情势之下,暴政始终不易铲除,贪污犹然横行无忌,我看这也未始不是原因之一了。子路问政,孔子的答复是:必先正名,不正名的最后的结果可使民无所措手足!这岂不是再好没有的一个例子。西方也有过民父母论的说法,所谓 paternalism 的便是,但似乎没有演成为一派政治的学说,甚或有人把它看作止乎“保姆主义”或“姑息政策”一类的东西,而加以讽刺,所以在理论上始终没有什么地位;但基督教会却很早就看出这种说法的好处,把它搜罗了去,而取得了不少的联系与团结的效果。

这种情绪关系的重要,又可以从另一方面来看。一国的人口是由许多高下不齐的流品组合而成的。无论在什么政治体制之下,直接的政权与社会生活里一般领导之权总是在一部分流品较高的分子手里,这是势所不免的,也是理所当然的。所以孟子一面主张一般的民权,一面也讲求大人小人,君子野人,劳心劳力,中不中与才不才等的分别,而主张中者须培养不中者,才者须扶植不才者,就是,上层流品对于下层流品要负师保的义务。不过人是一种动物,动物的自然趋势不免于大欺小,强陵弱。如果任其自由竞争,势必至于不成社会,荀子所称群居和一之道,势必无法维持;所以一面讲一般的礼,一般的分,一面对上层流品不能不积极讲求"容众""逮贱""矜不能",以至于"养不中""养不才"的道理。不过要实现这种道理,只靠礼教是不行的,单凭法律也是不行的;师保的关系是够好的了,但有时候做师保的人还不免失诸妄自尊大,过于严厉,所以最后仍须借重动物界的另一股力量,就是以感情为中心的亲子关系,因为只有这种关系才最能把各种高下不同的流品维系起来。在这里,又是孟子的话说得最中肯,"中也养不中,才也养不才,故人乐有贤父兄也;如中也弃不中,才也弃不才,则贤不肖之相去,其间不能以寸"(《离娄下》)。家庭中的贤父兄如此,政治上的贤父兄也应当如此,一个养字,一个弃字,真是下得再贴切没有,其中都含有所谓"不忍人之政"的不忍的意思,不忍弃,不忍不养,试问还忍欺陵鱼肉么?所以我一向认为真正的民主政治应该是民父母论的民主政治(paternalistic democracy),西洋英美式的民主政治固然有许多地方值得我们效法,但我总嫌它太寡情,惟其寡情,所以才有锱铢必较的权利观念,才有"割脖子"一般的自由竞争,才有乱丝一般的劳资纠纷,一部历史才成为“阶级斗争”的历史:基督教的婆心苦口,舌敝唇焦,垂二千年,也似乎不能多所裨益。

为结束民本与民父母的两段讨论,我不妨举一个春秋时代的故事。《商书》盘庚迁殷,据说是“视民利用迁”,不过当时民众的怨言很多,经盘庚三令五申,才安定下去。这可能的是盘庚实行民父母的原则,只问对民众有利与否,而没有问民众愿意与否,其间强制的成分比较多了一些。不过春秋时代的这个故事,可以说是完全以民利为依归的。《左传》文公十三年说,“邾文公卜迁于绎。史曰,利于民而不利于君。邾子曰,苟利于民,孤之利也;天生民而树之君,以利之也,民既利矣,孤必与焉。左右曰,命可长也,君何弗为?邾子曰,命在养民。死之短长,时也。民苟利矣,迁也,吉莫如之。遂迁于绎。五月,邾文公卒。君子曰,知命。”我认为这是实践“以民为本”“视民如子”两种理论的最好的故事。只要于民有利,国君连自己的生命寿算都可以置于度外,真可以说是尽了实践的能事了。中国人说命,最高的境界是义命合一,这也是实践义命合一的人生哲学的最早的故事。

(四)先秦的贤人政治论

中国的民治是寄寓在贤人政治里的。所以中国的民治思想事实上等于贤人政治的思想。贤人从民间出,其所代表的不能不说是民意的一部分,这一部分民意不必是人民一般的共同的意志,而往往是人民中间最明白事理的一部分的意志。代表了这样一部分的民意来执行政权,我以为无论根据什么界说,不能不承认它是民治。何况所谓一般的共同意志究属有不有,有了又如何发见,如何代表,即在西洋,自卢梭以来,又是政治理论家不断的争论而至今没有结果的一些问题呢。

贤人政治在理论上包括两个很大的原则。第一个就是民意,第二个是才品。上文民父母论的讨论引《大学》的话说,“民之所好好之,民之所恶恶之”,所好所恶指的是一般的政治措施,既为一般的政治措施,则用人的措施当然在内。《论语·卫灵公》上说,“众恶之,必察焉;众好之,必察焉”;这好恶的对象大概是人,而不是一般的政事了。孟子在这一点上又说得比别人都清楚。孟子与魏惠王论进贤去佞,说,“左右皆曰贤,未可也;诸大夫皆曰贤,未可也;国人皆曰贤,然后察之,见贤焉,然后用之。左右皆曰不可,勿听;诸大夫皆曰不可,勿听;国人皆曰不可,然后察之,见不可焉,然后去之。左右皆曰可杀,勿听;诸大夫皆曰可杀,勿听;国人皆曰可杀,然后察之,见可杀焉,然后杀之,故曰,国人杀之也,如此,然后可以为民父母。”照孟子的说法,贤人政治竟成为民父母政治的一部分,不过我们还是分开了说。

不过,国人皆曰贤,是不是真贤呢?然后察之,是不是真可以把贤的情状察出来呢?这其间一百分的保证是没有的,就在今日又何尝有呢?于是乎就不能不有第二个原则,就是平时要有才品不齐的认识,长时期的农业生活很早就教我们的祖先注意到族类的辨别。从物类的辨别进到人的流品的辨别大概也是很早的。所以《易·同人》的象辞就说,“君子以类族辨物”。从分类的认识又进而为差等的认识,所以《易系辞》开头就有“方以类聚,物以群分”和“卑高以陈,贵贱位矣”一类的话。到社会生活日趋繁变,文化生活日趋发达,于是从差等的自然事实之中更演出了伦理的文化观念。伦字原有二义,早出的一义就指类别、差等、和流品的现象,后出的一义才指类别与流品之间的关系。先秦文献中这一方面的议论多至不胜征引,尤其是在后人所称为儒家的一部分。《孟子》(《滕文公上》)《荀子》(《非十二子》)反对墨子,都为的是墨子慢忽了差等的基本事实。孟子批评许行一班人的主张,最主要的也是这一点,所以说到把不同的"比而同之,是乱天下",又说到"从许子之道,相率而为伪者也,恶能治国家。"中国社会思想里可以说从来不曾有过西洋美法两国革命时代所了解的平等的理论。平等的名词似乎还是从翻译佛典来的。其在儒家的思想里,尤其是只认识差等,不知平等为何物。[①]

再进一步而为知人的理论。《舜典》上说"禹拜昌言",其所拜的一部分就是皋陶所说的"在知人……知人则哲"[②]。孔子在《论语》里再三论到知人,并且认为知人是一切知识中的最高境界。樊迟问知,孔子的答复是知人(《颜渊》)。又说,"知者不失人"(《卫灵公》)。孔子还论到过知人的方法(《论语·为政》与《卫灵公》)。后来孟子(《离娄上》)、李克(对魏文侯,《史记·魏世家》)也有过一些方法论。先秦文献里所叙知人的实例也不一而足,如:宋宣公之于宋穆公(《左传》隐公三年),晋僖负羁之妻之于公子重耳的从者(僖公二十三年),孔子之于子路(哀公十五

---

① 说详《人文生物学论丛》第七辑,《优生与抗战》[见《潘光旦文集》第5卷。——编者注]中《明伦新说》一文。

② 见《尚书·大禹谟》及《皋陶谟》。——编者注

年),孟子之于盆成括(《尽心下》)。后世的史传上的实例更是所在而有,如汉高祖论三杰各有专长,为自己所不及(《史记·高帝本纪》)。

不过知人还不够。知人只是心理生活的理智一方面的事,和意志情绪两方面不一定发生关系,所以再进一步便为尊贤的理论。知贤而能尊,必须理智的努力而外,加上意志与情绪的努力,一个人和别人争胜争平等,是容易的,妒忌别人,瞧不起别人,也是容易的,但"人之有技,若己有之,人之彦圣,其心好之"(《周书·秦誓》),却非有比较坚强的意志与丰富的情感不办。所以知人只是智,而尊贤便成为义。《中庸》上说,"义者宜也,尊贤为大"。尊贤是义的最高境界,好比知人为智的最高境界一样。尊贤的议论,在先秦文献中也是最充斥的一种,我们只能略举几例,以备一格。《易·大畜》《颐》《鼎》三卦都提到尊养贤人。《周礼·天官·太宰》以八统诏王,《地官》,师氏以三行教国子,《中庸》论治天下国家有九经,都以尊敬贤人作为节目之一。孟子这方面的议论也独多,并且把贤人的地位变本加厉的抬高到国君之上。他说:"故将大有为之君,必有所不召之臣,欲有谋焉则就之,其尊德乐道,不如是,不足以有为也"(《公孙丑下》)。又引当时的谚语说,"盛德之士,君不得而臣,父不得而子"(《万章上》)。又极言王公养贤尊贤之道:"天子不召师"为尊贤的表示之一。诸侯应事贤而不得以贤为友,见贤人必由其道,否则无异欲其入而闭之门等等(均见《万章下》)。不过最绝对的一段话是在《尽心章》里:"古之贤王,好善而忘势;古之贤士,何独不然?乐其道而忘人之势,故王公不致敬尽礼,则不得亟见之,见且犹不得亟,而况得而臣之乎?”孟子如果懂得编口号的话,我想他的政治运动的口号一定是“民权至上,贤人至上”八个大字。孟子既主张民为贵,贤者既为民间出类拔萃的产物,则其为贵不可言,自是理有固然了。这一层的意义在中国全部民治的理论中,最关重要,前途当再有申说的机会。

尊贤的效用是教育的以至于一般文化的,不过要贤人在比较狭义的政治上发生效能,势须加以选举任用,只是敬礼有加是不够切实的。这方面的议论,在文献里又是多不胜言。《易·师》卦说,“开国承家,小人勿用”。《周礼·天官》,太宰诏王以八统;《地官》,大司徒施十有二教;《礼记·大传》,圣人南面而听天下,有五所先,其中都包括任贤、使能、保庸等两个或三个节目。《书经》是一部实际政治的文献,尊贤的理论虽没有只字,而申诫国君用贤的话则五十八篇中至少有十次,而以《周书·周官》一篇中所说的最为详尽:“明王立政,不惟其官,惟其人……官不必备,惟其人;……推贤让能,庶官乃和;……举能其官,惟尔之能,称匪其人,惟尔不任。”《春秋》三传亦复如此,尊贤之论虽几乎没有,举贤之论则很多,尤其是集中在《左传》襄公昭公的几年里。《谷梁传》昭公四年更有一句原则的话说:“春秋之义,用贵治贱,用贤治不肖,不以乱治乱也。”举贤受褒,失贤受贬的实例也不一而足。春秋以前的例子容或出乎托古设教,未必完全真实,即就春秋一代而论,则受褒的例子有秦国的子桑(《左传》文公三年)、宋公子鲍(文公十六年)、晋国的祁奚(襄公三年)、郑国的罕虎(昭公五年)、晋国的魏献子(昭公二十八年)。又如晋国能使用贤人而楚不敢伐(襄公九年),“君子谓楚于是乎能官人"（详襄公十五年），吴季札称"卫多君子，未有患"（襄公二十九年）。鲁季武子说"晋未可媮……其朝多君子……勉事之而后可"（襄公三十年）。受贬的例子则有鲁国的臧文仲（《论语·卫灵公》）、秦穆公（《左传》文公六年）、鲁国的叔孙穆子（襄公二十九年）、郑国的子驷（襄公三十年）、莒国的展舆（昭公元年）、郑国的驷歂（定公九年）。贤人的进退关系綦大，所以不但历史上有褒贬的文词，风雅上亦多抑扬的笔墨。毛氏的《诗序》如果解释得对，则涉及贤人与政教关系的作品，《国风》中多至三十一篇，其中《曹风》四篇更是悉数有关，《小雅》中五篇，《大雅》中四篇，一起至少有四十篇。

执掌政权的人而能知人善任，甚或举贤自代，则在民族文化的眼光里，其人的道德又进入一个境界，就是由知人的智，尊贤的义，更进而为举善的仁。在中国道德的品级里，仁的地位最高，而庆流后世的仁比泽被当代的仁更要高出一格。《左传》文公三年盛称秦子桑说，"秦子桑之忠也，其知人也，能举善也……诒厥孙谋，以燕翼子，子桑有焉。"这忠字便有仁的意思，特别是从所引《大雅》的两句诗里可以看出来。秦穆公以三良为殉，《秦风·黄鸟》之诗刺之。《左传》文公六年贬之，所刺所贬都是一个不仁。文公六年说，"君子曰，秦穆之不为盟主也，宜哉！死而弃民。先王违世，犹诒之法，而况夺之善人乎？……今纵无法以遗后嗣，而又收其良以死，难以在上矣。君子是以知秦之不复东征也。"坑死三良，对于三良也是不仁，不过其所以为不仁者小；然贤者既死，使后死的秦民不能蒙受他们的深仁厚泽，却是不仁之尤。《论语·颜渊》，子夏答樊迟之问，解释孔子所说的知仁二字和“举直错诸枉，能使枉者直”两语，说“富哉言乎！舜有天下，选于众，举皋陶，不仁者远矣；汤有天下，选于众，举伊尹，不仁者远矣”。这就明说到仁字了。孔子那两句话的意义确乎是丰富，其中也有贤者以类相聚的意思，其中也有贤者以身作则的意思，其结果无非是经由政治的途径来提高教化的力量，教化的流泽比什么都大，所以就是仁了。不过说得最清楚肯定的依然是孟子。“分人以财谓之惠，教人以善谓之忠，为天下得人者谓之仁。是故以天下与人易，为天下得人难！”（《滕文公上》）

讨论贤人政治到此，我们该有一个收束了，上文说到贤人的贤的情状与程度不容易断定，古代如此，在人文科学发达的今日也还如此。但为求政治的良好起见，这种判断无论如何不能没有，差强人意的判断总比完全没有判断要好些。然则这判断又何来呢？当时唯一的路径是人的经验（也是后世唯一的路径，即在将来，路径可能的不止一条，但最大的还不免是它）。这经验在表面上又可以分为两路：一就是民意，是当时此地的；二就是流品的认识与其差别待遇，其中包括知人、尊贤、举善等节目，那是一种累积的经验，不限于当时此地的。民意当然也有它的根据，一时主观的好恶爱憎而外，此种根据大半也就是一些对于流品的认识、一些道德的判断、以及此种判断对于才品的适用罢了。如此，则所谓两种经验，事实上只是一种。不过当时此地的民意也许错误，其中主观爱憎的成分可能太大，所以执行政权的人于初步接受之后，还须加以察看，加以坐实，然后再作最后的进退。这就是孔子“众好必察，众恶必察”的话，也就是孟子于“国人皆曰……”之后，“然后察之”的话了。执行政权的人不比一般的民众,他对于民族文化的传统,包括流品的辨别与待遇在内,总认识得多一些,服膺得深一些,因此,察看的结果多少可以纠正民众的看法,教它更趋于客观。执行政权的人,当然也有他们的主观的爱憎,国君有,左右也有。这种心理的牵制纠正就靠民众的要求与监督了。如此,人才的登进,一面靠掌握政权的人的意志,一面也靠民众的意向。掌握政权的人如果太主观,则可借民众的意向加以修正。民众的意向如果太主观,则可借传统的经验加以限制。总期客观的程度可以增加,而政治收“得人”的实效。这就是贤人的政治。

从民间出来的贤人所造成的贤人的政治,我以为就是民治,我并且以为才是真正的民治。笼统的民治是没有意义的。任何国家的民众在才品上是不齐的,其中一小部分上智,一小部分下愚,和大部分的中材分子,或更简单的可以分成两半,一半是中材以上,一半是中材以下的。掌握政权的人应该从上智的一部分中间出来,或至少从中材以上的一半人中间出来,任意抽调,固然不合,平均公摊,亦未为允当。所以所谓民治,应当就是好民政治,那就是贤人政治。好民是民,也是一般民众的代表。不过代表二字有两个意义,一有出类拔萃而足以为一群表率的意思(best of the group),一有通扯平均,兼具众体之微的意思(typical of the group)。我以为我们要的是前者,而决不是后者。我们推举代表,参加任何比赛时,我们注意的是前者,我们推举代表,参加政治时,我们所注意的似乎更应当是前者。既为前者,则所谓民治岂不是事实上就等于好民政治?

上文根据民父母的理论,我认为我们以前多少有过而前途应有的民主政治不是笼统的民主政治。而是民父母论的民主政治(paternalistic democracy),如今根据贤人政治的理论,我更认为我们以前多少有过而将来应有的民主政治不是笼统的民主政治,而是好民政治或贤人政治的民主政治(aristocratic 或 aristarchic democracy),英文 aristocracy 一字,我们一向译作贵族政治,其实是错了的,就字源说,此字前半所指的就是贤人,后半所指的是政治,而贤人未必世袭,未必成为贵族。中国在春秋战国时代,贵族即由解体而消灭,后来所有掌握政权的人大率即从民间兴起,君主既不假托神权,宰臣也不凭借门阀,隋唐而后,更自显然。这是属于经验背景的话了,目前姑不多说。《论语·子路》篇引子贡与孔子一段问答说,“乡人皆好之,何如?子曰,未可也。乡人皆恶之,何如?子曰,未可也。不如乡人之善者好之,其不善者恶之”。讲结交朋友如此,讲贤人政治也是如此,将来如果实行选举官吏,所能凭借的最单纯的原则,也不过如此。

三六　民主的先决理论

（一九四五）

我们到今日还没有比较完整的民主的理论，在中国没有，在外国也不能说已经具备。我们所有的始终只是一个笼统的原则，在细节目上，可能这里有一些，那里有一些，有的还没有凑起来，有的根本凑不起来，凑起来的部分又未必融洽，而凑合的一些部分的总和在分量上离开全部的需要还远。总之，我们所需要的民主理论还有待于导演。

导演是剧艺的一个名词，我们如今不妨借用一下。民主的理论，像一折戏一样，是要演出的，或上演的；而上演是一个过程，各种场面要逐步排演而出，决不是一下子现现成成的全盘托出的。一折戏在上演之前与上演之际，是随时需要人指导的。演戏并不是一个自然的过程，不招自来、不求自至的一个过程，是随在要用人的聪明智慧加以导演的。导演的名词指的就是这样一番渐进而有人力推挽的一个过程。民主的理论的形成也是如此。无中生有，一蹴骤几，搬弄现成，和盘托出，像好几家宗教的上帝的创造宇宙一般,是不可能的,是不能想象的。[①]

说到民主的理论,我们不得不约略提到一些更基本更先决的理论。那就牵涉到哲学,并且牵涉到的方面还相当的多。自由意志论和命定论,唯心论和唯物论,唯心论和唯实论,理性论和经验论,可以说都有关系。这种先决理论也牵涉到社会哲学与文化哲学的领域。渐演论和革命论,进步论和保守论,人治论和法治论,社会论和个人论,有机论和机械论,以至于自然论与文化论,古典论与浪漫论等,也都有关连。社会论与个人论和民

---

① 我写《民主理论导演论》,前后凡七篇,即本篇中前七题文字。导演两个字是要再加一些解释的,导演原是一个剧艺的名词,不过这里的用法略有不同。演是自然的,导则需要人力。民主的理论必须导演,民主的实际也一样的有此需要。民主和其它人事一样,一方面有其自然演变的趋势,例如中国春秋时代而后和英国在第十二第十三世纪时代的贵族解体与平民兴起多少是社会演变中一种自然的趋势,在历史上叫做"民本化"的时期(period of democratization)。不过要"民本化"走上一条持久而具体的线路,要把它的力量集中起来,组织起来,逐渐取得民本政治以至于民主政治的形式与机构,是需要人力的导引的。中国前途的民主政治,一方面有赖于中国旧有的民本化的背景与趋势,一方面也有赖于国际环境中的种种影响,包括英、美、苏俄等国的经验与榜样在内,而第三方面更有赖于通达而有远见的政治家与政论家能够一面参考国情民性,一面就已有的中外关于民主政治的经验与理论的资料,斟酌损益,慢慢的蔚成一种中国方式与中国精神的民主政治。如果第一与第二方面属于所谓"演"的范围,第三方面就属于"导"的范围了。目前可能还有人以为我们但须效法英美,或但须效法苏俄,把英美或苏俄的政制搬运过来,反掌之间,我们就可以走上民主的康庄大路。我认为这种看法是一个错误,姑不论"橘逾淮为枳"之说有几分科学的根据,我们知道社会制度与政治制度决不是轻易可以移殖而长根的。中国民主政治的实际也必须导演在此。

主的理论关系最多，我在本书中已别有讨论（见上《第二篇》）。

哲学与社会哲学上许多问题的最后解决，许多对峙的场面的最适合的调协，完全是一些理论的问题，也完全是哲学家与社会思想家的任务，和我们不相干。我们为民主的理论打基础，向他们讨教，就他们觅资料，似乎只有一个比较健全的态度，就是，就人本的立场（humanist 与 personalist）力求一个融会贯通，折中至当。最广义的民主思想就是人本思想。古今中外的民主思想里，民字与人字通用，我在本书的其它文字，特别是《民主政治与先秦思想》一篇里，曾经一再指出过，而主与本是两个同义的字，说本末是等于说主宾，更是显然，无烦解释。

自由意志究属有没有，命定论是不是一百分的绝对，哲学家至今还在争辩，我们自然更不知道，我们所知道的，也用得着知道的，是天下事都有一些因果，而这因果并不单纯，所以事物之间，与其说是有单纯的前因后果的关系，不如说它们有息息相通的关系，有功能上相互依倚的关系，较为妥当。十足单纯的因果论是如今连自然科学都不再谈的，倒不是它数典忘祖，而是科学的方法与精神进步了。这是一方面。天下事也包括人事，人事牵涉到人的欲望、兴趣、意志一类的心理作用，这些作用不能离开固有的官能与外缘的刺戟而独立，是显然的；但演化一到人类的段落，官能的伸缩力发展得特别强大，因此，对于刺戟的接纳，反应的发生，其间也就有了相当强大的伸缩性，即其间多少有了一些选择的余地。自由意志究竟有没有，我们固然不知道，这选择的余地总是常识与经验里的一大事实。这又是一方面。我们要民主，决不能一要就有，因为外缘的事物不免给我们种种限制牵掣;“吾欲仁,斯仁至”一类的话只有一些修辞的效用,仁的来到,决不如是其干脆。民主的来到,也不会干脆。但,反过来,我们要民主,也决不是历史或环境,或历史与环境中的任何事物命定我们要,强迫以至于勒令我们非接受不可。我们要民主,乃是我们根据情理上最好的判断,而自己选择的。如今也有人反对民主,死命的和民主的力量为难,但他们未必能制胜,而其所以不能制胜的缘故,并不是真因为环境中有一股笼罩性的力量,或历史上有一种注定性的趋势,非教他们失败不可。我根本不相信此种力量与趋势的存在:他们的难免于失败,还是因为另一部分的人,更大的一部分,对民主已经下一个肯定的判断,自觉的选择,与迫切的要求。如果不然,又如果反民主的一方面反而来得更坚决,则成败利钝还是一个未知之数。

一种东西,一种努力的方面,唯其是自己选择的,所以难。否则便容易了。如果天地间真有自由意志这样东西,而此自由意志又能集体化,一经发动,民主便会得心应手而至,那便是一种神通,而不是人力,是天志,而不是人意。又如果天下事全由命定,或则全部命定局部,或则前事命定后事,如果神力足以命定,种族足以命定,历史足以命定,环境足以命定,生产方式与生产关系足以命定,——那我们乖乖的等着就是了,连延颈企踵的期望都是枉费精神,庸人自扰。中古的欧洲人,一辈子的苦行,镇日价的祈祷,期待着天国的降临,我们觉得他们信心不够,自作聪明,天国的终于未曾降临,可能的就害在这一点自作聪明之上;真正信赖命定论的人是自己不用聪明的,自己假定为没有聪明可用的,聪明全在神身上,在种族的天赋里,在历史的定律里,在环境的颐指气使里，在潮流的冲击鼓荡里，在制度的牢笼约束里，在生产工具与生产关系的安排摆布里……在一切身外之物里，而独不在堂堂的七尺的身心里！命定论到此便成为定命论。不过这样由定命论得来的民主，容易也虽然容易，又何尝真正的民主呢？民在那里呢？民之所以为主者又在那里呢？顾义思名，它应该叫做“神主”以及各式各样的“物主”。

唯心论和唯物论可以无须别论。唯心论主境由心造，充其极可与自由意志论无异。唯物论主心由境造，究其极就是物质主义的定命论。唯实论与经验论推崇现实经验，推崇之至，亦即成为一种定命论；而理性论则可与唯心论自由意志论归入同一的范畴，也无庸多加申说。我们的任务，因此，也不在强分畛域，入主出奴；有时候我们可能要多多的注意到心的力量，以及理性与理想的力量。有时候可能要特别的瞻顾到物的力量，以及现实、经验、以至于传统的力量。问题的到来，总要先看清情势、场合、时代，从而加以个别的分析、斟酌、抉择，然后再加定夺，这其间并没有一定的公式可以遵循。一切问题的不容轻易解决在此，民主的困难也在此，而民主之所以为民主也未尝不在此。如果有一定的公式可循，有不召自来的“潮流”可以顺应迎合，有不推自进的“动向”可以参加搭趁，也就不成其为民主了。

社会哲学与文化哲学里许多相对的概念、学说、信仰所应得的看法，也是如此。我们也选取一两个对待的局面说一说。渐演与突变同是生物经验史与社会经验史里的事实。两者之间，也只有程度上的差别，而无种类上的歧异，所以实际上并不冲突，理论上更不应冲突。这两种不同程度的演变方式，事实上也已经在“演化”的名词之下统一起来。不过渐变论与革命论一类的说法是有问题的,而问题就在一个论字之上。“论”是成套的“词”,是多少已经公式化教条化的所谓“意识形态”,因此,在接受渐变论或改进论的人与接受突变论与革命论的人,便不免分别认为社会、经济、与政治的演变,只有循序改进的一法,或只有通体推翻,重新做起的一法。其实就经验与现实说话,号称渐进的英国政治又何尝不间或采取一些快刀斩乱麻的办法呢？号称不断革命的苏俄又何尝一切重起炉灶而丝毫没有因袭呢？从这个立场看,英国的政治与苏俄的政治终究只有一个程度上的区别罢了。

进步和保守,在我们看来,也只是相对而并不是相反的两个概念。进步不一定是功德,保守不一定是罪恶,好比一动一静不成其为功罪一样。我们应当窥察所前进的是怎样的一步,所保守是怎样的东西,然后再下功罪的判断。凡属保守的人又时常被称为“落伍”,其间责备的意思更是显然。苏俄的制度很多朋友是认为进步的,前进的,中共在陕北的许多设施,许多人也有同样的观感,而凡属有这种观感的人,别的朋友也有以“有前进思想”目之。不过,苏俄自革命以来,废弃的旧东西虽多,废弃而再度恢复的东西也复不少,最近与最大的一例便是宗教。中共自民二六以来的政策和在江西时代的也大有不同。这一类政策与设施的改变是进步呢？保守呢？以至于落伍呢？我们就不容易下断语了。我们只知道苏俄恢复宗教,中共改变他的许多政策,多少是为了适应彼此的国情民性,而这种适应的努力倒很有几分民主的意味。总之,民主的理论决不迷信进步,也决不蓄意保守。如果政治与其它生活是一匹马，而人民是善于骑马的人，则进退动止以至于改变方向之权自然是操诸在我，有时候我可能急进一程，有时候要休息片晌，也有时候，可能因为遗忘了什么东西，要折回若干步骤。若说，骑上了马，便非前进不可，前进非有一定的路线与方向不可，而此种路线与方向又早经那匹马或马和骑马的人以外的力量所安排命定，那我们又何爱于骑马呢？我们骑老虎好了。当前真有不少的人正骑在虎背上，下来不得。我说到迷信进步，迷信分段的与定向的进步，关于这点，我以前曾经别有讨论，兹不多赘。①

人治与法治也只是两个相对而不是相反的概念。“徒善不足以为政，徒法不能以自行”的两句孟子的老话到如今还是最好的一个结论。说人治与法治相对，还不大切实，最切实的是说两者相须相成，互为因果。没有比较健全的人民，比较健全的法或制度就不能产生与维持；反之，如果没有比较健全的法或制度，而要维持与提高人民身心的健全程度，也就一样的不可能。②

就一般群体生活说，人治与法治之间，是不能也不宜分什么轩轾的。不过就民主方式的政治生活说，两者之中，比较基本而宜乎首先受到注意的还是人，而不是法。民主政治与专制政治或集体政治不同。在后两种政治体制之下，一切都凭权力，一人立法执法，或少数人立法执法，而责成其余的人守法，其事比较

① 拙著《人文生物学论丛》第七辑，《优生与抗战》[见《潘光旦文集》第5卷。——编者注]中，《演化论与几个当代的问题》一文。

② 说详本书同篇中《民主政治与民族健康》一文。

易行。在民主政治之下,在理论上,全部的人民不仅是守法者,也是立法与执法者,这就比较难了。所难者就在“得其人”。所谓得人,第一,指一般的人能直接而自动的守法,直接要比间接为难,自动要比被动为难。第二,在人口众多的国家,指一般的人能选举才力上足以代表大众而为大众立法执法的人,而选举人才之难尤甚于守法。第三,指被选举的人是否真足以代表,真能在法上有所创制而认真执行,而自己也受法的绳墨。这三点都必须先有身心品格比较健全的人,才做得到。虽说选举就是一种制度,就是一种法,要选取人才,必先有选举的制度,这是不错的,但规定、执行、与履行这种制度而不发生弊端,还不是要靠适当的人么?

中国政治及其它方面的生活,积弊极深,是无可讳言的。近年以来,论者动辄归咎到制度的缺乏或未臻完善;其实,平心而论,大而至于政治的信条,小而至于各种法规章则,就字面说,那一件不是楚楚可观,有条有理;可是一到执行的时候,就在在发生窒碍,到处尽是漏洞,无往而不走样,这其间症结究竟安在,是无待烦言的。若说法规章则之外,尚有更大的社会制度与风俗习惯在,而这些非先加通盘与澈底的改革不可;这诚然也是必须的,但如何才算通盘,如何才算澈底,而此种改革的工作是不是依然先须有人提倡,有人示范,有人实践,有人撑持——就得统归这一班绝对法治论与制度论的朋友去答复了。

总之,哲学与社会哲学文化哲学的领域里有许多对峙以至于壁垒森严的场面;就这些哲学自身设想,就比较纯粹的理论方面说话,这些场面是可能有它们的价值的,就是,因争辩诘难而日趋于精密坚致。但就民主的理论说话，就思想在生活上可能发生的实际影响说话，我们最健全的态度是尽量设法就对垒的局面中觅取调和与贯通，而觅取者与切实从事于调和贯通者，当然还是人自己，还是人民的全体。这真是责无旁贷义不容辞的一件大事。说责无旁贷，因为人民以外，更无其它的本体，特别是自从尼采说到上帝已经死去以后；说义不容辞，因为凡事一有所偏，便有所蔽，而偏蔽的不良结果迟早不免侵蚀到人生的健康。而所谓调和，所谓贯通，当然并不等于取得一个绝对的折中或折半，而要在以时损益，因地制宜，间或注重对垒局面的甲方，间或注重乙方。即，平时虽求一个平衡与双方无所偏倚，在特殊情形之下却不能不作过正的矫枉。就特殊情形说，这就相当于前人尚文尚质相互为用的道理。就一般情形说，这正合着"神而明之，存乎其人"的一句最古老的话，而也就回到了篇首所说明的人本思想的立场了。

三七　个人、社会、与民治

（一九四四）

近来许多报章杂志的文字以及许多朋友们的谈论无疑的都一致趋向于民主政治的主张。不过在一致的主张之中，我们又很清楚的发见两个很不相同以至于针锋相对的立场或侧重之点。一则侧重于英美式的个人主义的民主政治，而一则侧重于苏俄式的社会主义的民主政治。前者评论后者为有团体而无个体，后者评论前者为有个体而无团体。又换一种评论的说法：前者认为后者至多只做到一些经济的民主，至今未能有政治的民主表见，后者认为前者至多只表见了一些浮面的政治的民主，始终未取得稳固的经济民主的基础。讨论更进一步，双方可能的认为两者都不可少，但又不免引起一个先后所谓“阶段”的问题，就是，个人主义的民主政治和社会主义的民主政治，二者之中，究属那一个是政治制度的最终目的，最高理想。

这是近年来新发生的一个问题。清末民初年间，至五四运动的时代为止，中国人心目中只有一种民主政治，就是英美式的个人主义的民主政治。苏俄革命前后，社会主义与共产主义一类的学说最初传入中国的若干年里，问题也还没有发生，因为当时大家的观听里,民主政治自民主政治,社会主义自社会主义,好像是截然两事,截然两事之间可能发生冲突,而不容易发生辩论。迨至苏俄革命成功,民主国家如英美采取了一部分近乎社会主义的政策,中国国民党的三民主义又将"民生""民权"相提并论,而近年来的中国共产党也以"新民主主义"相号召,益以西方政论家如英国的拉斯基(Laski)又一再推论到大战结束后的苏俄在政治方面势必日趋于民主,即个人势必日即于抬头。于是上文所提出的问题就发生了。

其实在健全的理论里,这问题是不存在的。我以前讨论社会理论,曾经提出一个诊断的尺度来,合乎这尺度的是健全的,否则是不健全的,以至于病态的[①]。我认为在政治理论上,这尺度是一样的适用,因为政治生活原是比较组织化的社会生活,就是社会生活的一部分。这尺度,恕我再重复的说一下,是这样的:

个人	通性之同………………	社会秩序	社群
	个性之异………………	文明进步	
	男女之分………………	种族绵延	

更让我把这尺度再解释一下。尺度分为纲目两个部分。纲有两个,就是个人与社群。每纲各分三目。个人生活或人格不外三个方面:一是通性,即人之所以为人;二是个性,即此人之所以不同于彼人;三是性别,即男女之所以互异。社群生活亦不出三个方面:一是静态的社会和同或秩序,二是动态的文明进展,

① 即上文《论青年与社会思想》一文。

三是所以比较长久维持此动静两方面的生活的种族绵延。个人生活的三个节目和社群生活的三个节目又恰好呼应,即后者是前者的功能或作用:通性是社会和同的张本,个性是文明进步的张本,性别是种族绵延的张本。一种社会理论要对这两纲六目都有发落,都有交代,才算健全,一种政治理论也是如此。

话多少得从头说起。在演化的过程里,两纲六目的出现是很有一些先后的。最初,演化史里可以说是有过个体与群体不分的一个时期,有一部分的单细胞生物便是如此,例如,不大容易分别为植物或动物的团藻(Volvox)。换言之,两纲的分化是比较后起的事。纲的分化实在是由于目的分化。就个体一方面说,通性与个性之分最初是很不清楚的;个别变异的现象尽管早就存在,此种变异也尽管可以用细密的科学方法,所谓生物量学的方法(biometric methods),来衡量,但对于生活的作用是绝少以至于没有的。最显然的节目上的分化还是两性的分化,在单纯的动物里,所谓通性,与其说是对待个性的一种性格,无宁说是对待性别的一种性格。因此就群体一方面说,秩序与进步一类的概念就不大适用。只有一种进步可以发生,那就是由于突变的进步,但此种进步一经发生,原有的一个物种可能就剖分为两个物种,而又当别论了。结果三个节目就剩了一个,就是种族绵延,也就是两性分化后的不可避免的一种作用。无论在什么物种里,一讲到群体生活,种族绵延的节目总是要大书特书的,事实上值得一讲的也只有这个节目。从本文的立场看,这可以说是演化过程的第一个段落。

两性生殖的成立有一个重要的结果,就是个体变异的增加。

此种增加的变异又有两个用途。在大部分的动物里,似乎除了扩大两性选择的范围而外,更无其它的用途,最显著的一例是蝶类中的多形现象。在蝶类中,雌的只有一品,而雄的可以有两三品。其它的动物,包括演程中最后起的鸟类与哺乳类在内,也是一贯的牡者变异多而变异性大,而牝者反是。在很小的一部分动物里,个体的分化更进而成为所谓专化,于是一种分工合作的局面,一种形似人类所称的社会生活,便逐渐演成,蜂与蚁就是最好的例子。这可以说是演化过程的第二个段落。在这个段落里,就个体方面说,性别是属第一段落之旧,可以不再赘言,通性与个性的分化比第一段落要清楚得多,并且也发生了些捉摸得住的作用。就群体方面说,种族绵延的节目也可以不论。通性与个性既分化得更显著,宜若秩序与进步一类的概念也就比较的可以适用。一种可以称为秩序的东西是有的,而且也还具备相当的复杂性,特别是在能分工合作的蜂蚁中间;但这种秩序配不配叫做"社会的",学者的意见很不一致,大抵生物学者承认它是,而社会学者则以为不是。至于进步则依然难言,其难言的程度并不低于第一个段落。上文说个性的作用是在招致进步,个体的变异就是群体生活变化的张本,是不错的,但在这个段落里,似乎个体变异的结果,仅仅增加了秩序的复杂性与固定性,以及扩大了两性选择的范围和种族绵延的机会,而和群体后天生活的进步无干。例如蜂蚁之伦所表见的分工合作的生活,自最初演成以至今日,始终是一个定局,换言之,秩序始终是这末一个秩序,没有变迁,秩序的变迁也就是我们这里所说的进步。

到了人类,我们才算进入了第三个段落。生物学家承认人是多形现象最发达的一个物种，也就是流品的分化最多的一个物种。唯其流品的类别极多而程度极不齐，所以通性之同与个性之异更见得为截然两事。到了人类，由于神经系统的演进，又产生了自我觉察的能力，而通性与个性的分立也就成为自我觉察的一部分的对象。我们上文再三说到"个性"，其实真正的个性到此才完全成立，以前只是一些不自觉的个体的变异而已。自觉的个性一经产生，其自觉的程度又复一天比一天增加，于是群体生活便发生了巨大的变化。就一个人的发育而言，自觉的发展过程大抵是这样的：第一是自我的发见，第二是我属于一个群体而与群体中的其它个体互有异同的觉察，第三是我属于一个族类而对此族类有一种承上启下的关系的认识。自觉的发展到此，个人才成为一个人格，而群体才成为一个社群。到此，才发觉个体与群体各有其价值意义。前乎此，群体是唯一的目的，个体只是一个手段，特别是种族所由绵延的手段，到此，个体虽依然不免是一个手段，但也浸假而自成为一个目的；到此，群体固然要发展，要成全，个体也一样要发展，要成全。

总之，演化的过程一到人类的段落，个体与群体的两个生活大纲便有了对等的重要性。据斯宾塞尔(Spencer)的看法，个体的渐进的变为重要，与群体在种族绵延一方面的相对的变为不太重要，是演化过程中一个一贯的倾向。斯氏"个化对待繁殖"(individuation versus genesis)之说，指的就是这个倾向。这倾向究属是不是一贯的渐进，是颇有问题的，特别是到了人种。人种中各族的演出有先后，先出者往往生育力小，而后出者生育力大。不过无论斯氏的看法如何，到了人类，个体的重要性已经提高到一个程度,得以企求和群体并立,总是一个很大的事实。

说到这里,有两个很普通的错误的比论是应当指出来的。一是把人类的社会比做蜂蚁的社会。根据上文,这比拟的不伦是一望而知的。蜂蚁中间只有个体的分化以至于专化,而绝对没有个性的自觉。蜂蚁能分工合作,仿佛和人类一样;但方式上尽管形似,意义上却大有不同。一个工蜂,或一个兵蚁,活动了一辈子,始终只是所以保障群体生存的一个手段,一个工具,和它个体自觉的发展与成全毫不相干。蜂蚁根本没有意识,更没有自我的意识,自然谈不到自我成全的企求了。第二个错误的比论是把社会比做一个生物的个体。我们在《尚书》所代表的时代,就有所谓元首股肱之论,国君是元首,臣子是股肱,不过这还是一种文学上的比喻,没有很大的弊病,到了近代,便真有把一个政治社会当做一个有机的个体看的,那问题就多了。如果希特勒是元首,戈林之流是股肱,德国的老百姓自然是一大堆细胞了,细胞怎会有独立存在的资格?在十九世纪,社会为生物有机体之说,在德国最称发达,结果是造就了一个希特勒和他的许多爪牙,毁灭了一个最奋发有为的民族!斯宾塞尔也主张一部分的有机论,但他很聪明的指出,社会有机体和生物有机体有两层很大的区别。一是社会有机体的部分或基体是分得开的,就是,个人还是有他的地位,再根据斯氏其它的议论,可知这地位是再重要没有的[①]。二是社会有机体的知觉和意识的机构并不集中,即仍然分散的寄寓在各个人的知觉与意识的机构里面。斯氏的

① 详见斯氏所著《个人对国家》一书。

有机论因此便没有流弊，没有被野心家利用做中央集权以至于中央极权的一个口实。总之，两种比论的错误都在极端重视群体，而忽略以至于抹杀了个体。前一比论把社会分子比做蜂蚁，可以当兵，可以做工，事实上等于否定了每一个分子的个别的人格。后一比论尤其是尽了抹杀个人的能事，群体自身既变成了一种个体，真正的个体还有存在的余地么？

其次关于两纲的六个节目，我必须再加以进一步的说明。两纲既同样的重要，每纲的三个节目中间也自不容强分轩轾。通性之同和个性之异是尽人具备的，也是尽人企求充分而平衡发展的。二者之中，如果稍有偏废，则一人的人格便不健全，不是随俗浮沉，与时俯仰，便是立异为高，逆情干誉。荀子所再三称道的不同而和的人我关系便建立在通性与个性的平衡发展之上。性别也是不容忽视的人格的一方面，男女的区分是深入腠理以至于细胞的内容的，第一性征最是彰明较著，第二性征次之，第三性征又次之，明显的程度虽逐渐递减，其为人性中一些基本的事实则一。性别的发展势必影响通性与个性，因此，男女于同具做人的通性而外，又各有各的通性，即男有男的通性，而女有女的通性。女子的个性发展，又往往多少要受一些性别的鼓励或牵制。近代女子的解放运动，就女子的通性与个性的发展而言，是显然的有利的，但就女子性别的需要而言，便是有害的，因为女子，特别是受高等教育的女子，在此方面所得的，不是解放而是抹杀。换言之，这种女子的人格，至少有三分之一是有阙陷的，因此，其余三分之二的发展可能的是畸形的。

社群一纲的三节目当然一样的不能有其一而遗其二三。二千余年来，不尚专才的中国社会是稳定有余而进步不足的，甚至于绝少进步可言。重专才，尚技术，以及提倡一般个人主义的当代美国社会恰好和历史上的中国相反，就是生活各方面的生动与进展有余，而稳定则不足。初到美国的人，耳闻目见，真有一种陆离光怪五花八门的感觉；但稍事留连，便可以发见各种社会学家所称为“解组”(disorganization)的情形，如劳资间的纠纷，家庭的聚散不常，老弱的无所依托等等。所谓少年法庭是美国独有的一种制度，也是社会解组的一个很特别的表示。总之，历史上的中国社会与今日的美国社会都有几分病理的状态，如果美国人犯的是痉挛，我们犯的便是瘫痪。事实上，要用我们目下所用的尺度来量，古今中外真正健全的社群生活可以说是没有。其比较健全的又可能因为忽略了种族绵延的一个节目，终于昙花一现似的成为历史上的陈迹，徒供后人的凭吊，希腊便是最好的一个例子。大抵社群生活里任何节目的偏废，最后总须追溯到个人生活的某一节目的偏废，通性的不发展，个性的遭汩没，性别的受漠视，三者必居其一。

要个人生活与人格的健全发展，要通性、个性、性别三节目的不偏废，责任端在教育，在一种通达的教育，就是自由教育。要社群生活与群格或国格的健全发展，要秩序、进步、绵延三节目的不偏废，责任端在政治，在一种通达的政治，就是民主政治。自由教育与民主政治的相辅而行，互为因果，是我们一向认识而主张的。但何以必须相辅而行，互为因果的迹象究属安在，本文的讨论便是一个说明的尝试。一个民族不能把握住自己的命运则已，否则前途政教是终须合一的，但此种政教合一决不是欧洲中古的政教合一，即君士坦丁帝而后政治和基督教的合一；也不是以前中国人所了解的政教合一，即汉武帝推尊儒术罢斥诸子百家以后的政教合一；也不是近代建筑在特种的“政治意识形态”上的政教合一，例如苏俄之有共产主义，德意之有纳粹或泛系主义，中国之有三民主义。未来的政教合一，也是最健全而无流弊的政教合一，是以自由教育为体而民主政治为用的政教合一。

关于自由的真义，关于自由教育，已见上文《论品格教育》，《论宣传不是教育》，《散漫、放纵、与“自由”》，《自由、民主、与教育》，《类型与自由》，《政治与教育》，《说“文以载道”》等篇①。关于民主政治，我们不妨再根据了篇首所提出的尺度申说几句。

总观历史上已经有过的政制，目前正流行着的各国政制，以及前途可能由目前的政制演进而成的新政制，只有民主政治是最富有综合性的，它的综合性就是它的健全之所在。古代各种已经沦亡的政制无论已，沦亡的事实就是不健全的最后的证据。德、苏以至于日本一流的极权政治也大可以不论，意大利的政制已成过去，日德也是在急速解体的过程中。极权政治的根本错误，就在完全漠视个人的一纲，而只有社群的一纲；而在社会有机体论的感应之下，社会既自成为一个庞大的假个体，个人的真个体自更在抹杀而万劫不复之列。在这种政制之下，要有一二真个体的存在，那就是希特勒自己和他手下的少数头目了，而这

① 又别见拙译赫胥黎《自由教育论》[见《潘光旦文集》第13卷。——编者注]。

些少数的个体也势必是畸形而极不健全的。至于绝大多数的民众早就不成其为个体或个人,而是一些行尸走肉。他们的灵魂是被希特勒一类的恶道士摄去了的,不是被摄而锁闭在某一个所在,便是被摄在恶道士自己的身上,供他作歹为非的驱使。这样一个政制而能维持,是没有了天理与人理的。退一步说,在个人的一纲里,德国一类的政制是只认识三节目之一的,那就是性别的一目,所以一则厉行所谓三 K 主义,把妇女都赶回家庭里去,再则操切的实施绝育的政策,断绝了所谓稗劣分子的生殖机能,三则颁行奖励生育的种种法令,四则把所谓的劣种的犹太人驱逐屠杀。这样,宜乎在社群的一纲方面,种族绵延是不成问题的了。不过只是种族绵延又何尝足以造成与维持一个健全的社群或政治社会?希特勒上台而后,德国的人口确是增加了,但增加了又怎样?牛羊茁长的结果,还不是一个大规模的屠杀?照目前屠杀的速率,靡有孑遗是一个很可能的归宿,还谈什么种族绵延呢?

英美的政制是和我们的尺度所要求的政制最较近情的。不过它的弊病也是不一而足。就大纲说,它过于偏袒个人,所谓个人主义的是。个人主义的民主政治决不是真正的民主政治,好比社会主义的民主政治的不是一样。英美自己的政论家也看出这一点,所以五六十年来,穆勒约翰(J. S. Mill)有“群己权界”之论,斯宾塞尔有“个人对待国家”之论,罗素有“自由对待组织”之论,而自苏俄革命以后,韦勃夫妇(Sidney and Beatrice Webb)与拉斯基等又屡屡以苏俄作为歌颂与攻错的对象。是的,英美的政制是不健全的。个人与个人主义不是一回事,正好比自由与自由竞争也不是一回事,个人主义与自由竞争的结果,徒然造成了少数的财阀,置百分之九十九的社群于不闻不问,又怎样算得健全呢?再就节目说,在英美,个人人格最接受鼓励的一方面是个性;通性是一致的受忽略的,尤其是在美国。在并世各大国中,性别的漠视也以英美两国为最甚。妇女运动史上两员最大的健将,窝尔斯东克拉夫脱(Mary Wollstonecraft)是英国人,福勒(Margaret Fuller)是美国人。欧洲大陆诸国的妇女运动始终没有走英美的极端。俄国在十月革命以后,虽也有过一度性别的抹杀,但不久又就稳定下来,至今苏俄在这方面的见解和措施,可能比英美的还要"保守"几分。个人人格的节目上既有此种阙陷,则群格或国格方面也就势必不甚健全。美国的社会秩序有问题,是上文已经说到的;其在英国,据拉斯基的近著《当代革命观感集》里所论,是随时可以发生问题的。此次大战所唤起的同仇敌忾的心理,只是延缓了问题发生的日期,而与问题的症结无干。进步的一节目,生活方式的日新月异,是个性发展后必然的结果,英美在这方面的收获必然的最多,也可以不再论。种族的绵延一方面,则又复未可乐观。美国近百年来的人口增殖,大部分靠移民的生育力,早年先入为主的血统大有不能竞存的趋势,三四十年来关心民族健康的人所引为最大的隐忧便是在此。英国也有同样的情形,一般的增加有问题,比较优秀分子的增加更有问题,我们读到人口学者如查尔斯(Enid Charles)等的论著[1],便可以知其梗概。法国的情形与英美相似,但问题之多而严重,

---

① Enid Charles, *The Twilight of Parenthood*, 1934 年。

则尤在英美之上,特别是在种族绵延一方面。[①]

最后说到苏俄。苏俄是一个社会主义的国家。社会或社群诚然是重要的,但若重要到成为一种主义以至于一种信仰的程度,便不免产生一种和个人主义相等而异趋的流弊,就是抹杀个人,特别是抹杀个人人格的个性一方面。十月革命以来,几次清党清军的结果,这方面的牺牲之大,毁灭之多,无论赞成苏俄的政制与否,是谁也不能不表示惋惜的。[②] 同情于苏俄政制的人诚然也可以替它解释,认为革命初成,内而反侧的势力,外而列强的仇视,随时可以把革命的成果摧毁,所以不能不消极的力求意志的统一;而收拾帝俄的残局,弥补革命的疮痍,适应几度五年生产计划的要求,更不能不积极的力求力量的集中。要意志划一,力量集中,牺牲是无法避免的。拉斯基在《革命观感集》里也有此类替苏俄文饰的议论。我们一面尽可以接受此种议论,一面却依然不便承认此种政制是健全的,更不能承认它是理想的。拉氏预测,此次战争结束以后,内部的反侧既早经肃清,外缘的仇视将大见减杀,斯太林与其党员必有进一步的归政于民的表示,而苏俄民众一方面,也必然的会有此种要求。

我们竭诚的希望这预言可以成为事实,正好比我们希望英美的个人主义的政制也可以有一番改进,前途可以切实的多替十分之九的民众设想,多让十分之九的民众抬头,从而充实其政

---

① 说详拙著《优生与抗战》,页二〇三—二一四[见《潘光旦文集》第5卷《优生与抗战》第二六。——编者注]。

② 同上书,页二一五—二二四[见《潘光旦文集》第5卷《优生与抗战》第二七。——编者注]。

制的经济基础一样。目前怀抱着此种愿望的人实繁有徒，但他们的目的是消极的，就是希望英、美、苏俄的政制会走上相似的路线，小之可以消弭国内的革命，大之可以避免国际的战争。但我们的是积极的，我们希望一切政制要奠定个人与社群间应有的平衡，要取得人格三方面与群格三方面应有的协调。这种平衡与协调是一切文明人的人性的要求，要求而能得到满足，一切国内的革命与国际的战争是不待消弭而自会消弭的。

能满足这种要求的政制可能不限于一个方式，但就人类的理性截至目前所能想象得到的而论，似乎是只有民主的一个，"民"与"人"是通用的名词，西洋的政论如此，中国前代的政论也是如此。民或人，可能是个体的人，也可能是群体的人。民主政治只是人民自作主宰的政治，是个体与群体兼赅的一种政治。个人主义的民主政治，或社会主义的民主政治，偏重政治平等的民主政治，或偏重经济平等的民主政治，都是一些不可通的名词。政治、经济，一有所偏，社会、个人，一成主义，民治便失其所以为民治的理由了。偏重之论既不成立，则后先"阶段"之论，也就不攻而自破。

三八　民主政治与民族健康

（一九四四）

民主政治所由建立的基础不止一二方面，其中比较最重要的一方面无疑的是民族健康的程度。民主政治所希望成就的也不止一端，其中比较最远大的一端也无疑的是此种健康程度的提高与推进。民主政治和民族健康有互为因果的关系，原是一个常识的判断。常识的判断在表面上原不待烦言，在实际上却往往未必发人深省，更未必由一般人的深省而见诸深切著明的行事。因此，越是常识，越是老生常谈，越是口头禅语，便越有提付讨论的必要。此稿大概就下列三点分别加以说明：一是民族健康一词应有的意义，二是民族健康与民主政治的一般关系，三是两者之间的一些特殊关系。

民族健康不是公共卫生的替代名词，也不是民族分子实行个人卫生所得的结果的总和，这我在别处已经再三的加以分析过。全国各地民族健康运动委员会所举办与宣传的种种与本文所要讨论的可以说全不相干。教大家多刷牙，少吐痰，教女子多穿长袖衣服，少穿短脚裤子，虽显然的和公共卫生与个人卫生有关，却丝毫与民族健康无涉。民族健康是民族本质的健康，是人口原料的健康，是每一个民族分子在成胎之顷所取得的健康程度。如果用先天两个字做形容词，我们还须把平时所了解的先天修正一下，把它的适用的时期推前九个多月。[①]

一切事业靠人员，靠好人，至少靠比较像样的人，政治的大事业当然不是例外。人的造成，一半靠遗传之性，一半靠教养之方，二者不可缺一，并且二者之间，我们还不应强分轻重，事实上也正复无从判分。不过在时间上，二者却有一个先后，性在先，养在后，在先者不免比较基本，比较不容易动摇改变。因此，经验里便有"江山易改，本性难移"的两句话。近代的生物科学更明白的指出遗传是比较固定的。所以，不讲性养的关系则已，否则我们只有根据了遗传来安排适当的环境的一途，硬教遗传来迁就环境是不行的。好比做鞋子，我们只能先量脚寸，再做鞋子，而决不采取削足适履的办法。这实在不止是一个比喻，而是根据同一原理的一个措施。

先后或基本性大小的分法而外，还不妨有一个因缘的分法。因缘之分，佛家说得最清楚，在我们这里也最适用。一事之成，必须因缘兼备；只有因，不行，只有缘，也不行，不过因终究是更基本。好比放爆竹，内因是火药，外缘是火，是引线，是燃放的人等等，必须内因外缘，两相成就，爆竹才放得出来；但我们联想所及，总觉得火药和爆竹的关系最较密切，如果没有了火药，不特爆竹放不出来，并且根本不成其为爆竹。很多人不了解遗传的

---

① 《优生与抗战》页五三—六六［见《潘光旦文集》第5卷《优生与抗战》第七、八。——编者注］。

地位，不注意民族人口的本质，以至于把民族健康和寻常的卫生混为一谈，原因之一，就在不理会这一层最简单的道理。至于“玉不琢，不成器，人不学，不知道”，一类的话，虽说得好，绳以因缘之理，也就只站得住一半，就是缘的一半，说这话的人应当先问一下，所琢的究竟是不是玉，是何等玉，在教育过程中的人又是何等的人，那雕琢教养的功夫方能收最大的效果，方不落虚空。

此种因缘之说，适用于物理，也适用于人事，适用于个人之事，也适用于人群之事，人群是由个人集合而成的。民族的健康当然是系于民族中各个分子的本质。各部分的本质优良，则全部的健康程度高，否则相反。再进而说到一个民族所制定而乐于维持培植的政体，那议论也并无二致，就是，分子的本质比较好，则全部所合作而成的政治也就比较的健全完整，即一面既足以发挥此种优良的本质，一面更足以推进其优良的程度。

这样一个健全的政体无疑的就是民主政体。通常一个所谓健全的人，当然有许多优良的品性。此类品性一方面必然的包括自主的精神、自动的能力、自我表白的要求、与自我制裁的功力，而另一方面又必然的包括许多的社会品性，如同类的意识、胞与的情怀、公道与正义的感觉等等。前者属于所谓个性，后者属于所谓通性，两者交相为用，庶几团体生活得以收取分工合作、通功易事一类荀子所称不同而和的效果。这种健全的个性结合而成的政治社会就不得不是民主的政治社会了。其它的政治体制是不可想象的。就其对外与其它政治社会的关系而言，它也必然的是自主的、独立的、而自动的能在国际环境里取得合作与和谐的。其它的关系也是一样的不能想象。

上文云云,当然只是一个理想的看法。人类虽久已开化,任何民族还没有能到达这样一个理想的局面。就已往与目前的情形说,健康程度根本太低的有灭族的,有族虽存而不再有国家的,有国家虽存而没有自主的政府的,有虽有自主的政府,而所谓自主,决不是全部民众以至于大多数民众的自主,而是少数人假借与垄断的一种局面。从外国人的立场看,这自主两个字勉强的还讲得通,就是执掌政治大权的总算是自家人,而不是外国人罢了。不过,严格的说,这决不是自主。民族的健康程度一天不够标准,使政治一天不能走上民主的轨辙,此其所构成的政府便一天不配叫做自主。试问,做异族的被征服者,当外国人的奴隶,和做本族中一小部分人的被征服者,受本国君主或独裁者的颐指气使,生杀予夺,究有得几许分别?前者虽显明的不能叫做自主,后者又何尝有一些自主的气息呢?而更严格的说,前一种的不自主,往往因为国别不同,强弱异势,在被征服者还不难强自宽慰,如果我是一个历史家,我也倾向于加以原谅;但后一种的不自主,本身既无以自解,别人也就无由原谅了。明明没有被异族或他国征服,却又不能自主。就变态心理学打一个比,岂不是多少相当于一种人格的破裂,一种集体的人格的破裂,其所以不能自解者在此。集体人格的破裂也是民族不健康的另一说法。这一番话适用于当代的一切有所谓自主政府的国家,连英美两国都不是例外。不过,我们也承认,英美政府之所以为人民自主的政府,其程度比任何国家为高,其不自主的程度比任何国家为低,这也就等于说,英美民族的健康,就近代和目前说,比任何别的民族要高出一筹。

民主政治的发轫与建立，有赖于相当高的民族健康程度；健康是因，政体是果；这便是我所说的两者之间的一般关系，具如上文。至于所谓特殊关系，事实上就是把因果的关系倒转来看：就是我们要进一步的知道何以在民主政治之下，民族健康原有的程度可以维持，以至于可以继长增高。

民族健康的看法不止一个。说民族一般的体力智力高，或说民族分子中壮健优秀的多，只是一个常识的看法。在生物学上还有一个看法，就是变异多与变异性大，变异多指的是品性的类别多，变异性大指的是每一品性的程度高下之间可以有很大的距离。例如智力是一种变异的品性，而上智下愚之分便是变异性的表示了。这种变异的现象，生物学家也时常称为“多形现象”。所以一个健全的民族人口也就是变异多、变异性大、多形现象比较发达的人口。这样一个民族人口，必然的活力比较大，不但是个人的竞存力大，传种的生育力也大，同时对文化的各方面的创造力，或对环境的各方面的位育力，也比较的丰富，无论环境如何转变，文化如何复杂，它都能应付裕如。这样一个人口也必然的能产生大量与多种的禀赋卓越的人才，在平时能为民族维持其社会的治安与促其文明的境界，在环境逆转而多事之秋，也能为它应变。反过来说，变异或人才品类的维持却也有赖于适当的环境，而环境中最有关系的一方面自莫过于政治。政治的好坏，通常可以有不止一种的说法。不过就我们目前的立场言之，只有一个说法，是最合情理的，就是，要看人才品类的能否自由发展，能否长久维持，更能否由发展维持而增益其质量。能，是好政治；不能，是坏政治。自由发展是个人的事，所凭借的是一个宽大而不狭隘的教育政策。维持与增益是血缘选择的事，所凭借的是一个通达而不偏倚的人口政策。这种教育政策与人口政策是好政治的最基本的部分，也是好政治的最深切著明的测验。

说到人才的自由发展，所谓自由，除一般的机会的扩大供应而外，或一般的特权的废止而外，所应特别申说的，是思想、学术、言论、集议、职业种种的自由了。而最能供给这种自由的政治环境显然的是民主的政治环境。人人有发展的欲望，才力比较优异的分子更有完成自我而为人群致用的要求。满足这种欲望与要求的场合当然不能由别人来规定安排，而必须由自己来规定安排，自己的要求，只有自己最明白，别人无论如何体贴，如何设身处地，总有几分隔靴搔痒，何况别人又未必能体贴，甚至于名为体贴到我，而实际上则专为他自己或他所隶的小群谋权势地位的巩固与扩大呢？以前的专制政治，今日的极权政治与独裁政治，以至于领导失人的政党政治，又有那一个那一次不犯这欺世盗名的罪过呢？总之只有真正人民自主的政治方能保障一般生活与特殊才智的自由发展。

人才自由发展的反面是人才的限制，更由限制而埋没，由埋没而淘汰。埋没只是若干个人之事，而淘汰则是血缘之事。就民族长期的休戚论，个人埋没的为害有限，而血缘淘汰的贻患无穷。民主政治以外的各种政制无一不是淘汰人才的大股力量，是中外古今历史里的铁一般的事实。就淘汰的有无多寡而言，我们又可以看到三种不同的局面。第一种局面是政治以人民的一般意识为基础，为依归，人民意识是根本，政治是枝叶花果，则人才的淘汰可以根本不发生，因为，人才分子的意识就是人民意识的一部分，决不会和政治发生龃龉，冲突，以至于不能两立。这又是一个比较理想的局面，以前不曾有过，当代的民主政治也还尚须努力，才有接近这理想之局的希望。第二种局面是政治与人民意识比较分立，政治自政治，人民意识自人民意识，不大相谋；或政治在别的生活方面虽归少数人把持垄断，而于人民意识，只要在不革命不反叛的限度以内，许其自由活动，不加干涉抑制，因此，人才淘汰的事例虽所在而有，数量却不大。第三种局面最不堪，就是少数人一面把持政治，一面又自有其特殊的政治意识，更从而把此种特殊的意识，强加诸人民头上，作为人民自有的意识。约言之，此种政治不特不以人民自有的意识为依据，且转而用政治来控制与划一人民的意识。控制是自由的反面，划一是变异的反面，终于形成一种倒果为因反客为主的怪异局面。在这局面之下，人才的大量埋没与淘汰是无可避免的，因为意识的不能两存终于会引进到朝野的不能两立。后面的两种局面是有过很多的实例的。中国历史上比较清明而没有党祸的若干时代的局面，多少是近乎第二种，近年来德国一类的局面便很清楚的属于第三种。

民主政治与民族健康互为因果的话，到此不妨结束。一方面，我们说到民主政治必须建筑在相当高度的民族健康之上，即相当良好的民族本质之上。又一方面，我们认为此种本质的继续增进又不得不恃民主政治的维护与培植。民主政治在此方面可能的成效，充其极可以把民族活力的演进之权，完全操诸自我，从而使国际环境的动荡震撼，邻邦异族的觊觎压迫，以至于自然淘汰的糟塌浪藉，举不足以发生多大威胁的力量。有人曾经说到民族健康最后的目的是在教一个民族自觉与自主的指引它自己的演进。这话是说对了，但如果没有民主政治的环境条件，这目的不但达不到，可能还有使健康程度倒退的危险。本文只是一个泛论，没有特别提出中国。中国民族健康程度不恶，思想与经验也很有一些民主的基础，我在别处和本书上文都曾经约略讨论过；只要我们认识清楚，努力以赴，一种真正民主政治的建立，和民族本质的更进若干步的去疵留醇，都不是难事。近顷精神制胜物质之说，行易知难之说，颇为流行，教育学者亦极言用行为来学习的效果；然则“我欲仁，斯仁至”耳，何况民族与历史的条件又并不是完全没有准备呢？

三九　一种精神两般适用[1]

（一九四五）

二十六年多以前的"五四"运动和新思潮运动提出了两个目标，一是赛先生，即科学，二是德先生，即民主。科学与民主，表面上是两回事，是文明生活的两个不同的方面，就基本的精神说，实在是一回事，是一种精神适用到了两个生活的方面。

所谓一种精神，最可以概括的是"客观"两个字。把客观的精神适用到人以外的事物上去，从自然的事物，如声、光、电、化、植物、动物、包括人之所以为动物在内，到社会与文化的事物，如一切人群关系，典章制度，其结果就是各门的自然科学与社会科学。大抵绝对的客观是不可能的，因为科学家也是人，人有人性，人有人的气息，被客观研究的事物对象多少不免沾染到一些人的气息。不过谨严的科学家总是竭力的设法，使主观的成分得以避免或减少到最低的限度，总是设身处地的让事物自已把

① 此文为纪念民国三十四年"五四"运动二十六周年而作，最先在昆明《自由论坛》发表，三十五年二月，重庆的《客观》周刊索稿，又重写一过，比初稿的篇幅多了一倍，寄登第一卷第十二期。

它们的内容表露出来。所以对事物的客观也就有人叫做“物观”,似乎比客观两字更来得贴切。科学家的最基本的一般努力,是要做到最可能的“以物观物”的程度,而不是“以人观物”,更不是“以我观物”。三百年来,这一类的努力是相当的成功的,特别是在自然的事物一方面。我们终于揭发了天地之蕴,终于能驾御一大部分的力量,为我们所用。用得妥当不妥当,运用的结果是否全都能为人类造福,固然是另一问题。但适用客观精神的结果,先之以清切的了解,继之以有效的控制运用,规模之大,成就之多,是人类有史以来不曾有过先例的。这是题目中所称两般适用的第一般。

第二般是把同样的精神适用到人,适用到实际的人事,特别是关于团体生活的人事。这种精神到如今还没有现成的名词。最近情的还是“民主”。如果我们可以创一个新名词的话,我们不妨用“民观”两个字。“民观”就相当于对于人事以外的事物的“物观”。我们应付人,如果应付的目的端在科学的了解,我们当然一样的适用“物观”的精神,不过这种应付的行为是专属研究范围的,应付的结果可能是一门关于人的自然科学,或一门社会科学,或一门人文科学,说已见上文。但人不止是一种研究的对象(凡属被研究的对象,在被研究的时候,对于研究者,是不作反应或被假定为不作反应的;至于对研究条件或研究时所用的刺激的反应,所在而有,那当然是另一回事),而同时也是一个感应的对象。人与人之间有交相感应的关系,而交相感应之际,或相与往还之际,要它融洽,要它各如其分,各不相亏,也需要一种客观的精神,这精神我们姑且叫做民观,以别于完全为研究用的物观。

民观二字虽见得生硬，其所指的精神却很早就有人见到。例如，最古老的两句民本思想的话，“天视自我民视，天听自我民听”，天字虽有神道设教的意味，其目的也无非是要执掌政权的少数人尽量的尊重民意，尽量的以民众的耳目为耳目，以民众的好恶为好恶，以民众的旨趣为旨趣。这就和民观的意思很相接近了。至于《左传》把“明”与“恕”并称，《论语》讲“明”与“远”，《大学》说去“辟”，荀子主“解蔽”，所用的都是这一条路线上的工夫。再举一个实例说，在以前科举取士的时代，较大的省会所在地必有贡院，贡院的前后进必有三大建筑，第一进是“明远楼”，其次是“至公堂”，最后是“衡鉴堂”，是全国一律的。科举是抡才大典，考试是抡才的方式，目的在为国家选拔真才。才能是一个客观的东西，才能的有无多少，决不是一二考官的主观与私意所得而任情增损，随意取舍，所以一则曰明远，再则曰至公，三则曰衡鉴，务要考官们，从接纳考生起到阅卷发榜止，始终维持一个最客观的态度，这在字面上虽若和民观的名词毫无关系，其实际的精神是很显然的民观的。人才由民间出，应考的人民是什么就是什么，有多少聪明才智就有多少聪明才智，“是什么”是一个流品或质的问题，“有多少”是一个程度或量的问题，说“衡鉴”，“是什么”要鉴，“有多少”要衡。做考官的必须承认这个，拳拳服膺这个，决不能以意为之的以为什么，就算什么，以为有多少，就算多少。科学家观察与衡量人身以外的事物时，所用的不就是这种精神么？观察与衡量也不就等于衡鉴么？当初的科举考试制度是否真能如是其民观，那是另一问题；不过在建立这个制度的时候，有人看到这种精神的重要，并且进而得到许多人的公认，却是一个事实，不容抹杀的。至于真才选出之后，才的发挥也就相当于科学范围以内的力的运用，从“知人则哲”到“使贤任能”，好比理工范围以内的从理论研究到实际应用，也同有其从“学”而进于“术”的自然程序，是无烦多说的。

人是群居的动物，人也是变异最多的动物，人也是有相当自由选择能力的动物，惟其群居，而此其所以为群，又和蜂蚁之所以为群不同，其分子之间，在智能、兴趣、与意向上，有极复杂的差别，于是政治就成为人生最大问题之一，可能是唯一最大的问题。狭义的政治是政治科学上所称的政治。广义的政治则包括群居生活的全部，即群居生活的各方面的处理是。群居生活，包括狭义的政治在内，无论在何种体制之下，总牵涉到两种人，一是掌握政权或居领导地位的少数人，二是接受管理和处随从地位的大多数人。根据一部分人的理想，一切社会阶级前途可能消灭，但这个最低限度的双重分化大概是取消不了的。固然，我们充分的承认，这双重分化中的分子决不是永远不变的，那领导的决不会永远的领导，随从的也决不会永远的随从，而是彼此之间不断的流动的，即社会学者所称的社会流动是。我们也承认，流品既不止一二个，群居生活也不限于一二方面，在同一时期内，领袖于此方面的可能随从于彼，或适得其反。总之，天下没有生来只配领导而一贯领导的人，或此种人的集体，也没有生来只配随从而一贯随从的人，或此种人的集体。

不过问题的发生，就任何一个横断的时代说，就在群居生活里总有这两种人的存在。这两种人的关系如何而可以最调适，最融洽,如何而可以使交相感应的作用发生得最灵活,最有效,特别是就领导者对随从者的感应说,因为他有权柄,容易滥用误用——这便是政治问题的核心了。广义的政治如此,狭义的政治尤其如此。上文所提到的知人、选贤、任能的问题不过是这问题的一个部门而已。

政治的目的是要得到上文所说的两种人之间的高度的调适。我们的话不妨再从科学说起,科学的目的也无非是要取得调适,就是人在宇宙之间的调适。人要和自然环境调适,于是就有自然科学。要和目前的社会文化调适,于是有社会科学。又要和历史经验调适,于是有人文科学。我们都知道,特别是在自然环境一方面,三百年来,调适的程度已经着实增加了不少。这比较高度的调适是怎样来的?是适用了物观的精神来的。科学家,先之以物理的本然的了解,继之以物力的自然的运用,终于教人类在环境中取得了更进一步的安所遂生的程度,安所遂生,就是调适,也就是我时常说到的“位育”。理工的种种技术中间,在不察的人看来,总像包含着不少的人为的强制的成分,不少的故作聪明的成分。其实不然,大大的不然。物理自有其本然,自有其法则,岂是人力所能违拗?人懂了物理,顺了物理,便可多少加以聚散分合,加以控制纵送,却不能加以强制。许多人,包括一部分浅见的科学家在内,动辄侈言“征服自然”,那更无异于痴人说梦,妄自尊大!强制与征服的看法都是错误的,而其错误正坐物观的精神还是太欠缺,我深怕此种欠缺迟早将成为科学进步的一大障碍,且不免贻人类以无穷的忧戚。

如今政治的目的是在取得人与人之间的调适,特别是一时领导的人与随从的人之间的调适。领导的人好比科学家，而民众好比研究与运用的事物对象。政治家的任务就在清切的观察与了解民众的本来面目，包括上文所说的智能、兴趣、欲望、意向在内，从而有效的激发与运用民众中间蕴蓄着的无限的力量，使群居生活的富强康乐与和平创造得以提高其程度，扩展其境界。人理好比物理，也自有其本然，决不容以黑为白，指鹿为马。人力也好比物力，动态与静态之间也有其遵循的法则，可容顺适的安排调遣，合理的控制运用，而绝对的不容强制，不容征服，亦即不容剥夺抹杀。这就又回到上文民观的议论了。到此，上文所暂用的领导与随从的字样就不再合用，因为，如果政治的民观真能到此境地，则表面上虽像民众跟了政治家走，实际上是政治家跟了民众走。民众的智能、兴趣、欲望、意向、见解、理想成了一切政治活动与政治设施的最终的权威。到此，民观的政治也就等于民主政治，名异而实同了。

说到谁领导谁，有一个比喻是很可以发深省的。在民主国家，民众是主人，官吏是公仆。好比坐人力车，坐车的不能不算居主人的地位，而拉车的则居仆人的地位。车在街上走，总像是车夫领导着，时而左，时而右，时而快，时而慢，坐车的由他拉，甚至于好像是由他摆布。实际上这领导权决不在车夫身上，而在坐车的人身上。从甲街到乙街，是坐车的人的主意，不是拉车的人的主意，拉车的人自己没有主意，也不应当有主意。与其说是拉车的人把坐车的人拉到了乙街，毋宁说是坐车的人把拉车的人拉到了乙街，拉车的人自己并不要到乙街，是坐车的人拉他去的。政治家如果懂得这个最简单的比喻，对于民观的政治也就思过半了。

这便是题目中所称两般适用的第二般。适用的场合虽有不同，精神只是一个，就是客观。在治学的场合里既有人分别叫做物观，在治人的场合里我们也不妨另外叫做民观。《国语》上有一段富有民观意味的故训是二千年来谁都知道而至今还没有真能实行的，就是召公谏周厉王不要止谤的一番话。我姑且不厌重复的征引一下做一个结束。“厉王虐，国人谤王，召公告王曰，民不堪命矣。王怒，得卫巫，使监谤者，以告，则杀之。国人莫敢言，道路以目。王喜，告召公曰，吾能弭谤矣，乃不敢言。召公曰，是鄣之也；防民之口，甚于防川，川壅而溃，伤人必多，民亦如之。是故为川决之使导，为民宣之使言……而后王斟酌焉。是以事行而不悖。民之有口也，犹土之有山川也，财用于是乎出；犹其有原隰衍沃也，衣食于是乎生；口之宣言也，善败于是乎兴；行善而备败，所以阜财用衣食者也。夫民虑之于心，而宣之于口，成而行之，胡可壅也？若壅其口，其与能几何？”召公这话，原只是一番比论，比论是古代最通行的一种理论方法，没有很多的价值的。不过我们现在读去，不能不觉得这比论是一个很巧的凑合，一个物理与人理的凑合，召公至少知道川不应壅而应导，是多少懂得一些物理的本然与物力的自然的，也是多少能用物观的精神来应付水的。他也知道口不应防而应宣，是多少懂得一些民理的本然与民力的自然的，也是多少能把民观的精神适用到治道的。召公只知道二事有些仿佛，大可相提并论，我们却不妨把他的话当做“一种精神两般适用”的最早而最有趣的一个象征。

标榜了二十六七年的科学与民主在中国的实际情形又是怎样呢?科学的成绩,我们不能说没有,特别是在抗战前的几年里,民主的成绩却很是可怜了。照上文的说法,科学与民主既然是一种精神的两般适用,则岂不是既有其一便应有其二么?又何以丰啬颇有不同呢?这其间的原因不止一个,而其中最大的一个,我以为就在当初从事于新思潮运动的人没有能够把“一种精神两般适用”的道理清楚的见到,拳拳的服膺,不厌辞费的把它指点出来,使成为运动的核心。唯其没有,所以那号称具有历史性的运动始终只是一个冲动性的运动,没有能把握住一般人的想象力,更没有能激发更多的人作比较长期而有组织的努力,使运动中人自己所得到的感召也有限而未能持久。也唯其没有,所以一部分运动中人与后起的青年虽有不少成为科学家的,而对于他们,科学只是科学,科学始终是他们唯一的“岗位”,唯一值得致力的园地,好像客观的精神单单适用于各个狭窄的学科的领域,而与政治渺不相涉似的。他们不但不为民主政治出一分力量,他们根本不问政治。科学家,或半生教读,或尽瘁研究,对政治真有如秦人之视越人肥瘠。如果门下的青年学生对政治表示几分兴趣,他们不特不加指导诱掖,使其应有的热情理想,得与其专业的陶冶并行而协调的发展,反而认为是多事,是不守本分,是兴风作浪,从而加以漠视,甚或加以申斥。不过这一部分的科学家,对于科学,可能还是能体用兼赅的,即于本行的理论与技术之外,还能兼顾到一般的科学精神的。可惜此种精神的表现又往往犯所谓自画的通病,即往往只以本人的专门科目或少数有关的科目为限,一出实验室,一离开书本,一放下数字,便是他们的“道德的放假日子”了。[1] 至于另一部分的科学家似乎仅仅注意到科学应用,科学的技术,穷则可以经营企业,独善其身,达则希望富国强兵,利兼天下,根本谈不到科学还有什么比较抽象的精神,对一般的人生还有什么陶熔的力量,那就更自郐而下了。也正唯当初没有把“一种精神两般适用”的道理弄清楚,所以运动中人,以至于受其感召的后起的青年,虽也有不少加入实际政治的,而历年以来,对于政治的民主化曾无丝毫补益。他们中间也有不少以政治家的地位提倡科学的,但多番运动,几纸宣言,一大堆政令的结果,也无非是提倡科学的技术,着重科学对于国防与工业化的关系而已,和科学家的客观精神的培植不大相干,和此种精神的足以影响人群关系,促使从政的人能日趋于“民观”,及一般的民众因而日趋于自觉自主,更是风马牛之不相及。

总之,从本文的立场看,“五四”与新思潮运动可以说是失败了的,失败在科学的物观的客观精神没有能产生政治的民观的客观精神。二十六七年来政治局面的未能清明,未能踏上民主的道路,便是失败的一个铁证,而失败的责任要由政治人物与科学家分别负担。科学家所负的可能要在一半以上,因为政治人物虽未必了解民观的精神,而科学家对于物观的精神,决不能诿说不了解,了解而不能推广,不能充其类,便是他们的责任了。不过既往的不说,更不必归咎何人,第二次世界大战的经验也已经足够再度给我们一个教训了。这教训就是,单单注意技术的

① 参看下文《第五篇》中《隐遁新解》及《说学人论政》二文。

科学，以至于单单提倡精神上不能和政治发生联系的科学，无论强勉的成功到何种程度，是无补于国家民族的危亡的。墨索里尼何尝不知道利用科学的技术？日本的军阀与野心家也何尝不知？希特勒与其爪牙，以至于整个的德国民族，更是这方面的第一流老手。这三国的科学家，虽不自爱惜，为虎作伥，但也何尝不了解一些上文所称的自画的科学精神与科学方法？试问，这半年来身受相当于亡国的痛楚而大为天下僇笑的又是谁来。[①]

---

① 此文初稿作于一九四五年五月一日，上距苏联军队开始包围柏林七日（四月二十四日），意大利游击队控制米兰和都灵击杀墨索里尼五日（四月二十六日），德国希姆莱表示愿向英美提出无条件投降与希特勒失踪三日（四月二十八日）。

四〇　多党政治与团结的学习

（一九四五）

近顷各地的舆论，特别是陪都的许多报纸，都呼吁着团结。团结诚然是必要的，并且已经是迫不及待。但只是呼吁是没有用的。团结确乎有团结的困难，并且这困难不自今日始，而自有其长久的民族文化的背景。要解除这些困难也是不容易的。不过如果我们能够稍微费一点分析的功夫，把一部分所以困难的缘故，比较清楚的认识一番，对于前途团结的努力，或许有一些帮助。

我以前时常有机会说到，我们的民族是一个比较青年的民族。表面上，国家很古老，文化也很古老，但就人类学的立场看民族的生命，我们却还没有成年。最近我在《自由论坛》关于英国人的特辑里，就说过这一类的话（见上，页六五[①]）。成年以前的时期，都是学习的时期。一切我们都需要学习，包括团结在内。

严格的说，我们立国虽久，却从来没有能真正的团结过。用社会学的口气来说，我们一向只有社区的生活，而不曾有过社会

---

① 见《自由之路》第七，首页。——编者注

的生活[1]。我们以前有过的团体生活不外三种。一是建筑在血缘与婚姻关系之上的，例如家族以及从家族引伸出来的种种结合，包括我们所了解的国家在内。在所谓家天下的前代，国就是某一姓的家，官吏民众则相当于仆役与子女的地位，所以有“臣仆”与“子民”之称。二是建筑在地方或乡土关系之上的，例如一切地方的公益团体，慈善机关，以及本土以外的同乡会馆之类。三是建筑在小我或小群的利害兴趣关系之上的，例如同业的行会公所以及比较秘密的帮会之类。二、三两种事实上还分不大清楚，因为都建筑在血缘以外的利害关系之上，而真正超越地方关系的公益团体或同业组织历史上几于无例可举。其实一、二两种也不容易绝对划分，因为乡土关系的背景中，多少也总有一些血缘关系的成分。

约言之，以前的集团生活不是建筑在先天的血缘关系之上，就是建筑在后天的比较小群的利害关系之上。除此而外，再也没有其它的集团生活，或虽有而内部的结合绝对谈不上巩固或密切一类的字样。平时甚至于以利害相结合的团体还得假借血缘关系的一些名称，与利用这种名称所唤起的情绪作用，来维持其集体的生命，增强其分子间的凝固，金兰会或帮会中人的必须称兄道弟，就因为这个道理。民国初成，国人动辄以同胞相称，或总称为黄帝子孙，近年以来，大家又把孙中山先生认做国父，

① 关于“社区”(community 或 Gemeinschaft)和社会(society 或 Gesellschaft)的详细区别，参看德国社会学家端尼士(F. Toennies)的著作，端氏所著书即名《社区与社会》。

也未始不是这个道理。道义不能维系,甚至于利害不能维系,我们就不得不乞灵于假借的家庭情感了。

然而真正的团结却非建筑在道义关系之上不可。只说道义二字,未免失诸笼统,并且在“前进”的青年人看来,又未免有些“落伍”。我们应当把它分析的说一下。所谓道义关系的结合至少应包括如下的三点。第一、结合的目的或宗旨是大众的福利兴趣,而不是小我或小群的福利兴趣,即,不止是加入团体的一些人的福利兴趣。我在这里可以用是非的字样,而不必用利害的字样,但团体大到相当程度以后,所谓是非的问题其实往往是一个利害的问题,对大众有利的,就是是的,有害的,就是非的。所以在事实上也就不必细分。第二、团体生活的维系应当端在这种宗旨的共同认识,与为了实现此种宗旨而发出的共同意识与主张,而不凭借其它任何关系,比较古老的如血缘、乡土,比较新出的如种族、阶级、信仰、派系之类。第三、牵涉到个人在团体中的地位。个人之所以认识此共同宗旨,与所以接受与发表此共同主张,是个人的自由的理智、思考、判断、与抉择后的结果,而丝毫不由于外缘的威胁利诱或其它强制的力量,包括本团体的大多数的威胁力在内。根据了这三点而组合成的团体才真正配叫做社团,唯有这样的团体才可以讲求切实的团结,其分子也才配彼此以同志相呼,也唯有这样的团体才可以进一步的在两个以上之间,取得联系,而造成更大规模的团结。

这种团体在我们的民族经验里确乎是不曾有过。团体既然没有,团体以内与团体之间的密切的结合当然更说不上了。如果要勉强寻找一些例子,来姑备一格的话,最近情的大概要算明末复社一类的组织。复社不能不说是一个道义的组织,绳以上文的三个标准,大抵也还通得过去。不过在当日的时代与环境里,其它的条件太缺乏了,所以除了通声气,开大会,发公揭而外,也就不能发生多大的威力。家天下的政制之下,集会结社不特不自由,并且根本不能有,要不是因为明末天下的扰攘,南部政治的失其统驭,复社也就无法产生。此条件太不足者一。君子群而不党,周而不比,团体的生活,特别是关系比较密切的团体生活,总带几分营私舞弊、狼狈为奸的嫌疑,在这种文化背景与社会环境之下,团体生活,无论有多大道义的根据,也是无法活动的,遑论健全的发展,若不是因为正当存亡绝续之交,而复社这班人又是忧国心情特别的迫切,也是不会组织起来的。此其二。复社虽然成立大会算开成了,《公揭》算发出了,但士大夫的习气太深,消极的个人的操守尽管有余,积极的集体的勇气与斗志终嫌太少,经不起一二度的骤雨狂风,也就烟消云散了。此其三。

总之,关于我们目前所了解的团体生活与团结,我们必须从头学起,以前可以说丝毫没有可以因袭的东西。学习的第一步是要力求摆脱以前集体生活所由维系的种种比较原始的力量,如血缘、姻娅、乡土、金兰关系等等。倒并不是要把这些力量根本取消,那是不可能的,而是要把它们尽量的归还到它们应该活动的场合,例如家庭、桑梓、以及小范围的交谊或进修的团体。近人常说中国人像一盘散沙,其实这话是与事实不符的,一切根据了比较原始的力量而形成的种种集团生活,在我们中间不但并不薄弱,并且比许多民族要强得多,家族的力量,同乡关系的力量,“裙带”的力量,以至于“奶头”的力量,算得薄弱么?绝对的不。要把这许多力量撇开之后,再求团结,那我们才见得真正的散漫无归。所以就整个的社会人口说,我们所仿佛的,不是一盘散沙,而是一盘米面粉,本来是比较干松可以由人意随时分合的,后来因为受了潮气与细微生物的侵蚀,弄得东一团因霉腐而凝固,西一团因蛀丝而牵连,终于闹到到处是疙瘩,到真要派用处的时候,便再也和不起来。总之,中国人不像散沙,而像一盘充满着疙瘩的面粉。如果真像一盘散沙,那倒好了。我们学习的第一步就是要设法从造成疙瘩的种种力量里解放出来,而解放的结果,起初就该像一盘散沙,随后再运用新的力量,来谋取新的团结。当务之急,殆莫大于消除旧疙瘩,争取新团结。任何疙瘩是病态的,离开了乡土范围的乡情,离开了家庭范围的亲情,在大群之中对于小群利益的维护顾惜,至于不遗余力,诸如此类,都是畸形的,癌性的,也就是病态的。此种病态一日不除,新的社会与政治团结便一日不能实现。

第二个步骤不妨叫做多元性的学习。学习必然是多元性的,非多元不足以资学习。学习包括尝试与错误而再三尝试的过程。此种学习的过程始于清末,盛于民初,衰于袁氏称帝与军阀当政,再度酝酿于北伐前后,而最后结束于国民党的党治。从此多元变做一元,而学习的过程就半途而废。国民党把党治分做军政、训政、与宪政三个时期,宪政开始之日,即党治结束之期。从党的立场看来,这无疑的是很合理的一个过程,很合理的一些步骤,但从党外与一般国民的立场看,这无疑的是反学习的一个过程与一些步骤。政党的一元化打头就是反学习的。训政时期的名称未尝不富有教人学习的意味;姑不论训字用得称当不称当,也不论若干年以来,执政者究属实施了多少训政的工作,不过国人很清楚的知道,真正团结的学习,也就是健全的政党政治的学习,始终没有成为训政计划的一部分,其实在一元论的大前提之下,事实上不可能,理论上也不容许,国人也正复没有存太大的希望。结果呢?自然是很不好。任何不许人学习的办法是不会有好结果的。

这结果可以分两部分说,一是对于党外的国人的,一是对国民党自身的。党外的国人,爱国的心情,忧国的计虑,既未必后于党内的国人,自决不因不许学习而放弃学习。他们从党治开始之日起,就完全自动的学习,以至于秘密的学习,囊萤刺股一般的学习。十余年来,成效虽不能说没有,却终究是有限制的,而在学习的过程中,环境逼窄,设备毫无,情绪恶劣,因而引起的挫折与纠纷,也是所在而有。结果的不会太好,当然是可想而知。在党内的一方面呢?说得好些,是独学而无友,说得不好些,是根本不再从事于学,党内的许多朋友不早就开始在训人么?如果训政也包括一般政党政治的训练在内,即他们于国民党之外,肯容许以至于扶植其它政党的发展,则至少还可以收不少的教学相长的益处。但事实不是如此。不如此的结果,说得好些,是孤陋而寡闻,说得不好些,是党的内部起了不健全的变化,而变化的最主要也是最难避免的一部分是一切造成团体生活的原始的力量,有如上文所缕述的种种,又再度的乘机侵入,于是党外尽管无党,党内却有了派系,于是不但不肯学,不能教,且转回到一种比较原始的社区生活的状态,和民族以前的经验根本没有分别。这方面结果的不能算好,也是可想而知。

第三个步骤应该是多党政治的形成。没有第二个步骤,这第三步当然也不能有,即有,也是很不健全的。上文说在国民党的训政时期里,党外的国人曾自动的学习团结,学习一些政党政治的方法,并且也还有些成效。国民党而外,共产党的历史最长,抗战开始以还,他们的学习也是最努力,最艰苦,并且一面学习,一面纠正了不少的前期的错误。这一点,无论我们赞成共产的理论与否,是谁都不能不承认的。其他还有许多小的党团,历史的长短不一,分子的多寡不一,最近四五年来,似乎有酝酿成为一个政团的趋势,前途如果发展顺利,可能会与国共两党鼎足而三。这些党团,包括国民党在内,目前都还不能以很健全的标准相绳,而所以不能健全的理由上文已约略说过。不过多党政治的规模不能不说是已经粗具了。政团的存在原所以调和各方面的趋势,包括人性的各种不同的趋势在内,有侧重进取的,有侧重保守的,有比较折中的。就这立场来看,目下党团的分布也还很有几分代表性,而并无重大的复叠或挂漏之处。国民党本来是比较急进的,但近年以来,日趋保守,这是孙哲生先生从内部发出来的批评,大概是不会错的。共产党一向比较的急进,抗战开始以来,政策虽已改变不少,大体上也还比其他政团为富有进取性。而正在酝酿中的第三个政团可能走的是一条比较折中的路线。据闻在酝酿的初期,动机之一,就在从旁设法调整国共两党的争峙。读者在此应该已经了解,这里所说的进取保守指的只是一个对人生与政治的态度的分别陈述,其间丝毫不包括优劣高下的价值判断。要看所保守的是什么,所进取的是什么,我们才能下此种判断。目前有不少的人认为只要向不曾到过的方向走动，只要所谓前进，都是好的，我认为这是一个错误。总之，目前政团的分布，虽不甚健全，只要我们能认识它们，鼓励与扶植它们，在粗具的规模之上，许它们合理的发展，这就三个步骤说，还可以说是未落虚空。

第四个步骤也是我们最后的目的，也是目前全国的舆论正延颈企踵的期待着而大声疾呼的吁请着的目的，就是，党团之间的团结，也就是通国的团结。多元的党团宣告切实团结之时就是国家真正一元化与统一之日。这四个步骤在时间上原应分个先后，后一步骤成功到什么程度，自然要看前一个步骤健全到什么程度。上文说过，由于我们已往的错误，我们并没有按部就班的走，我们每一步也没有走稳，一直是跌跌闯闯的走进了目前的不可究诘的情境。但无论目前的情境如何的不可究诘，难解难分，同时期内的国家局面与国际环境却绝对不再容许我们在这情境中逗留观望。究诘的工作我们在上文算是尝试了一些，但实际分解的工作却终究要待当局与全国人民的急起直追的努力。换言之，按部就班学习团结的机会既成过去，我们目前只有力求速成之一法，不能速成，就是失败，其间别无第三个可能的归宿。团结而真能速成，则抗战的成功，目前及战后国内建设的效能，以及战后国际场合中巩固地位的取得，就都有了保障。否则一切都成泡影，连停战协定签字以后的短期间的喘息，我们怕都不能享受[①]。国家的歧路当前，民族的存亡攸系，何去何从，要看当局与国民的能否发最大的宏愿与作最当机的决断了。

① 这真是不幸而言中了。当我订正这篇文字，准备辑成这本集子的时候，便是内战打得已经热闹，复员无形停顿，收复区民众生活水深火热的程度正不下于沦陷时期的时候。这种不幸而中之言，稍稍关心国事的人谁都会说，谁都说得中。我如今补注这一两句，决不在表扬我有什么预言的本领，这本领谁都有，而在把未能及时学习团结的罪过，不团结所必然会造成的恶果，以及此种恶果所已引起的中心伤感，再重复的记载一笔罢了。

四一　隐遁新解

（一九四四）

恰好在一年前（三十二年夏），我发表过一篇短文，《悠忽的罪过》，大意是根据了清初学人孙夏峰先生的几句话，对当前的局势有所评论。驹光过隙，又是一年，局势不但不见得开展，并且有变本加厉的恶化的趋向。我这话并不指豫西和湘北的战局而言，那只是全局的一部分，并且是很浮面的一部分，小胜小败也原是兵家的常事，值不得大惊小怪。再如就更大的同盟国的全局而言，国内战局的一时的得失更是不关宏旨，除了把战期加长一年半年之外，对于最后胜利的必属于我是不生影响的。至于这一年半，在足足已经抗战了七年的我们，特别是在习惯于所谓洪水前期的（antedeluvian）时间观念的我们，又算得什么呢？总之，问题不在此，至少不端在战局，而在包括战局的国是全局，不在军事的一时的胜败利钝，不在短期间的转进有利地带，或退出无利地带，而在所以造成非“转进”不可的种种政治经济与社会的势力。

我们应当知道，一面我们的军事在转进有利地带，我们所以扶植或陪衬军事的政治、经济、社会、教育等诸般的力量，却不断的在退出无利的地带。我们在躲避。除了前方真正作战的将士而外，除了供给壮丁供给粮秣的农夫大众而外，全国的人都在躲避，都在退出无利地带。我们越是退出，前方将士便越非转进不可，他们作进一步的转进，我们便不得不作进一步的退出，进一步的躲避。原来进退的字样虽有不同，而循行的路线与方向并无二致。在目前，这现象已经成为一种恶性的连环，不过当初这两种动作却有过一个先后，即我们的退出在先，而军事的转进在后，我们的退出引起了军事的转进。我们应该负目前的军事转进的全部责任。所以说，问题的症结不在军事，而在国是的其他方面，不在前方，而在后方。

一年前我说到《悠忽的罪过》，悠忽是对于现状的悠忽，对于现实的悠忽，而这种悠忽态度所取的方式，我也说过，必然的是一种躲避，而此种躲避行为所取的方式，更是五光十色，不一而足，因为若不是五光十色，别人不免看出我们是在躲避，而更伤心的是，我们自己也不免自觉的发见我们是在躲避。我在一年前所讨论到的躲避的方式就是比较的有光有色的一种，就是比较婉转而极冠冕的一种。在旁人既看不出来，在自己也不十分觉察。这种方式不比自杀，不比发疯，不比入山修道，不比遁入空门一类的方式，有的至少瞒不过心理学家，有的瞒不过一般人，有的并且瞒不过自己，在做隐士做和尚的风气比较流行的前代，也正不必瞒过别人与自己，因为逃名正所以得名，借此以退为进、名利双收的，历史上代有其人！

时与世迁，自杀与发疯人尽有，做隐士当和尚的人却快到一个绝无仅有的地步。不过躲避的方式可以变动，躲避的心理却不容易变动的。躲避的“因”一日存在，便一日不会没有躲避的

“缘”来成全它,教内心的企求成为行动的事实。人性原是如此,至少古今中外,始终有一部分的人性如此,而在外儒内道的中国人,在“遁世无闷”一类哲学观念底下长大的中国读书人,在“天高皇帝远”一类的看法下面熙暤一生的中国百姓,自更不免是如此了。唯其如此,所以当太平之际,隐遁是一个德操,有事之秋,躲避更成为一个通例。以隐遁为高的前代,隐遁者可以入山林,不公开而实则公开。以躲避为耻的今日,躲避者必须在朝市,似公开而实不公开。以前似乎有过大隐在朝小隐在市的说法,不问当时作此说法的人用意何在,至少就字面讲,我们现在是真做到了。除了直接和抗战脱不了干系的前方将士与出人出米的农民而外,我们举目四顾,又有那几个不是变相的隐士呢?

隐遁或躲避的方式虽多,我在一年前只写到了和时间有关系的一类,就是不出依恋过去或希冀未来两途,而尤其希冀未来的一途更为热闹,大有山阴道上的光景。那是专就夏峰先生“悠忽现在”的一句话发挥的,其实这两途并不能概括,其它隐遁的途径还有许多。我们不妨把局势分成两方面。一方面是经,指的是官、学、商、工、军、农等各种业务;一方面是纬,指的是各种躲避的方式或路线,未来与过去一条路线而外,我们不妨再提出如下的几条:专业对待通责,精神对待物质,表面的功绩对待实际的效能,或言词对待工作,抗战之名对待抗战之实等等。每一个名称里有两个对待的事物,后一个事物代表躲避的行为所“背”的对象,前一个事物代表此种行为所“向”的对象。我们对于这些路线无须特别的解释,说来自会明白。

各界业务的人,比较最没有躲避,也最不能躲避的,我认为是农人与军人，这我在上文已经提过。所以没有躲与不能躲的理由是很明显的，无须申说。避免被抽的壮丁与“开小差”的士兵当然有，但还是真小人的逃避，不是伪君子的隐遁，大可不论。军人方面，职位较高的，近年以来，也颇有“隐于商”的，这固然不对，但若我们联想到军队的待遇来，我认为此种隐遁的行为至少可以原谅一半。关于这两界的人，从大处看，我们除了感佩以外，没有话说。他们拿了身家性命出来，和现实奋斗，是铁一般的事实。他们没有躲避，抗战已经支持到了第八年，便是他们没有躲避的确凿证据。

商人，抗战前后一向经商的商人，对于当前的危局，虽不能说有很大的贡献，虽不能和英美的商人并论，至少他们没有躲避。他们既始终经商，也可以说始终“隐于商”，并没有离开他们的原位，自不适用躲避两个字。他们可能躲避过捐税，可能多囤积了一些货物，可能多发了一些横财，所谓国难财，可能于寻常的“隐于商”的程度而外，又退隐了若干步，可能的没有产生个毁家纾难的人，而平添了许多守财之虏；但若我们联想到历来商人的社会地位与教育造诣，联想到目前统制之严，关卡之多，苛杂之繁，而似商非商而竞争者的充斥，我们也就不必深责了。我说到似商非商的充斥，这些才是真正的躲避者，逃遁者，这些才成为问题。军人经商，上面已经说过。以前说官不与民争利，以前说读书人，口不言钱，试看目前还剩得几个不与民争利的官，口不言钱的读书人。这种动物，宋代以来，本已逐渐减少，如今怕已经灭种，不灭种又将何待！工而兼商的更不必说。工业化运动甚嚣尘上的今日，真有几家工厂完全不靠囤积原料以至于其他的货物来维持，来周转的呢？我们并不否认，一部分似商非商的人，与此种人的一部分经商的行为，为的是生计，个人的以至于大量员工的生计，但应知生计也正复可以成为躲避的口实！生存的本能原是一个最好的口实，幸而我们的军人以至于壮丁所从出的农民没有充分的利用这个口实！

由其他业务拦入商，是由此经进入彼经的一种躲避行为。我们还没有说到纬，在这方面学界与政界表现得最为清切。我忝为学界的一员，我先说学界。学界躲避的分子最多，不过躲避的路线却十九以一条为限，那就是专业对待通责的一条。文武本属分途，政学非必为一事，白首穷经，虽不获效用当时，亦可以立言后世，等身著作，只要名山有藏处，不怕传授无其人——这就是旧日读书人躲避的口实了。这口实目前并没有成为过去，并且在旧口实之上，我们又加上一个新口实，就是专家的口实。我有我的专门学问，专门的学术以外，我就不能管，我也不该管；文武分途，政学异趣，更不消说了。我对大局不是没有贡献，我贡献我的专家的技术学说，我拿我专家的资格来做贡献。我的贡献目前虽未必适用，将来一定有他的地位——这便是当代读书人的躲避的口实了。

不久以前，闻一多先生在《生活导报》上，对于当代的艺人与他们的开不完的画展，说过一些很严厉的责备贤者的话，大意也不外责备他们“躲避现实”。躲避现实的又何止艺人呢！当代的学人，又有几个不躲避的呢？只晓得埋头在书本实验上的学人和只知道在丹青里讨生活的艺人又有什么分别呢？学人说，我专心教读著述，为的是发明学术，造就人才，蔚为建国之用；艺人说，我平日潜心艺术，时复公开发展，为的是集资劳军，用张武德，也不是一样的为国宣劳？诚然，从宣劳的立场看，目前没有人不在宣劳，连深山穷谷之中的匹夫匹妇也未尝不在宣劳，他们正在长养子孙，准备着下一届抗战期间的壮丁。而从躲避的立场看，却也没有几个人不在躲避，而我辈学人与艺人的躲避更是无可宽恕，因为在我辈是明知故犯。学人与艺人但知他们是学艺之人，而忘却他们是人，是兴亡有责的匹夫，但知他们有学艺的专责，而忘却他们更有做国民与论政治的通责。他们事实上也并没有忘却，不过借了专责之名来搪塞通责之实罢了。搪塞就是躲避，知其为搪塞而犹不知幡然变计，是明知故犯的躲避。一切躲避行为之中，惟有这一种最不能曲谅。我们所不了解的是，今日的学人艺人纵不为大局设想，难道也不为他们的学艺设想，照目前躲避已成习惯的趋势走去，前途必有根本无法从容谈论学艺的一日，皮之不存，毛将焉附；至于青年学子，用了专业与前途建设的题目，整批的向国外跑，一种栖皇的情绪，直要诞登彼岸才止，我们不必说了。

政界人士，理论上是最不容易躲避现实的，而实际上躲避的路线最多。官吏经商，近来不乏其例；仕而拦入商，是一条。政界的许多新人物近来也很讲求旧风雅，有写字的，有画画的，有做诗的，更有开展览会与雕印诗集的；仕而拦入学，又是一条。绳以官师合一的原则，这也许不是拦入，不算躲避，但二三十年来，风雅既分新旧两途，而新风雅孕育下的人终不免附庸到旧风雅，我就不得不以拦入与躲避目之了。专业的一条躲避路线，除了一部分以专门技术供奉的人而外，是不大适用于政治方面的。

在迷信专家政治的专家，这路线自然也不适用，他们的问题在迷信，不在躲避，但另一部分专家，一面明知专门技术并不等于政治，明知“技治”的学说难于成立，明知如果政治的大节目有问题，局部与细节目的技术工作，即使勉强推行，也没有多大的补益，一面却始终埋头在技术工作里面，和鸵鸟埋头在沙土里一样，沙土以外，完全置之不问不闻，那其为躲避，与学人艺人实际上是一丘之貉，名义上则差胜，因为从一切表面看来，他们是在从政。

不过其它躲避的路线更是显然。言词成为隐遁的窟穴，是自古已然，于今为烈的。四年以前，我就冒过不韪，写过一篇论《为政不在多言》，两篇论《宣传不是教育》的文字（今皆辑入本书），四年以来，喊口号、贴标语、发宣言、开会议的风气，只有增加，没有减少。至于学校设训导，中央办训练，更是此风的变本加厉。教育当局再三以身教立言，而我们所见到的无非是言教。真像一切国家大事，都可以用语言文字来解决似的。

表面的功绩也是躲避的一条大路。这和文词一条的路在精神上原是一贯的。近年来陪都以及各地的展览会大部分属于这一路，特别是有关工业有关国防一类的展览。实际上，据熟悉真象的专家告诉我们，年来工业建设的呼声虽高，展览的工作虽忙，抗战以还的工业进展实在赶不上抗战以前的几年，在组织与管理上可能的还赶不上前清末年与民国初年。这可能是说得过火，但在封锁的形势之下，进展的迂缓以至于许多工厂的仅仅维持一个局面，总是一大事实。我们坦白的承认这事实，而徐图善后，不比吹吹打打耸动国人的观听，更要高明一些么？我们在上文没有十分谈到工界的朋友，我认为工界躲避的路线就在这里，就是表面的功绩对待了、以至于替代了实际的效能。大家都爱粉饰,而工界的朋友更不知不觉的成为粉饰的上好工具。

此外,这一类粉饰太平,专做门面的行为,明眼人触处可以见到,可以悟到。长官到处,我们总有一番事先布置;长官走后,我们便立刻恢复本来的面目。我们把许多应做的事归并到若干节日,若干运动周,一起把他们“做了”,节日与周期前后便全成为假期。最近有过一个守法运动周。不久以前教育部明令星期日为德育日,都是这一类粉饰的例子。不知此种粉饰的行为,一成习惯,好事便会无中生有,便会由小化大,不是真的,乃是口头上的;坏事便会由大化小,由小化无,也不是真化小化无,乃是口头上笔头上的化小化无。两年前的粤灾豫灾几乎报不上去,就因为这个原因,甚至不如意的事物在字面上可以变为差强人意的事物。此次国军从长沙退守,明明是撤退,报纸上偏说是“转进”,昆明报纸如此说,重庆报纸也如此说,恐怕各地报纸都如此说,这显而易见是一种有计划的粉饰说法。在粉饰的空气里躲避惯了,恐怕写的人与看的人都不但不觉得可怪,并且还觉得舒服。如果躲避的效用已经到此地步,那我们的问题就得交托给变态心理学家,我在这里正复不必辞费。

精神对待物质的一条躲避的路线最近二三年来才觉得显著。由于物力的日益凋敝,前几年理论上特别看重精神的,如今不得不进一步的在实际上提倡精神。这在军队生活方面表示得最为清切。目前军人的生活几乎完全靠精神。物质的给养,就物价相对来说,是几乎等于零。最近国家预算的一部分也是本此着重精神的精神而大量裁减的。谁都承认,这是一个卧薪尝胆的时期，在此时期谁想谋一个温饱，已经有些非分，要想丰衣足食，更不免受不识羞耻之讥。换言之，我们不运用充分的精神力量，便不足以度此艰苦的难关。不过精神上的支持也有一个限度，咬紧牙关的本领，虽在久经荒歉的中国人，也有一个止境。一味以精神责成大家而不问他们所能发挥与支持的限度，不但不会有效果，并且徒然表示国家的物力已经山穷水尽，或虽有余力，而政府的权能已经无法支配，于是不得不更进一步的乞灵于精神的支持。不用说，这又是一种躲避的法门，并且是近乎烟幕的一种法门。这在财政当局未必承认，甚至于未必觉察，许多躲避的行为是不自觉的。不过一经分析，躲避的结论是无法避免的。

躲避的路线决不止这几条，上文云云依然不过是一些例子。不过还有一条最大的路子千万不能漏过，那就是抗战本身。全国的人，不问属于那一种业务，都趋避到抗战，而不趋避开抗战，岂不甚好？事实却又不然，除了军人农人而外，其余的人开口抗战，闭口抗战，用抗战做幌子，拿抗战作掩护，借抗战作题目，有的封殖财货，有的扩充权力，有的培植势位，无所不用其极：这不又是一种近乎躲避的行为么？而在一小部分对于财货权势不大感兴趣的人，也同声呐喊着，抗战第一，大家要以相忍为国为第一义，对一部分不顺眼的事，眼开眼闭一些吧。说到这种话的人又何以如是其宽大呢？原来字面上他们也拿抗战做虚晃一刀之用，底子里别有闪避的路子，那就是上文所说的学艺的专业了！这不是大家都在借题发挥么？大家都在以退为进么？后方的国人都以退为进，于是乎前方的将士，也只有随着转进的一法了。

总之，除了军农两界而外，通国的人，一面高呼着抗战，虚晃着一刀，一面都在隐避，快隐避到一个国中无人的地步。近来学校青年喜欢写简笔字，有时候简省得全无道理，例如国字只简省剩一个方框，中间空无一物，前代有物妖服妖一类的说法，见于《五行传》，看来文字也多少有几分示兆的意味，否则何以会如此其巧合！

要大家东山再起，要大家不开小差，办法很多，但最为当务之急的是莫过于言论的开放。隐遁的行为趋向，有其先天，也有其后天，年来言论禁锢便是后天的最重要的一部分，就是，教趋向于隐遁的脾气的人乐得隐遁，虽不以隐遁为高，亦可不以隐遁为耻！国是症结多，我认为这是一个。要解除这症结，试开放言论看看。

我说到东山再起，一面固然须要公家鼓励，而言论的广泛的开放，真实的开放，是鼓励的第一个步骤。试想，大家，特别是一般学人，艺人，和有专门技术的人，对于国家大事，既连口都不能开，还敢希望有更进一步的贡献么？不能开口，不能有任何所谓国民通责的负担，结果当然只有“转进隐遁”的一条路了。不过话得分两头说。说话和其它有关通责的努力事实上不止是一种责任，也是一种权利，权利是要争取的。民主国家人民的权利那一件不是争取来的呢？民之所以为主，不是根本由于善于争取，不断争取，而争取有得的最后的结果么？不争取而隐忍，而缄默，而袖手旁观，而有形无形的隐遁，就是自甘暴弃。自甘暴弃的分子比努力争取的分子多一天，中国就一天走不上民主的大路。我们主张民主必须导演，必须导演的对象很多，其中最主要的殆无过于教这一般隐遁的人东山再起。[①]

---

① 本文最后三句是一九四五年十二月订正时补写的。

四二　说学人论政[1]

（一九四四）

民国三十三年“七七”纪念日，昆明各大学师生举行了一次座谈会，出席的多至三千余人，会场内外，挤得水泄不通，景况的热闹，真是得未曾有。就昆明一地说，竟不妨说是空前的。[2]

纪念会的一夕谈里引起的问题很多。其中最有兴趣的一个是：从事于学问的人同时应否有政治的兴趣。当时并没有直接提出这样一个问题来，不过我们于事后加以推论，觉得这实在是重要的问题之一，并且可能是最重要的问题。大体说来，当时到场的人，对于这个问题，是没有不作肯定的答复的，他们肯参加纪念会便是一个肯定的答复。

当时我也发表了一些肯定的言论，大意是和上文《隐遁新解》里所说的一样。

---

① 此文可看作《隐遁新解》一文的一个补充。

② 后来这一类的集会就比较渐渐的多起来，人数也有比这次还要多到一倍以上的，全都是秩序良好，议论和平；一直到今年（三十四年）十一月二十五日的内战问题座谈会，才因为当地党、政、军当局的措处失当而引起了学生罢课的问题。

不过当时有一位发过一些否定的议论，就是云南大学的校长熊迪之先生。熊先生说明三点，第一点，他认为这次座谈会是学术性的，是寓纪念于学术的讨论的，所以他才参加。第二点，他认为中国的积弱是由于学术不昌明。第三点，要救中国的积弱，要昌明学术，我辈做师生的人就应当每人守住他的讲求学术的岗位，孜孜矻矻以赴之，而不应当驰心于学术以外的事物，例如政治、商业之类。

这三点之中，我们对于第二点是完全赞同的，学术不昌明，至少是积弱的大原因的一个。关于第一点，熊先生的参加与否，自有熊先生的自由，我们不问；用讨论学术的方式来纪念“七七”也未始不是方式之一，我们也没有异议；不过若说我辈中人只宜乎采用这个方式，那就大有问题了，其为问题和第三点所引起的问题是一个。“七七”两个数目字所代表的问题，或在我们心目中所引起的问题，虽不能说和数学①全无关系，更不能说和学术全无关系，至少不是一个单纯而直接的学术问题，而是一个“国是”的问题，一个在二十世纪国际场合里立国的问题。换言之，它是一个政治的问题，我辈读书人于谈论学术之外究竟应不应谈论政治，便是我们非解答不可的问题了。

在熊先生说话以前，我们一向以为这题目是早经解答了的。在民主政治没有上场的前代，甚至于远在先秦的封建时代，无论在理论上，或实际上，我们对此早就有了答案。君师并称，同为

① 熊迪之先生是一位数学家，在他主持云南大学校务以前，曾任清华大学数学系主任。不用说，我们是老同事，也是老朋友。

治本；政治与教育文化总求其有密切的联系，倒不是要政治来控制教化，而是要教化来辅导以至于督责政治，也是先秦时代早就到达的一个结论。孔孟以降的先哲，其所以成为先哲而值得我们景仰的原因，决不仅仅在他们是学术家、教育家，而也在他们是政论家，得其位则推行政治，不得其位则议论政治，不议论即不足以收辅导与督责之效。不说有名有姓的先哲，就是乡校中论政的郑国人，在贤明的执政者如东里子产就觉得有益无害，无须干涉，更无须釜底抽薪似的把乡校拆毁①。降至后代，学人论政之风虽至今没有到达一个十分自由的境界，舆论与清议的不可侮，却始终是历史上的一大事实。

学人论政是中国文化的一大传统。这方面的代表人物不一而足。在近代史上最值得我们钦仰的一个是顾亭林先生。明社既屋，亭林先生到昌平哭陵三次。亭林先生是一位学术家，是明末清初的第一位大师，但哭陵不是学术性的，明社虽亡，他的学术仍在，他哭陵则甚？他的三位外甥在新朝做了大官，他到一次北京，总要督责他们几句，对那位声势最喧赫的大外甥尤其是不肯放松。这位外甥喜欢提倡风雅，就说是喜欢提倡学术吧，亭林有一次对他说："有体国经野之心，而后可以登山临水，有济世安

① 《左传》襄公三十一年说："郑人游于乡校，以论执政；然明谓子产曰，毁乡校何如？子产曰，何为？夫人朝夕退而游焉，以议执政之善否，其所善者，吾则行之，其所恶者，吾则改之——是吾师也。若之何毁之？我闻忠善以损怨，不闻作威以防怨。岂不遽止？然犹防川，大决所犯，伤人必多，吾不克救也；不如小决，使道不如，吾闻而药之也。……仲尼闻是语也，曰，以是观之，人谓子产不仁，吾不信也。"

民之志，而后可以考古论今”。这不是等于说，一个人一面讲求学术，一面必须有政治的志向与抱负，甚至于此种志向与抱负要在讲求学术之前，是讲求学术的先决条件么？所谓政治的志向与抱负所由表见的途径，一个人如果不预备从政，试问除了论政而外，更有第二条么？亭林先生也是一个学术家，正和我们所希望做到的一样，所不同的是，那时候中国没有大学，他不是一位大学教授；不过何以一进大学的门墙，便不宜乎论政，便非全神灌注于学术不可，甚至于参加了非完全学术性的纪念会，便不免感觉得几分上当——这是我们所大惑不解的。

其实这问题是简单的。任何人的身份与权责，以至于任何动物个体的身份与权责，原不止一个，连蜜蜂蚂蚁中的工蜂工蚁也不能除外。一个人有做人的身份，就是他有做一个比较完整的人的权责。一个人也有国民的身份，就是他对他的政治团体也有一些不可分离的权责。一个人有他专业的身份，就是他有学术家、教育家、店员、匠人……一类的权责。任何人有做人、做国民、做一种专业的身份与权责，而做人与做国民的比起做专业的来更要先决，更要基本。没有做一个完整的人的意识的专家，无论他的专业如何精深，他终究是一个匠人，学术家也罢，泥水匠也罢。没有政治意识的专门人才，可以加入伪北京大学，可以到沦陷区做顺民，而无害其为专门人才，学术家也罢，泥水匠也罢。明乎此，我们对于学人应否论政的问题，也就思过半了。

四三　说为政不在多言

（一九三九）

这好像是一篇自己触犯题目的文字。它对读者会有什么一种影响，连我自己也怀疑。说为政不在多言的人，当然也不赞成一般的多言，如今希望人家不多言，而在表示这希望时，自己不能不先取多言的方式，或至少不能不犯多言的嫌疑。以战争止战争，似乎有人主张过，也或许有它的效力；但以多言止多言，怕无论如何是不会有多大结果的。

先说一般的多言或少言。我们的传统思想在这方面当然也不免受中庸哲学的影响，我们主张不多不少，恰如其分。所谓恰如其分，是不容易确定的，大约同时得参考三种事物：一是当时此地的需要，二是题目的价值大小，三是说话的人到底有多少切实的话可说；不需要说而说，对小题目大放厥辞，或根本没有许多话可说，而偏欲大发议论，耸人听闻——都是不对的。还有一个参考点我们不能忘记，就是说话的人的动机与行为和他所说的话是否符合，或至少是否在精神上不相刺谬。这一点似乎是特别重要，要是不符合而冲突的话，那所说的虽只片言只语，也是多了的。

说话，以前文言叫做辞。根据上文分量的话，辞就可以有三种。分量不足可以叫做讷。恰如其分可以叫做达。所以有“辞苟足以达”和“辞达而已矣”的话。分量过当，不关紧要的，我们可以说辞费，关紧要的，我们可以适用一个不很好听的字，叫做佞。佞在字源上的解释是“巧调高材”，从女，从信字省，有一位文字学家说，女子之信，近于佞也；这对女子无疑的是一个侮辱，不过无论如何，巧言利口的人叫做佞人，是二三千年来已经习惯了的。孔子最深痛恶绝的是这种人与近乎这种人所说的话，认为究其极可以倾覆邦家。后代史家如司马迁、班固等，又根据这层意思，特辟佞幸一传，以昭炯戒。

民族传统的说话的标准是一个达字。孔子时然后言，人不厌其言，是做到了达字。修辞立其诚，所做到的也无非是一个达字。达是不容易做到的，达而能文，尤其是难能可贵，终春秋之世，够得上达而能文的，恐怕只有一个郑国的子产，居然赚得孔子“辞之不可以已也如是夫”一句不胜其赞叹的话。不过，只是文而不达，结果就等于佞，这种人就多得不可胜言了。专掉三寸不烂之舌的游说家，利用五寸毛锥的文学家，以曲学阿世的思想家著作家，绳以修辞立诚的标准，怕十之八九是些佞人。辕固生很不客气的对公孙弘说：“子务正学以言，无曲学以阿世”，正学以言是达人，曲学阿世就是佞人。惟其如此，所以一方面我们尽管认定达字的鹄的，一方面也未尝不作退一步的主张，说与其佞，无宁讷。所以说，君子欲讷于言而敏于行。又说，刚毅木讷近仁。礼与其奢也宁俭。不得中行的人，与其得乡愿，不如得狂狷，全都是这个意思。

超越分寸的辞，何以叫做佞，似乎有再加解释的必要。上文说所谓超越分寸，可以有三四个参考点：不合时地，小题大做，虚辞滥说，都还是超越分寸的小者。最可怕的是最后的一种，就是不由衷、不立诚、而行为不足以相副的辞。孔子的弟子里，至少有三位，在这一点上挨过先生的骂。季氏将伐颛臾，孔子以责冉有，冉有抬出一个很大的理由，——有后主义的理由——来替季氏和自己辩护，说，“今不取，后世必为子孙忧”。孔子说：“求，君子疾夫，舍曰欲之，而必为之辞”。君子疾夫一句下，我们以为应该补充一个字，意思才算完全，那字就是佞字，而舍曰欲之云云，就是佞字的解释。第二个挨骂的是子路。子路使子羔做费宰，孔子说他误人子弟（“贼夫人之子”），子路辩护着说：“有民人焉，有社稷焉，何必读书，然后为学”。想不到二千四五百年前，子路已经会说近乎“读书不忘救国”或“学校就是社会，教育就是生活”一类的话。不过无论他如何会说，也正因为他会说，终于讨了孔子的一顿骂：“是故恶夫佞者”。因佞而挨骂最多的无疑的是宰予。宰予专修的是言语科，照理是会说话的，不过会说话到佞的地步，自是他自修之功，非孔子教育之力。他和孔子辩不行三年之丧，提出礼崩乐坏的一篇大道理来，真教圣人措手不及；不过宰我的佞，终于改变了孔子的观人之法。他说：“始吾于人也，听其言而信其行，今吾于人也，听其言而观其行，于予与改是。”心口不相应与言行不相符的人，可见就是一个无信之人，就是一个佞人，一个人的巧言利口，转变了圣人的对人的信仰，其影响也不为小了。

冉有、子路、宰我应付孔子的话，我们现在往往叫做“设辞”，也叫做“自圆之辞”，其显而易见和动机行为不符的，我们一向也叫做“饰辞”，甚或“遁辞”。“遁辞知其所穷”，辞到了饰与遁的地步，当然本人既完全自觉，旁人也谁都认识，不至于引起什么问题来。不过近代心理学与社会心理学告诉我们饰与遁的程度往往是很难判断的，不但旁人看不出设辞的人是在饰在遁，连本人自己都感觉不到。此种学问甚至于说，我们一切的辞，是多少有饰与遁的意味的。精神分析派的心理学，说我们的意识有两界，意识本界与潜意识界，这两界的划分，因文化礼教的发达而越来越深刻。大凡情欲之事，最初可以比较自由表见的，到此便不能不深深的退居潜意识的背景之中，遇到要表见的时候，势必先经一番文饰的功夫，方才可以经过意识本界，而呈露为表面的动作。语言便是此种文饰的功夫的一大工具，于是便产生了各式各样的自圆的说法。意国社会学家柏瑞笃（Vilfredo Pareto）①也有一派性质相似的理论。他分析人的行为，认为每一桩行为可以有两个或三个成分，一是因，就是行为的动因，二是动，是动作的本身，三是辞，是伴着动作同时发生的一些话。大凡一桩行为，由因成动，总附带着一个所以要动的理由的说法，这说法有时候不说出来，即只是本人肚子里明白，有时候说出来，但不论

① 柏瑞笃为近代社会思想界最大权威之一，意国人，生于一八四八年，卒于一九二三年，曾任瑞士洛桑大学（University of Lausanne）经济学与社会学教授。他的最重要的系统的著作是《普通社会学论》，用意文发表于一九一五—一九一六年间，法文译本出版于一九一七—一九一九年，英文译本出版于一九三五年，书名改称为《心理与社会》，分订四册，其因词之辨见第三册。

或默或语，它总是一个辞。因、动、辞之间，因是最不变的成分，许多情欲就是因了，动的方式自然不一而足，但辞最是千变万化。根据由衷与立诚的原则，辞的变化论理也不会多，但若设词者的自觉或不自觉的目的在自圆，在文饰，在躲避谴责与批评，那就数不胜数了。这样的辞与辞的系统是会引起问题的。社会学研究的对象之一便是这种辞、辞的系统、和它们所引起的问题。

关于上文的一番理论，我们最好举一些例子。一个人打麻雀牌，他大概不会很坦白的说他喜欢打牌，他却会说，三缺一的时候，他才加入，否则拆散人家垂成之局是说不过去的，甚至于是有伤阴骘的；或者，他承认喜欢打牌，他会添一句说，打牌是他唯一的弱点，在唯一两个字里，他又找到了自圆的出路，增高了自已的地位。一个人娶妾，他大概也不会坦白的承认他好色。他却会说：他的大太太没有生儿子，或他是一个兼祧两房的人，甚至于他会告诉你，据一部分人类学者说，男人是有多妻的倾向的。魔鬼也会引经据典，这话真是不错的，人人既不免受魔鬼的诱惑，也就人人可以有此种引经据典的机会。这些例子是很浅显的，无烦多举，我们要注意的是，这一类的佞词是我们生活中最普通的一件事，初不限于打牌纳妾一类的行为。

上文说因是常的而辞是变的，因是一个，而辞可以有多个，我们也可以举一两个例子。一个天主教徒反对信仰自由，自然也有他的一套说法；一个社会主义者反对信仰不自由，反对宗教[①]，自然也有一套说法。论起辞来，两人之间，可以说是南辕北

① 社会主义者是无神论者，但主张宗教信仰自由。——编者注

辙了，但他们的因却是相同的一个，就是，双方都渴望着，把自己的信仰与行为标准加在别人身上，不到全人类统一的境界不止。一个淫荡的人可以说出许多秽亵不堪的话；同时一个道学家或宗教家所不惮烦琐再三申说的当然是一大套禁欲与戒淫的话。论表面的辞，这两人又是大相迳庭了，但论内在的因，却也只有一个，双方都是不胜其性欲的冲激。一个崇拜偶像的乡下老普通不大说话，他的教育程度也不容许他说许多话，但若问起他所以崇拜的缘故来，他会有一套说法；蓦地里来一个改革家，大唱其打倒偶像的主义，表面上，这两个人的辞更是泾渭分流了，但我们所能推究到的因却也只有一个，就是双方都能热烈的信仰，而那改革家的热烈与认真的程度也许还在乡下老之上。他信的是什么呢？他信的是进步，是科学，是社会改造的原则，若干改造的理想以至于一套板执的改造的教条。他和上面所说的教徒与社会主义者一样，很希望乡下老肯很痛快的接受他这一套，不接受时，还不惜付之警察的武力；至于他的信仰是否比乡下老的更可靠更有利，却是另一问题。

根据最后这个例子，我们可以知道，十八十九世纪以来种种改革社会的学说，动不动讲人权自由、平等、进步、民治主义、国家主义、社会主义，无非是一些辞的堆砌与辞的系统，其间究属有多少自圆、粉饰太平、与躲避现实的成分，又有多少经得起事实、经验、以至于逻辑的盘驳的成分，尚有待于社会学者的断定。我们要知道，这一类辞的堆砌与辞的系统，和许多宗教的未来世界论，以及乌托邦主义的理想社会论，原则上没有很大的分别，就思想与设辞的方法论，更不免是一丘之貉。用以前的眼光来看，这一类辞的系统里所包含的，大部分是一些佞辞，而发为此种佞辞的人自然是一些佞人，一些巧调高材与曲学阿世者了。我们在今日用到这佞字，当然不能再有以前那种浓厚的道德谴责的意味，那种深恶痛绝的态度，不过，这种辞与这种人是不健全的，这种辞不宜做我们思想与行为的准则，这种人更不是先知先觉一流，值得我们信服，今昔的看法却应当是一样的。

现在进一步的说为政不在多言。

为政不在多言是跟了一般的不多言的原则来的。“为治者不在多言”，是汉代的申公对武帝说的一句话，不过它所代表的原则是很老的。据说，尧舜垂裳而治，是不大说话的。《诗经》说文王：“予怀明德，不大声以色”；孔子补充着说，声色之于化民，末也。“君子过言，则民作辞”，也是一句很早的教训。中国政治学说里很注重法天的原则，天是不说话的，所以孔子又说：“四时行焉，百物兴焉，天何言哉？”桃李不言，下自成蹊，是汉代初年便已流行的一句谚语。

不过不言与不多言之教是一事，实地的民族经验似乎又是一事。在二千多年的历史里，很不容易寻出几个真正能实践这不言或不多言之教的政治时期与领袖来。春秋战国而后，三寸舌头的用途也许不如从前，但是五寸毛锥的势力，却比以前不知增加了多少。这一层显而易见与儒家的发展有关。儒家的正名主义、道德观念、以及一般的尚文的精神一方面既产生了胡适之先生所说的“名教”，一方面更形成了专用文字的取士制度，而文士对策时所搬弄的种种当然不外乎“名教”中仁义忠信一类的“名”或“辞”，搬弄的次数越多，就越变做一派陈言滥调。试看史籍中所留传下来的诏令和对策的笔墨,真正可以免于断烂朝报的讥弹的,恐怕没有很多的篇数。这种传统的“稽古右文”的风尚终于把中国造成了一个“名教的乐地”,“文字的国家”。敌人说我们是一个“文字国”,是不错的,不说别的,只是敬惜字纸这一点就十足表示这种名教乐地与文字国家的精神。

前不多几年,好像是萧伯纳吧,曾经说过英国是一个“议论国”;些微的小事,动不动要付议会讨论,讨论了许久,却未必有决议,有了决议,也未必真实行;替这样一个国家上一个“议论国”的徽号,他以为是再配称没有。西方有一个议论国,东方有一个文字国,也真可以说无独有偶了!不过,就最近三十年的风气看来,东方的文字国,也有同时变做一个议论国的趋势。三寸不烂之舌,退隐了不少的年代,已经和五寸的毛锥同登坛站,共同负担起救国的大业来。这趋势却真有点不了。一个议论国不大做文字,一个文字国不大发议论,在不做文字不发议论的空闲时间里,终还可以推动一些切实的政治,如今中国却兼具了两种身份。不发议论,便做文字,做罢文字,又发议论,甚或两者分工合作,双管齐下,试问,还有几许余力来促进真正福国利民的政务呢?无论如何,为政不在多言的原则,到此境界,是再也无法适用的了。

上文的一番话,决不是凭空说的,我想凡是对于已往二三十年的中国政治大体留意过的人都会有同样的观感。动不动开会讨论的方法,我们从想采取英美式的议会政治的时代起,就学得很像。越到后来,参加政治的人越多,这方法自然是越撇不开,无论集会讨论的精神如何,效果如何,反正这集会讨论的格式已经成为我们许多生活格式里的一个。西洋人曾经评论我们民族,说是重格式而轻实际,这大约又是一例了。发宣言,拍通电,以至于快邮代电,在善草檄文露布的中国人当然更容易成为拿手戏,不须多说。比较新颖的是近年来我们对于宣传、宣传的方法、以及宣传的工具如同报章、杂志、小册子之类的信仰。政府要推行一种政策,以为经过一番宣传就一定可以减少民众的阻力。党派要推广一种主张,也以为一经宣传,便可以造成一派舆论。其实问题并不如此简单。西洋研究社会心理学的人,大部分认为宣传的力量是很有限的,舆论这东西究属有不有,也是一个问题,要有的话,报纸一类宣传的力量也只能把它反映出来,而并不能多所左右,更谈不上创造舆论了。假若舆论是风,那宣传的方法与工具只好算是屋顶上的风针,可以指点风向,而不能转移风向。至于口号标语一类的宣传方法,其效力更自郐以下,不值得计较了。

这一类为政多言的方式不会有多大效果,还是小事,要紧的是它们有很大的流弊。多言的一般流弊,上文已经说过,到此我们要特别注意的是,为政而不免多言,那多言是集体化的,流弊所及,必至危害以至于摧毁集体生活。即使我们假定,集会时的讨论、公布的宣言、张贴的标语、呐喊的口号、以及印发的各种宣传物品,内容大都相当恳切,即至少不太背于上文再三揭橥的修辞立诚的原则,这其间已经可以有两种很大的流弊。一是思想与吐属的刻板化。我们以前骂八股文章,为的是它的刻板性与千篇一律的现象,其实现在骂八股文章的人十之八九自己没有做过或根本不了解八股文章,否则,我相信他不会骂,因为他明白在今日"多言政治"的局面之下,许多的文章比八股文要刻板得多。我们要测验这一点的机会实在是太多了。听一次演讲,读篇把社论,参加一次座谈会,翻看一本发挥一种社会理想的书,谁都会很容易的发见一大套千篇一律和陈陈相因的字眼、名词、语句、口气,其数量之大与复出的频数要远在八股文中诗云子曰……之上。"洋八股"、"党八股"、以及最近的"抗战八股"决不是一些随便起的名目,我们确有这些东西,而我们如今借用八股两个字,似乎还得向以前的真八股道一声歉。据心理学家告诉我们,以前的八股在字面上虽只搬弄一些旧东西,在股的拼凑与题的搭联等等方面往往可以看出作者的天分来,在现行的各式八股里我们看见的只是一些思想的板本,连初印与后印都分不大出来。

第二个流弊是语言替代了工作。我们跟了胡适之先生批评"名教",为的是"名教"很早就变成了"名"教,讲孝、弟、忠、信、礼、义、廉、耻的人,讲多了,讲惯了,讲油了,应手拈来,都成妙谛。他对这一类的"名"根本不求甚解。这些"名"在他的心目中,最初原不过是几个符号,后来变做几个象征性的图案,终于成为一些栩栩欲活、可以唤起情感、激发性灵的偶像。一个"名"到此境界,就好比一个佛号,可以供人熟念,好比一道灵符,可以受人膜拜。元亨利贞,只要喊出口去,可以辟邪赶鬼;福禄寿喜,但须贴在墙上,可以不召自来。这在西洋,早有人叫做"字的巫术",在中国,我们可叫做"名的宗教"。在这种巫术或宗教支配下的社会,无论它有多么高妙的人生理想,多么卓越的道德标准,生活是静止的,文化是呆滞的,甚至于死板的,因为,愿望与祈求替代了努力,语言与文字替代了工作。二三十年来多言政治的一大弊病也就是这一点。名与字尽管推陈出新,改头换面,其为字的巫术与名的宗教却丝毫没有变动。开过会,有过议决案,发表过宣言,向大众宣传过,一件事就算是办了。用口号标语来传播一种愿望,传播过了,这愿望也就算是达到了。照这趋势下去,我怕非闹到一个使努力与工作的机能完全瘫痪的地步不止。

约言之,多言政治的两个流弊的归宿是:思想机能的僵化与工作机能的萎缩。一个集体生活,到不能思想与不能工作的境界,试问所剩还有几许。不过,读者不要忘记,我们还假定着这种多言是属于未可厚非的一种,即还不太背于立诚的原则的一种。假若我们把这假定撤去,而发见多言政治的言中间,有很大的一部分是属于自圆与文饰的性质,其目的,消极的是在躲避谴责,转移视线;或积极的是在迎合众心,于中取利。苏秦游说,表面上为六国着想,底子里却为自己博取富贵卿相;公孙弘以儒道进用,而明眼者一望而知其将以曲学阿世;安知目前多言的政治中,就没有像苏秦、公孙弘一类的人与一类的浮辞滥说?假定真有这种情形,那前途的危险就更在思想僵化与工作萎缩之上了。究其极,它可以摧毁集体生活与政治组织所凭借的最大原则,就是“民无信不立”的一个信字。人言为信,信是佞的相反,上文早已提到过了。

申公对汉武帝说的,本是两句话:为治者不在多言,顾力行何如耳。救多言的流弊,端在力行,一般的做人如此,为政更不应不如此。政治的推动,在人事方面,靠两个条件,一是官司的领导,二是民众的合作。官司宅心纯正,公忠体国,个人的行为与私德上又无懈可击;同时民众的智识程度与团体意识也已经到达相当的水准;在这种情形之下,要推行一种政治,是最容易不过的。假定二条件之中只得其一,即民众的程度还不到家,那末,一件政治的能否推动全得看为政的人的宅心与行事了。无论我们有的是一个条件或两个条件,多言总是没有地位的,具备两个条件时,是无须多言,只有一个条件时,多言了也是不生效用。所以孔子说,“下之事上也,不从其所令,从其所行。”又说,“其身正,不令而行,其身不正,虽令不从。”榜样的原则是中国的教育学说与政治学说的最大重心,也是两种学说所由融会的交点。这个原则,在今日多言的政治下,已经有被断送的危险了。

近年来的多言政治不但违反了我们民族文化里很大的一个原则,并且也有背乎孙中山先生的遗教。孙先生倡为知难行易之说,在政治方面是有很大的实验的价值的。“民可使由之,不可使知之”的两句老话,我想孙先生一定是不赞成的;任何主张民主政治的人不会赞成,不独是孙先生。不过我们处的是一个不进则退的时代,我们在扰攘的国际局面里,亟于要取得一个位育。我们要推动种种政策,势不能在短期内让大众都了解这种政策的性质,与其因何要推动的理由,与如何能推动的方法,亦即势不得不由领导政治的人当机立断的做去,只要做的人动机纯洁,手段正当,上面推动,下面自然谅解,终于可以达到我们改革的目的,而民众于协力合作之际,也自然会明白一些因何与如何的道理。如今我们似乎并没有遵守这种遗教,我们在想推动一件政事之前,领导的人中间,总要先费上许多口舌,接着对民众又费上许多口舌,无形中表示给大众看,要推行这种事,还得让大家先有一个了解的机会;用意固然极好,但这么一来,不是知成为第一步,而行成为第二步,知还是容易下手,而行总得从缓了么?这不是等于回到了知易行难的旧说了么?表面上服膺了孙先生的新说,而实际上履行的还是旧说,更无异默认了孙先生知难行易的新说,也无逃于知易行难的旧说的支配:这未免是太不对了。所以即为实现孙先生的知难行易的学说计,我们在一般的生活上,尤其在政治生活上,有实行申公的两句话的必要:少说话,多做事。

附 录

一　论大学设训导长

（一九三九）

最近一年来，最高的教育当局很想在大学教育方面做些建设的工作，尤其是在所谓训育的一端上：导师制是一桩。新近全国教育会议议决添设一个训导处，处有长，地位和教务长总务长相等，是又一桩。两桩也许根本是一件事，即，训导处成立以后，导师的工作即归其统筹，好比课业归教务处统筹一样；不过这是我们的一个推测，训导处究竟有些什么工作，训导长有些什么责任，尚有待于当局的颁示。

不过训导处与训导长的创置，教育会议尽管议决，在理论上还是很有问题的。近代学校教育把所谓训育从教育中间划分出来，根本就是一个错误，是失败的一个招认。教育学者自己告诉我们，教育的对象是整个的人生，甚至于说，教育就是人生；这见解是对的，是能够和我们以前的教育经验相呼应的。我们一向的见解是：学问的目的在做人，学问的内容今昔大有不同，什么是人，做人如何做法，今昔的观察也很有分别；但学问不能离生活而独立，今昔的看法可以说是一致的。如今把所谓训育从教育里划分出来，浸假而使训育与教育成为两个并立而对待的东西，更浸假而设官用人分别专司其事，结果是等于默认了下列的两点。

（一）人生大块的田地里，知识的取得至多只占得一角。讲“行有余力，则以学文”的前人似乎懂得这一点。在“好学近知，力行近仁，知耻近勇”的教育里，这一角的大小不过是全部的三分之一。传统的心理学也说心理生活至少有三方面，意志、情绪、理智，有效的教育是要使三方面得到共同与协调的发展，也惟有能使三方面作协调发展的教育才配叫做教育。教与训的划分表示近代的教育只会灌输知识，开发理智，于其它三分之二的田地，是无法可施的。在前几年，因为责任与面子关系，还隐忍着，现在隐忍不住了，只得硬着颜面把全部责任推出去。这种卸责的举动，在中学里开始，最近就到达了大学。

（二）志、情、理的划分原是为了解心理生活的方便而设，实际上心理生活是整的。讲三方面协调的发展也不过是一种说法，目的在要我们避免施教时的偏枯，其实在任何一方面施教，其影响势必兼及其他两个方面，除非是教的内容与教的方法根本有了错误。即就智识的灌输一方面论，任何门类的学术都有两个目的，一是对于现象的了解，二是对于现象的控制，了解的程度有加，控制的能力也就随而进步。此种了解与控制的最后功用是使人生的乐利更加丰满。自然科学的发展，于增进我们对于自然现象的了解与控制，从而充实我们各种实用艺术而外，又给我们一个科学方法与科学精神。这方法与精神的适用原不限于现象的研究，个人生活的健全发展，与全体生活的维持于不败，多少都得靠它。一个比较健美的社会生活总得建筑在“无意、无必、无固、无我”的原则之上。社会科学，于一般适用科学方法以解释现象之外，自更离不了生活控制的最后目的。研究历史的一大功用终究是要我们借鉴前车，对其它民族国家的社会生活，作比较研究，也无非要让我们它山攻错。如果研究与传授学问的人，自以为他的努力只限于或只足以格物致知，于个人与团体生活的健康发展，别无更大更深的意义，他就犯了自欺与自弃的毛病。如果旁人有这种见地，他对研究与传授学问的人，是无异横加侮辱。主张训教分立的人的基本假定是，学问与做人的艺术不很相干，甚或很不相干，唯其不相干，才有另外设官用人专司其事的必要。这对研究学问与传授学问的人，说得轻些，是不认识，说得重些，就是侮辱。

就第一点说，近代教育是无能的。就第二点说，近代教育是不智的。无能与不智，是失败，从训教的实际上的分家到大学明目张胆添置训导处的过程里，我们看出了这种失败。

要挽回这种失败，只有两件事值得做。一是改变我们对学术的态度。为学术而学术，是一种态度。为人生而学术，是又一种态度。太重人生，结果是忽略了学术，最后吃亏的还是人生，以前的中国似乎如此。太重学术，结果可以人为刍狗，今日的西洋似乎有这种危险，学步邯郸的我们最后也不免蹈袭这种危险。如何可以执两用中，是亟切不容易答复的问题，我们姑且搁过不提，否则不免离题太远。二是慎择师资。择师的最大标准是，他对于某一门学问的造诣。但所谓造诣可以有两个不同的解释，目前流行的是他对于一门学识有相当的累积与贯通；但这是不够的，我们应当问，他的学识对于他个人的日常生活已经发生了多少良好的影响，即所谓贯通，是不是并不限于本门知识的部分之间，而已推广到这门智识与个人操守之际。我们对一个教自然科学的人，于研究成绩而外，要看他在接人待物，处事发言的时候，已经有多少科学家的风度。对一个教社会科学与问题的人，我们更有理由在他的行为上求全责备，例如就家庭一端说，他是不是已经能够“刑于寡妻，至于兄弟”。大学里所有的教师，真能把他的学问和行为联系起来，做学生的表率，那人就是无名的导师，就是不设办公处的训导长。照现在的形势，除非起孔子于九原之下，这训导长是没有人当得起的，勉强当了，他最多也只能举办几次精神训话，多强迫实行几条新生活的戒条，多订几种奖惩功过的条例，如此而已，如此而已。

二　青年节寄语

（一九三九）

青年节的规定是富有意义的。青年无疑的是人生最可宝贵的一个段落。一颗谷类的植物，从苗而秀，从秀而实。秀的一个段落就相当于人生青年的段落。在这个秀的段落里，尽管秀的程度因人而异，但就每一个个人而言，就他的一生而言，唯有在这个段落里，他的求知心最恳切，同情心最浓厚，热诚、勇气、毅力最发达，想象与理想最丰富。这段落若是白白的过去了，那个人就算是没有做人。民族与社会若把它分子的这个段落轻轻放过，不给他们一个健全发育的机会，这民族与社会也就等于自暴自弃，因为文化的演进与民族生活的发扬光大就建筑在这许多青年特性之上。我们在这一点上以前是无可讳言的自暴自弃过的。我们如今觉悟了，我们已经明白青年时代的可贵，我们特地在三百六十天里提一天出来奉献给它。这觉悟不但要替无数中国青年造福，并且代表着民族文化的一个转机。

青年节规定在五月四日，也自有它的特殊意义。在中国的近代史里，五月是最多难的一个月。青年对这多难的国势，第一次发难，第一次作有力的抗议性的表示，就是二十年前五月四日的那一天。青年对国难的表示,固不应仅仅做一个初作难的陈涉而止,但这陈涉的一步手段是不能少的,要没有它,也就不会有项氏灭秦和汉家平定海内的那些下文了。同时,发难的行为的自身也正有其难能可贵之处。只是外力的深深刺激与重重压迫,并不能引起发难,这些刺激与压力要用在意志消沉、饱经世故的人身上,也不会引起发难,惟有用在具备上文所缕述的特性的青年身上,才发生效力。约言之,只有青年或具有青年的特性的人才能发难,国家政治方面如此,其它生活方面也莫不如此。

青年发难在二十年之前,而青年节的规定则在二十年之后,也正有其意义可寻。古者男子二十而冠,冠所以表示成年,今日中国法律也以二十岁为成年。上文说过,青年对国难的责任不应限于做个陈涉而止;但二十年来,始终以做陈涉为满足的人为数正不在少,并且大多数还没有陈涉那种斩木揭竿的魄力和勇气。在“五四”的二十周年的时候,把它规定为青年节,我们揣测规定的人的用意,至少还有这一点,就是,“五四”也成年了,怀抱着“五四”精神的人,对国难应当作进一步更积极更富有建设性的贡献。

上文似乎是我们对于青年节应说的一些善颂善祷的话。不过颂祷是一事,要真正接受这颂祷之词而无愧,又是一事。其实要受之无愧,也并不难,只要做青年的、教青年的、以至于捧青年的人了解下文的两点。

第一,我们要明白节字的真义。竹子的分寸叫做节,生活应有的分寸,相传也叫做节。生活力的表见与施展,不论其为在情欲方面或智能方面,有三条可能的路,一是禁,二是放,三是节,只有节可以成事。好比蒸汽转动机器,发为工作,走的也就是节的一条路。青年是人生最有力的一个时代。充满着力的种种特性,用之有节,用得有分寸,结果不但可以应付国难,并且可以复兴民族,再造文明,否则最多也只能靠最初一些开放出来的力量,做一点斩木揭竿的工作罢了。二十年来的青年力量,狷者禁得太多,狂者放得太过,真正能节而用之的为量绝少;对青年缺少同情的人动辄以成事不足败事有余相责难,可见是不为无因的了。明白了节字的真义,方才能体会设置青年节的应有的用意与价值。

第二,我们不能忘记我们目前并没有完全脱离偶像作威作福的时代。宗教的势力衰退了,但各式各样的主义学说正宰割着全人类;圣贤与仙佛的崇拜虽去,英雄与伟人的崇拜方来。传统的种种季节,例如正月初九的玉帝节,四月十四的纯阳节,六月十九的观音节,虽经打倒,而劳动、儿童、母亲、妇女等分类人物的奉献节,以及单个伟大人物的生死纪念节,已应运而生。偶像的方式尽管不同,而崇拜以至于迷信的心理则古今如一。信仰的心理不是弊病,而信仰到崇拜与迷恋的程度却是。神道设教有它的功用,但若所设之教畸形发展,反客为主,往往可以成为生活与治道的绝大障碍。假若旧日的死人与老人可以成为偶像,今日的活人与青年又何尝不可;迷信的心理一日存在,此种畸形的发展便不能一日不防。青年节成立以前的青年已不免被人认为天之骄子。青年节规定以后的青年更应如何奋勉,上以副国家的期望,下以自免于放诞不羁的讥弹,是青年自身应当在青年节前后自省的一个问题。君子爱人以德,不以姑息,更是从事于青年事业的人在这时候应当深体力行的一个原则。否则，青年节尽管规定，尽管有人热烈的颂扬庆祝，我们还不能免于“苗而不秀者有矣夫，秀而不实者有矣夫”的慨叹！

三　女青年会应有的一个展望(代作)

(一九四四)

对于基督教青年会,一九四四是特别有意义的一个年份。在男青年会,今年是百年纪念;在女青年会,今年是九十年纪念。如果从变成世界性组织的那一年(一八九四)算起,则女青年会的历史到今年又恰好是五十年。

女青年会,以至于全部青年会的组织,对于世界各国青年的贡献,是有目共睹,无待烦言的,不过我很愿意借这个纪念的机会,说几句彼此勉励的话,希望十年,数十年之后,大家对于青年的贡献,青年对于自己的贡献,得以因此而更大。

女青年会的取得世界性,成为全球的一个组织,到今年是五十年。五十年,谈何容易?“人生五十不为夭”的一个老话也无非表示半百之年是很名贵的一个寿算。一个人的生命史里,可能要经历许多次的挫折,中间包括环境里的风霜雨露,身体上的疾病灾害,行动上的颠沛流离,才有希望到达以至于超过这个年龄。个人如此,由于个人集结而成的团体,也不得不如此。

孔子自叙他的七十多年的生命史,说:十五而志于学,三十而立,四十而不惑,五十而知天命,六十而耳顺,七十而从心所欲不逾矩。五十才知天命,更见得行年五十的事非易易了。以前有一位高士,也自己说到,行年五十,乃知四十九年之非;五十之年,真是一个再大没有的关键。我要向女青年会同人说的彼此相勉的话,这也就是一个引子了。四十九年来的共同努力里,我们显然的也发生过不少的错误与不够标准的地方,而其中最值得提出的一点是宗教认识与宗教情绪的不足,那又恰好应着孔子"知天命"之说。

青年会的诞生与维持,原是得力于基督教的教义,而教义最中心的部分又无疑的是天命,但是数十年来,青年会所努力的各种事业,或与宗教很不相干,或与宗教不甚相干,或虽与宗教相干,而只是表面的,仪式的,目的只在打动世人的观听,而不是所以求心之所安的。约言之,此种事工大部分不是从各个同工的修养中来,不是个人修养的自然流露。唯其不从修养中来,于是基督教教义对于个人的革心作用,对于社会的革命作用,便一天比一天的削弱。驯至宗教的活动不得不与一切现实妥协。为了倡导一种运动,往往不得不与达官贵人妥协,为了一种事工需要比较大量的金钱,便不得不与富商大贾妥协。达官贵人,富商大贾,非根本不可与往还,不义而富且贵的人虽多,守道而富且贵的人也还不至于绝迹,但若因为事工的迫切需要,以至于教我们不问既往,不暇选择,只知进取有为,不识有所不为,那就成为妥协了。妥协是革心革命的反面,妥协是违背了基督教的教义,妥协也是和青年的心性最相刺谬,妥协根本出卖了基督青年的道德使命。

这并不是说一切青年会的事工如此,但有不少的事工确乎是如此；也不是说各地方的青年会事工都是如此，但有不少的地方确乎是如此，其它基督教团体的事工也未尝没有同样的情形。不过青年会是青年的集体努力的表现，有理想有热情的青年犹不免于如此，不免更教人惋惜戒惧罢了。行年五十，乃知四十九年之非，这便是我们亟应认识，亟应纠正的一个最大的"非"，最大的错误，而纠正之法，应从基督青年的个人的宗教修养做起。

世界女青年会的历史有五十年，若自最初发轫的日子算起，则更多至九十年。九十之年，自然是更不容易了。古代又有一位高士，活到了九十岁，自己很庆幸的说到三种幸福，关于第三种，他说，"人生有不见日月，不免襁褓者，吾既已行年九十矣，是三乐也！"个人活到九十岁，是幸福，一个团体活到九十岁，更是幸福之尤，值得隆重的纪念的。再过十年，转眼就是期颐的至寿了。不过我又不得不借此机会说一两句彼此警惕的话。

已往的九十年好过，未来的十年难过。从前也有一句老话，"行百里者半九十"。就客观的距离讲，无论时空两间，很清楚的是九与一之比，就主观的努力讲，这九与一之比实际上相当于五与五之比。试看九十年来的世界是什么一个世界，说得好些，固然是一个物质文明超迈前古的世界，说得坏些，也岂不是一个人欲横流，无可挽救的世界？再看看近顷三十年来的世界，两次的世界大战，几千百万的人命的牺牲与作践——一旦结束，又有谁来收拾这破碎支离的残局？无疑的，基督教的青年有他们一部分不可推诿的责任了。然而就这九十年来基督教青年的准备说话，他们真负得起这空前艰巨的责任么？我以为不能。何以故？

正应上文所说宗教的修养不足，斯道德的妥协太多故！九十年来的局面，安知就是这种修养不足而妥协太多的风气所帮同养成的？九十年来，世界的外强中干，五十年来，世界的纷纭扰乱，追源祸始，基督教青年的泄泄沓沓，不要负一分责任么？

创办青年会的先知先觉，以及历届的青年会领袖，高喊着“往普天下去”“往各国去”。不错，不往普天下去，不往各国去，天下各国都不得收拾，都得不到拯救。但是，如果我们的宗教修养不足，奋斗与不与恶势力妥协的精神太有亏缺，即使走遍天涯，即使每一个基督教青年，都像骑八骏的周穆王一般，使天下都有他的车辙马迹，又有得几分用处？十年后的世界，还不依旧是九十年来的世界？要在短短十年内，化干戈为玉帛，使基督的福音由个人革心的功效扩展而为全世界的革命工作，收全世界革新的效果，其艰巨的程度真使人不能想象，其可能的成功，如果非有神助，也真是不能想象。行百里者半九十，这已过的九十在实际的努力上可能的还不到一半，而未来的一十，可能的还远不止一半咧。如果在十年之内，我们在宗教修养上真有进益，在道德妥协上，真能减少，我觉得我们已经是尽了最大的人事，而真正的社会革新事业，便应以此为起点，也自然而然会以此为起点，用不着我们的过事张罗。

已往的五十年，以至于九十年，我以为我们最大的错误是过于把基督教的教义当做一个社会福音，而不是一个个人福音。有不少的宗教家有此看法。不用说，我是赞成这看法的。部分不健全，而希望全部健全，是不可能的。没有能“明明德”，而指望着“新民”，或“亲民”，也是不可能的。常识与古训，在这一点上可以说是完全一致,并且是无分中外的一致。没有健全的基督徒,而希望天国降临在世界上,显然是比缘木求鱼更来得大的一个希望,我们以前的错误在此,我们今后必须改革的也就在此。

四　为征募清华服务社股本致清华大学校友书

（一九四三）

诸位校友：

抗战了六年，我们算是阔别了六年。学校搬了家，校友也搬了家，事实上彼此的距离反比从前近了些，无奈生活栗六，流徙无常，印刷困难，交通不便，种种因缘，终于造成一个咫尺天涯比较隔绝的局面。

不过，六年如一日，学校始终在为教育努力，校友也各在岗位上效劳于抗战建国的大业，学校虽感受到播迁的痛苦，校友虽流动频繁，不遑宁处，彼此都没有敢丝毫放弃对于社会国家的责任，至于彼此自身之间的关系，表面上的契阔，并没有妨碍精神上的交往，并且谁都想在适当的机缘之下，谋取进一步的联系。

学校南迁六年，半年在长沙，五年半在昆明。就大学本部说，我们起初是长沙临时大学的一分子，后来是西南联合大学的一分子，其它两个分子是北大南开，就人力财力的成分说，三校之间，大体上是一个五、四、一的比例。至于本部以外的工作，如研究院，如各个特种研究所，如两次留美公费生的考选，当然这是我们自己的事。其工作内容，总起来说，比战前不特没有减少，反而加多。这些，我们在这里无须详说，因为，梅校长在《抗战期中的清华》一稿中已经连续的向诸位报告过，而各特种研究所，又曾另有报告，可惜限于印量与寄递的困难，没有能比较周遍的分送。

国家在艰苦中抗战，学校也在万难中支撑，此中甘苦真是一言难尽，无由缕述。不过有一点我们不妨提出，做一个例子，有此一例，其他也就可以推想而知。这一点就是学校职教员同人在极清苦的生活情形之下始终能不厌倦的为学术教育而努力。抗战开始以还的生活程度，各地有一般的高涨，昆明更处一个领导的地位，是诸君所熟知的，不过究竟高到一个什么程度，学校同人的捉襟见肘，究竟又见到什么地步，若不稍加探讨，是无法体会的。

我们从下列简单的表格里大概可以体会到：

昆明历年生活指数与联大教授薪给比例表

（指数之计算以日用品十一种为根据；计算公式为简单几何平均）

年月	生活指数	薪给约数（以四口家庭计）	比　例（即相当于战前实得之数）
二十六年上半年	100.0	350	350.0
二十六年下半年	108.2	270	249.5
二十七年上半年	115.0	300	260.8
二十七年下半年	167.5	300	178.5
二十八年上半年	273.4	300	109.7
二十八年下半年	470.0	300	63.8
二十九年上半年	707.0	300	42.4

续表

年月	生活指数	薪给约数（以四口家庭计）	比　例（即相当于战前实得之数）
二十九年下半年	889.0	330	37.1
三十年上半年	1462.5	400	27.3
三十年下半年	2356.8	770	32.6
三十一年一月	3615.0	860	23.7
二月	4386.5	860	19.3
三月	5641.6	860	15.3
四月	5607.8	860	15.5
五月	5773.0	860	14.9
六月	6928.0	860	12.4
七月	8717.1	860	9.9
八月	11194.0	1440	12.4
九月	12414.0	1440	11.6
十月	13495.9	1440	10.0
十一月	14828.0	1440	9.7
十二月	15066.0	1440	9.6
三十二年一月	15028.0	2180	14.5
二月	17818.0	2180	12.3
三月	18012.0	2180	12.1

从上列的表里，我们可以看得很清楚，在战前实支月薪三五〇元的一位教授，抗战开始以还，收入最少的月份可以少到九元六角。本年三月以后统计数字尚未汇齐，但照最近一两月来物价腾涨的情形加以估计，只可知目前的月入，已经比九元还要

少。表中比例一栏中所示的趋势，大可以用“江河日下”一句话来代表。自三十一年春天起，形势更见得严重，职教同人几于没有一个不靠举债与售卖物品度日，到了今日，大部分的家庭已经是无债可举，无物可卖，平居如此，遇着疾病，其窘况更可想而知，而穷窘的环境之下，疾病又偏偏的多。不能不教人惊奇的是，在这种艰苦的形势之下，职教同人的更动并不多，特别是在教师一方面，这个我们在下列的第二表里可以看出：

国立清华大学教师统计表

（民国二十五年度起）

年度＼院别		文学院	理学院	法学院	工学院	特种研究所	体育部	总计		附注
二十五	续聘	59	60	16	38	8	6	187	214	
	新聘	9	9	6	1	2	27			
	离职									
二十六	续聘	35	45	12	30	10	3	135	151	
	新聘	1	6	1	3	5		16		
	离职	33	24	10	9		3	79		
二十七	续聘	34*	50*	13*	33	15*	3	148	193	
	新聘	1	5		17	20	2	45		
	离职	2	1					3		
二十八	续聘	34	54	9	42	34*	4	177	221	
	新聘	8	8	3	8	17		44		
	离职	1	1	4	8	1	1	16		
二十九	续聘	35	44	10	27	34	3	153	207	
	新聘	9	10	2	23	10		54		
	离职	7	18	2	23	17	1	68		

续表

年度 \ 院别		文学院	理学院	法学院	工学院	特种研究所	体育部	总计		附注
三十	续聘	33	44	16	40	33	2	168	228	本年度起社会学系改入法学院故文学院减少7人法学院多加7人
	新聘	7	10	4	20	18	1	60		
	离职	4	10	3	10	11	1	39		
三十一	续聘	32*	46	19	43*	39*	2	181	224	
	新聘	4	6	4	15	14		43		
	离职	8	8	1	17	12	1	47		

*原表中二十七、二十八、三十一年度院所续聘数字有印刷错误,凡加*号者均颠倒错位,现根据上年度续聘人数加新聘人数减本年度离职人数予以校正。——编者注

从上表我们可以得到如下的结论。第一，教师的总人数，历年可以说是有增无减，战前是二一四人，而战后的廿八、三十、三十一，三年度里总数都较战前为多。廿六年度总数最少，那显然是因为战事的影响，有一小部分旧的一时不能南下，而新的也不容易添聘。第二，历年续聘的教师在数量上也始终没有很大的波动，战前的廿五年度是一八七人，战后的卅一年度是一八一人，最少的是廿六年度，那也就是战事开始的一年，所以最近政府奖励久任教授，我们所占的人数大概比任何他校为多。第三，战前局势稳定，年终离职的教师极少，但战后也并不多，如果只算教授的数目，那离职的就更少，有好几个学系的教授始终是那么几个，例如文学院的哲学系，理学院的算学系，法学院的社会学系。第四，历年离职的教师中，

绝大的多数是因为抗建的工作对他们所专长的学科有特别的要求，教他们不得不暂时放弃教读的生活。这当然是在表里看不出来的。

所有在职的教师，也并不因为生活的艰苦，而对于教学的工作有所懈怠。特种研究所的教师的专职在研究，他们的收获很多，并且已经陆续的发表。各院系的教师除了授课以外，也从事著述与研究，先后发表的作品也不在少数。历届学术审议会所公布的得奖人数的名单里，在数量上，在名次上，我们的地位也不在他校之下。职员同人，或参加联大，或留在本校办事处，也是一样的黾勉从公，工作的繁重较战前有过之无不及。因为职教同人的不辞艰苦劳瘁，所以历年的毕业生，无论清华名下的，或联大名下的，在品质上都还能维持相当的水准，三十一年，英庚款派送的留学生里，我们占到百分之八十。

我们职教同人的所以能如此，当然不是偶然的，其间至少有三个很重要的原因。第一，他们对于学术工作，有深刻的兴趣。第二，他们对于本校有浓厚的感情。第三，他们对于君子固穷之理有亲切的体验。有其一，他们所以不改行，有其二，所以不改校，有其三，所以不改节。圣达节，次守节，无疑的他们都是能守节的人。固穷，守节，是读书人应有的事，在他们自己不以为奇，不过负学校行政之责的人，和学校有渊源关系，以至于和他们有过师生或同学关系的校友，能坐视么？能袖手旁观他们因生活的磨折而至于不能继续为学术教育努力么？不能。惟其不能，所以最近有“清华服务社”的组织，想用生产合作的方式，来补助职教同人的生计，使目下艰苦备尝、贫病交加的程度，多少可以减少几分。学校方面，准备供给一部分专家与技术的能力，即课业与研究以外的一些余闲的能力，一部分的设备，即课业与研究所需之余的一些设备，至于资金之来源与业务上的合作，那就不能不仰仗于校友与热心教育的一般社会人士了。

关于此举，昆明的校友，是最早就与闻的，重庆贵阳以至于桂林的校友最近也参加了一部分意见，都认为极有意义，且其意义尚不止一端。扶持学校职教同人的生活，即所以维护学校，是意义之一。各地校友，因此而多一重共同的兴趣，多一条联系的途径，多一个团结的表示，是意义之二。两年前学校举行廿九周年纪念大会的时候，昆明的校友曾经建议创办各种事业，小之可以促进校友的结合，大之可望于前途建国的工作有所裨益，目前此举不妨认为是此种事业的一个尝试，一个滥觞，一旦抗战结束，我们不难加以扩充调整，完全成为校友对国家社会的一个贡献，这是意义之三。因为有这三重意义，所以都希望早观厥成。

这封公启的目的就在更正式的请求全国的校友对于服务社的通力合作。我们这次希望能凑集五百万元的资金，即一共五千股，每股一千元。我们有校友四千余人，如果每人至少出一股，而至多的股数并无限制，这希望是不难实现的。万一凑不很足，我们再当向爱护我们的社会人士和企业团体征求。不过我们主要的对象是校友，校友是自家人，我们最好能够不假外力。清华的问题，清华的人自己来解决。我们深信凡属校友都有同样的观感，而能于百忙之中，为我们出些主意，节约之余，为我们出些股款，在校友得以外示饮水思源、报本反始的微衷，在学校可以收集腋成裘、众擎易举的效果。关于社中的组织和服务的办法，另具章则，并请察览。

跋

在《民盟历史文献》丛书付梓之际，掩卷回首，民盟先贤们的音容笑貌挥之不去，不绝如缕，久久难忘。在编辑此丛书的过程中，我们每每被他们为信仰、为理想奋斗的坚定精神所感召和感动。

人不能没有理想和信仰，一个民族也不能没有自己的理想和信仰。我们的先辈们，正是怀揣民族富强、人民福祉的赤诚之心，身先士卒、鞠躬尽瘁；凭借自身高尚的人文品格和社会良知，与中国共产党团结合作，为中国社会的前途和命运探索了一条新的宪政之路；和平、民主是人类社会的两大主题，也是中国共产党人和各民主党派所共同追求的理想。

如今，面对着他们的拳拳之心和丰功伟绩，我们感叹！赞叹！怀念！更要继承！

《民盟历史文献》在整个创作和出版过程中，得到了来自社会各界人士的关注和厚爱。我们要特别感谢为此丛书孜孜不倦地考证、核实、梳理、完善的各位专家、学者，是他们的认真严谨，才使此丛书能够客观地展现历史的真貌；更要特别感谢中共中央统战部与民盟中央给予我们的鼎力支持和重视，没有他们的指导和帮助，我们不可能完成如此厚重的出版工作任务；还要感谢各省、市、地区的民盟组织，为搜集、挖掘、抢救民盟的历史文献资料做出的不懈努力和贡献；感谢每一本书的作者，是他们的辛勤笔耕和一点一滴的忠实记录，才集成了民盟历史的全貌；感谢为此丛书付出辛劳的编辑以及所有工作人员，感谢你们辛勤的劳动和无私的奉献。

谨以此丛书献给所有伟大的民主革命先驱者；献给为共和国诞生抛洒了智慧和热血的先贤们；献给那一段筚路蓝缕、以启山林的峥嵘岁月。

《民盟历史文献》编委会